图书在版编目（CIP）数据

勇闯天涯：商业新世界的底层逻辑 / 侯孝海著. -- 北京：机械工业出版社，2025.6. -- ISBN 978-7-111-78575-0

Ⅰ.F426.82

中国国家版本馆 CIP 数据核字第 2025FN7981 号

机械工业出版社（北京市百万庄大街 22 号　邮政编码 100037）
策划编辑：许若茜　　　　　　　　　责任编辑：许若茜
责任校对：孙明慧　张慧敏　景　飞　责任印制：李　昂
涿州市京南印刷厂印刷
2025 年 7 月第 1 版第 1 次印刷
170mm×230mm・24.25 印张・3 插页・281 千字
标准书号：ISBN 978-7-111-78575-0
定价：99.00 元

电话服务　　　　　　　　　网络服务
客服电话：010-88361066　　机　工　官　网：www.cmpbook.com
　　　　　010-88379833　　机　工　官　博：weibo.com/cmp1952
　　　　　010-68326294　　金　书　网：www.golden-book.com
封底无防伪标均为盗版　　　机工教育服务网：www.cmpedu.com

| 推荐序一 |

勇闯，再出发

宁高宁

华润雪花啤酒三十多年的历史是一个不断蜕变和进化的过程。我曾以"二十六只猫和一只老虎"的故事比喻过雪花啤酒的规模壮大和组织整合，但后来公司的发展远远超出了这个范围。雪花啤酒持续变革升级发展成为世界级的酒业集团，其核心是把握了思维模式和商业模式的转变，否则没有今天。

过去的十多年对中国企业非常重要，可以说是中国企业分开差别、拉开距离的时候。我把这一段由中型企业向大型企业发展的过程称为"中型企业陷阱"。这一时期中型企业在追逐规模的时候很容易滑入同质化、价格战、短期化、组装化、贸易交易化等惯性思维的陷阱。到今日这也是许多中国企业面临的问题。但认识这个问题只是第一步，而能不能做到产品创新、差异化竞争、产业升级、注重创造客户价值、注重研发、注重品牌、长期主义、优化战略、提升效率等则是对所有亟待转型升级的企业的行动力考验。因为要做到升级商业模式甚至培育出第二曲线，要面对更有挑战性的战略和组织再造过程，而这个过程几乎要把企业经营管理的全部环节在新的认识水平上重新做一遍。这些都要求团队自觉地持续学习提升和坚毅行动。从今天的结果看，雪花啤酒做到了这一点，在规模成长的同时，盈利模式提升了，产品也提升了，团队也进步了。

中国的产业和企业变化快，往回看并没有太久的历史，雪花啤酒给我们的启发很多，比如，当时为什么要关掉一些工厂？为什么要投入那么多去树立品牌？为什么把产品质量升级放在第一位？为什么要与国际一流品牌合作？规模与质量之间是什么关系？还有，雪花啤酒在啤酒市场成长放缓的时候，怎样找到新的成长空间，培育第二曲线？这些问题在公司发展过程中不断被摆到面前，而雪花啤酒的团队都做出了积极的、富有成效的回答。不过，企业就像一个不断变化的生命体，雪花啤酒还是一家年轻的企业，它未来仍然要面对更多的市场环境变化和挑战，让我们期待并祝福它！

| 推荐序二 |

艰难而正确的选择

分众传媒董事长　江南春

　　2017年以前的雪花啤酒发展速度很快。2017年以后的雪花啤酒一步一步坚定地走向了高端化之路，背后的推手正是侯孝海。

　　真正认识侯总是在"勇闯天涯superX"准备上市之前。当时侯总找了包括我在内的几位营销业的资深"外脑"，共同探讨新一代"勇闯天涯"产品的突破之路。

　　记得当时面对这个问题，大家颇有争议，大船要掉头，大象要跳舞，要想做出正确的选择，谈何容易！

　　侯总告诉我们，虽然雪花啤酒在中国产销量领先，但近些年遇到了发展瓶颈，必须坚决突破。他对雪花啤酒遇到的瓶颈有三个基本判断：第一，中国的消费品市场不再是一个简单的以规模为主的市场了，啤酒总量已到尽头，产品结构必须升级；第二，在互联网环境下成长起来的新生代已成为主流消费群体，与上个时代的人相比，他们对品牌的看法、对啤酒的看法都有很大不同；第三，雪花啤酒总体给消费者的感觉是一个国产大品牌，但不是一个价值很高的品牌，盈利能力有限。

最后他总结："我们跟国际对手相比已经落后了，雪花啤酒不能再这么发展下去了，应该从追求速度转向追求高度。"我从侯总的话语中读出了一种强烈的忧患意识和自我颠覆的勇气与担当。

2017年以来，侯总带领雪花啤酒频频搞出"大事件"：不仅推出"勇闯天涯superX""马尔斯绿""匠心营造""雪花脸谱""黑狮白啤"等高端新品，价格还屡创新高，甚至推出了999元礼盒装的中国超高端啤酒——"醴"，引起了业界惊呼，全面打开了啤酒行业的想象空间。

与此同时，雪花啤酒的品牌形象日益年轻化、潮流化、时尚化。"勇闯天涯superX"产品首发携手明星代言人，两年后品牌又牵手一线明星，充分拉近了与城市年轻主流消费群体之间的距离。

正当雪花啤酒踏上一个新的征程，轻松、自信地实现净利翻番、市值全面飙升之际，侯总又带领雪花啤酒亮出了撒手锏：通过换股收购喜力啤酒的中国业务，全力拓展高端市场，最终目的是不仅在销量上保持领先，更要决胜高端市场。

事实证明，雪花啤酒通过收购获取了两大高端资源：一是喜力的国际品牌资源，二是喜力在中国高端市场的份额和渠道资源。侯总的这个决策推动了雪花啤酒打造中国品牌和国际品牌的双品牌组合，不仅能应对来自国内外竞争对手的挑战，而且在中国品牌和全球品牌两大领域的高端市场夺取了更多份额。

侯总带领的雪花啤酒在短短六七年时间里，利润飞速增长，市值持续翻番，品牌价值登顶，已然成为中国现代商业史上最成功的案例之一。

此次，侯总将高端化转型以来的众多经历和心得记录在本书中。大家可以看到：一方面，侯总带领华润啤酒（控股）有限公司（以下简称"华润啤酒"）十分坚定地持续进行产能优化和组织再造，提高公司运营效率；另一方面，侯总坚定不移地塑造品牌高端形象，高举高打，聚焦经济较发达区域、中高端啤酒消费能力最强的优质终端，通过对制高点进行资源的集中投放提升进店和控店能力，实现次高档以上产品的持续放量，不仅保持市场份额绝对领先，而且决战高端市场成效卓著。

读完本书，我认为读者将收获三个重要的感悟。

（1）在一个存量博弈的时代，企业很容易陷入量价齐杀的陷阱，一家企业对产品价格的打折只会引发对手更大程度的打折，触发负向循环。

同时，即使该企业获得了短期的盈利，也要花费更多的时间才能弥补品牌势能下降带来的恶果。

侯总的思考启示我们：面对价格"血战"，企业掌门人必须带领品牌从同质化转向差异化，从价格战转向价值战，从流量驱动转向品牌驱动。做人不能势利，但做品牌要"势利"，先求"势"再求"利"，有大势就有大利，就有长远之利。

（2）面对诸多挑战，不要做得更多，而要做得更少，聚焦产品创新，聚焦塑造消费者心智的过程。

侯总用自己的经历告诉我们，企业其实只有两个核心功能，一是通过创新创造差异化的产品，二是通过市场营销成为消费者心中的首选。

（3）企业的成功来源于企业家的雄心和定力，企业家的笃定来自长期坚持做正确的事情。

侯总用自己的实践告诉我们：只有做具有确定性的、可以重复和累积的事情，结硬寨、打呆仗，保持定力，才能享受时间复利。因为管理从来不是管理好结果，而是管理好因果。

| 推荐序三 |

非常之人、非常之事和非常之功

波士顿咨询公司中国区主席、
全球执委会委员　廖天舒

我所负责的波士顿咨询公司(The Boston Consulting Group，BCG)中国区有幸与雪花啤酒合作多年，见证了侯总在雪花啤酒首创"3+3+3"战略和坚定践行的历程。尤其是在第二个"3"——"决战高端、质量发展"阶段，BCG有幸助力雪花啤酒并购整合喜力啤酒的中国业务，实现协同优化，蓄力品牌高端升级；同时，通过对标世界一流企业，协助雪花啤酒积极响应国务院国有资产监督管理委员会和华润集团的要求，围绕创新研发、精益运营、人才管理等方面进行"双对标""做一流"，打造世界一流酒业巨头。

BCG在2020~2021年开展了"亚洲商业领袖的成功之道"领导力研究，系统提炼亚洲杰出领导者的商业智慧。其中，雪花啤酒在侯总任职期间以显著优于行业平均水平的年化股东总回报水平，成为亚洲企业的杰出标杆之一，而侯总也成为我有幸访谈的亚洲十大商业领袖的中国代表之一。

回顾雪花啤酒这几年走过的再造转型之旅，诚然，成功的背后是雪花啤酒上上下下众多同仁的智慧与努力，但毫无疑问，侯总的卓越领导功不可没，尤其体现在其引领雪花啤酒重塑竞争力、赢得高端市场、走向国际舞台的重大决策上。

侯总在"亚洲商业领袖的成功之道"访谈中，曾阐述他对领导者"成功"的定义：在转型时期能够驾驭变化，在繁荣时期能够再创辉煌。侯总这几年带领的雪花啤酒再造转型之旅，是对上述定义的最佳诠释。

上任之初，侯总就敢啃硬骨头，做常人不敢做之事，力排众议，推进组织再造、产能优化，在市场整体增速放缓的背景下实现逆势增长。接着通过品牌重塑发力高端，携手喜力扬帆出海，在高端化和国际化方面突飞猛进，转型成果斐然。

在与侯总近距离的工作互动中，尤其是在与喜力啤酒中国业务并购整合的过程中，我感受到了他个人领导力的几大突出特质。

首先，着眼大势，志存高远。这一点体现在他敏锐把握环境和行业发展趋势上。侯总不仅能"顺势"，而且能"造势"。即使在进军高端市场之初，竞争对手在高端赛道的市占率是雪花加喜力的数倍之多，侯总也敢于为组织树立极具挑战性的目标——在短时间内弥补不足并制胜高端市场。

其次，为了达成目标，善于系统性、结构化地规划整体战略。这一点不仅体现在业务端，更体现在持续完善组织、人才、文化及中后台支撑体系上，以形成全局化部署，为战略实施蓄力。

最后，强有力的执行力。在与喜力啤酒中国业务的并购整合过程中，侯总带领企业高效高质地完成了计划中的所有行动举措，比计划中已经相当具有挑战性的时间节点更加提前。

于我个人而言，侯总是我私下十分喜欢与之畅谈的企业家。令我印象最深刻的一点是，他总是将企业竞争比作武侠小说中的高手对决。他认为，只有干成谁都不敢干的事情才能获取核心竞争力，只有使出绝招才能取胜。我想，正是由于具备上述几个领导力特质，侯总才能驱动雪花啤酒实现华丽转身，将这一中国优秀的民族酒业品牌带上国际舞台。

本书凝结了侯总多年的职业经验与感悟，尤其是对他近年来执掌华润啤酒，使其实现跨越式发展的历程，进行了全面、系统、精彩的回顾与总结。相信华润雪花啤酒这番自我变革，做大、做强、做优的中国企业转型之旅，值得正在经历快速市场变化、布局战略变革转型、期望迈向更广阔的国际舞台的企业和领导者参考借鉴。

| 推荐序四 |

战略从哪里来

中国酒类流通协会会长　秦书尧

在酒行业，华润啤酒长期以来表现出战略上的领先优势，如"蘑菇"战略、"沿江沿海"战略等，都是产业竞争赛道上的"胜负手"，对华润啤酒产量规模登顶起到了关键作用。

近些年，华润啤酒的战略优势更加明显。

2016年年底，华润啤酒提出"3+3+3"战略，自2017年起，分三步走，前3年甩包袱、蓄动能、强基础；中间3年战高端、增效益、提质量；后3年赢高端、双对标、做一流。通过这一"三步走"战略，将华润啤酒之前的规模优势转变为质量优势。

在当时看来，实现这一战略的难度很大。

尽管华润啤酒在销量和营收方面已居于领先地位，但在关键的盈利水平上与两大竞品还相差很远。在中国啤酒"跑马圈地"布局已定，精酿啤酒、进口啤酒来势汹汹的背景下，华润啤酒决胜高端市场的路径似乎并不明朗。

但华润啤酒一出手，形势就明朗起来了。

在结构上，实施优化产能和组织再造。截至2021年，华润啤酒有65家工厂，比高峰时少了约1/3，同时新建产能50万吨、百万吨的"超级工厂"，从根本上提高了生产效率与经营效益。

在品牌上，收购喜力啤酒中国业务，形成"4+4"高端品牌矩阵。2023年，喜力啤酒年满150岁，是全球领先的啤酒酿造商和出口商。收购喜力啤酒中国业务意味着华润啤酒高端市场份额与竞争力的跃升式提高。

事实上，华润啤酒只用了5年便比原计划提前占据了中国啤酒市场的利润榜首，2022年上半年，其利润领先优势进一步扩大。

在啤酒战略制胜的同时，另一个新战略一步步展开：进军白酒。

在啤酒行业，多元化已经不算新战略，但白酒领域基本是"禁区"，因为其进入壁垒较高。然而华润啤酒打破了让众多啤酒企业望而却步的壁垒，成功闯入"禁区"，整合景芝酒业、金种子等区域优势品牌，开启了其在白酒领域的深度经营。

这或许是一个具有划时代和里程碑意义的大转折。

跨酒种整合在国内酒业罕有成功的先例，但在世界范围内，帝亚吉欧、保乐力加、三得利等酒业巨头都是多酒种品类统一体。

事实上，相比洋酒、啤酒、葡萄酒的整合，在国内，啤酒与白酒的整合赋能有更广阔的发展空间。白酒作为中国传统文化与生活方式的一种符号性产品，具有极强的价值竞争力和市场可塑性，更肩负国际化、全球化的责任与使命。从更长远的角度考量，华润啤酒跨界进入白酒领域，意味着巨大的战略纵深和主动性。

在未来的某个时刻，华润啤酒的竞争对手可能不再是那些熟悉的"老朋友"，而是全球酒业市场的头部集团。

这是战略的胜利，是战略的伟大力量。

在回顾过去和展望未来的同时，有一个问题引人深思：战略从哪里来？

从啤酒的战略升级到白酒的战略布局，每个决策都是非常重要的，都不可避免地要面对巨大的阻力和挑战，要承担巨大的风险和压力。

为什么是华润啤酒？为什么只有华润啤酒"眼"能看到、"手"能做到？从手中的这本书中可以找到答案。

华润啤酒的战略领先当然离不开平台。

华润是央企，是全球500强企业，强大的平台意味着更高的站位、更广阔的视野，当然也有更丰富的资源。这些要素为领先战略的制定和设计提供了非常重要的支撑。

华润啤酒的战略领先还来自领导者的能力。

侯孝海的职业轨迹便是对这种能力的诠释。他毕业于中国人民大学统计学系，先后在盖洛普这样的外资咨询公司、百事可乐这样的国际快消品牌公司就职；在啤酒行业，他有销售实战经历，有区域市场管理经历，还有品牌策划经历。这些经历汇总到一起，沉淀形成了一个独特的能力体系。

聚合了更多高水平人才的华润啤酒，在战略设计和执行能力上无疑是领先的。

然而，平台和能力只是答案的一部分。当我们阅读这本书，了解一位管理者的性格，感知他的内心，会发现更多答案。

侯孝海"好胜"。

从他的职业经历来看，他所就职的公司及其职位对很多人而言都处于很高的位置。一般人很可能会满足于此，侯孝海却出于一些很"直白"的理由——为了多挣点儿，为了用上寻呼机（俗称 BP 机），为了出差坐飞机，为了能管理全国市场，不断去往新的位置，并取得更多的成就。

到了一个新环境，他给自己定下的规划是：第一年不要说话，不要出头；第二年找准时机，找到定位；第三年一定要崭露头角。

侯孝海做事很"实"。

在百事可乐工作的前三个月，侯孝海的工作是写一份市场报告。他天天跑市场，跑了数不清的小店、终端，跟小老板沟通，与业务员一起跑街，最后在报告中提出了对公司市场战略目标的思考，由此得到了"销售、职能"等各条线工作的系统建议。

侯孝海敢"干事"。

超前的、领先的战略，在取得成功之前，往往风险更大，受到的质疑更多。在雪花啤酒的战略执行过程中，侯孝海承受的压力可想而知。

我在与侯总的一次交流中谈及这个问题，他说："不干当然没问题，但我不能走这条路。"作为企业的管理者、一把手，如果不能为了追求发展而放手去干，那就没有任何价值。

这些特质更像一个人的本能。出于本能，侯孝海会迎接新的挑战，会找到正确的方向，会拼尽力气把战略执行落地。

这些特质可以称为"企业家精神"。

战略来源于此，它是系统使然，也离不开人的作用。当华润啤酒的强大系统与侯孝海的特质充分适配时，便实现了战略领先这一结果。

看清战略的优势并找到战略的根源，对我们认识华润啤酒、研判产业发展具有重要意义，对广大的企业家和管理者也具有启示作用。

| 目录 |

推荐序一　勇闯，再出发
推荐序二　艰难而正确的选择
推荐序三　非常之人、非常之事和非常之功
推荐序四　战略从哪里来

第 1 篇　做啤酒新世界的领导者
中国品牌应对消费新时代的战略变革

第 1 章　做啤酒新世界的领导者　/ 2
第 2 章　SOC 方法论：回答历史四问　/ 9
第 3 章　营销发展新理念：新时代的新 10 条　/ 34
第 4 章　五点一线：决战高端的基本方法论　/ 42
第 5 章　决战高端，再造一个新雪花　/ 52
第 6 章　啤白双赋能　/ 67
第 7 章　变革，促进生产高质量发展　/ 76

第 2 篇　好啤酒、好产品、好品牌
雪花啤酒的品牌重塑之路

第 8 章　从"印象论"到"三段论"：华润雪花品牌打造之路　/ 88
第 9 章　品牌重塑的意义　/ 106

第 10 章　雪花啤酒的品牌精神谱系　/ 110

第 11 章　荷花定律和涟漪模式：如何打造高端品牌　/ 116

第 12 章　中国酒的"四美"　/ 123

第 3 篇　我命由我不由天
艰难的组织再造之路

第 13 章　雪花啤酒为什么变革　/ 128

第 14 章　组织发展的三座大山　/ 142

第 15 章　我看华润雪花人力资源的昨天、今天与明天　/ 157

第 16 章　"三个驱动轮"：组织能力推动业务高质量发展　/ 176

第 17 章　提升团队销售能力的"侯八条"　/ 187

第 18 章　我命由我不由天　/ 192

第 19 章　谁持彩练当空舞　/ 200

第 4 篇　我们的队伍向太阳
打造一支有文化的队伍

第 20 章　我们是一支有文化的队伍　/ 212

第 21 章　把学习和反思当成我们的工作习惯　/ 223

第 22 章　CEO 眼中的企业学习　/ 231

第 23 章　打死也要说　/ 239

第 24 章　成就最好的自己　/ 244

第 25 章　成就最好的团队　/ 254

第 26 章　成就最好的雪花　/ 272

第 5 篇　厂商命运共同体
雪花的生态圈建设

第 27 章　将渠道二次改造进行到底　/ 294

第 28 章　打造啤酒新世界产业伙伴生态圈　/ 304

第 29 章　构建啤酒新世界供应链生态圈　/ 307

第 30 章　从"旗帜鲜明做大做强经销商"到"构建厂商命运共同体"　/ 316

第 31 章　构建厂商命运共同体　/ 322

附录

附录一　专有名词注释　/ 334

附录二　CEO 是怎么炼成的？——我的职业奋斗历程　/ 339

01 做啤酒新世界的领导者

中国品牌应对消费新时代的战略变革

第 1 章

做啤酒新世界的领导者

这几年，啤酒行业、啤酒企业遇到了前所未有的困难和挑战。外部环境发生了重大变化，行业发生了根本性的扭转，这使我们本来规划和设想好的业务模式、业务目标都面临着更大的不确定性，导致企业很焦虑，客户很焦虑，员工很焦虑，企业管理者也很焦虑。因此，我想与啤酒行业的同人、其他行业的朋友们一起探讨我们到底遇到了什么，应该怎样看待、怎样应对，以找到未来发展的方向。

华润集团的啤酒业务始于1993年，当时华润集团正处于一个大的转型期，开始背靠香港、面向内地，进一步推动从外贸到实业的发展。在此之前，华润集团的业务主要在香港，致力于成为"中国的摩根"，要到内地投资，还要转型做实业，有很大的挑战。从某种意义上来讲，华润雪花啤酒在一定时间内，扮演了华润集团内地业务整合发展的"先头兵""试验田"的角色。

在过去 20 多年的发展过程中，华润雪花啤酒不仅在销量上做到了全国领先，还做成了很多关键大事，构建了企业独特的竞争力和优势。

然而，企业的发展不会永远一帆风顺，华润雪花啤酒这几年经历了前所未有的改革和变化。在过去 6 年间，我们推动了波澜壮阔的改革，很多重大战略举措的落地，应该说是刀刀向内、自我革命。我们也在思考：我们为什么要搞疾风骤雨般的改革，而不是和风细雨般的改良？因为我们遇到了大变局，走进了新时代。习近平总书记指出，当今世界正在经历百年未有之大变局。这一重要论断深刻地体现出党对历史发展规律和时代发展潮流的深刻把握。当前，世界百年未有之大变局加速演进，世界之变、时代之变、历史之变正在以前所未有的方式展开。伴随着国家大的发展趋势和产业的转型，啤酒产业正在走进新世界，行业也正面临大转型。在新旧两个啤酒世界的更替之下，我们要勇做啤酒新世界的领导者。

1.1 行业大转型

啤酒行业的总容量近五六年来已经累计下滑了 1100 多万千升，总容量进入下行通道已经很久了，这是啤酒行业在转型期间第一个最鲜明的变化。

第二个变化是从并购整合到内涵式发展再到有限多元化。现在不仅雪花啤酒在发展白酒，其他同行企业也都走在多元发展的大道上，行业已然进入了强者恒强、强者通吃的时代。行业的集中度达到 92%，并购的红利已经消失。在行业转型的过程中，我们需要更加关注发展质量，看营收、看利润、看产品结构……

第三个变化是从"大"到"强"。我们曾以拥有 90 多家工厂为傲，但在行业大转型的趋势下，我们更加关注产能的利用率、智能制造、柔性生产，从关注数量转变为关注质量。

还有从产品到品牌、从制造到智造、从信息到数智、从人力到人才，我们从各个方面推动企业的转型，加速信息化升级，提升人才的"三转四化"，这些都是受行业影响的必然之举。

年轻一代特征鲜明，从 X 世代（一般指 1965～1980 年出生的人）到 Y 世代（一般指 1980～1995 年出生的人）再到如今的 Z 世代（一般指 1995～2010 年出生的人），他们都不太愿意与老一辈交流，他们自成体系、自成群体、自成社群，生活理念和身份标识极为明显。

产品开发过去是从工厂到用户，现在是从用户到工厂，以用户为导向的产品开发理念和生产理念已经成为主流。

消费行为类型发生了转变——从悦人到悦己，消费者更加追求体验个性化和情感满足。原先，我们做事情很多时候是给别人看的，但现在，年轻人更加追求悦己，更加追求体验的个性化、场景化、分众化。

与此同时，在资本的驱动下，消费方式发生了创新性变化，线上消费蓬勃发展。从渠道和终端来看，终端场所快速"蝶变"，CVS（便利店）和连锁店、新兴消费场所不断涌现，片区化、社区化、中心化、全国化的多层次消费场景结构逐步形成，同时存在多层次的终端体系，商业综合体不断出现，综合体的连锁系统极具独立性、个性化。随着多品类经营需求的不断增加，渠道客户也在进行深度调整，提升自身的规范化、专业化水平。

大消费的区域格局大大改变，优势地区虹吸效应明显。农村地区市场呈现快速萎缩和集中的态势，中小城市、大城市扩展得很快，文化小镇、产业小镇、旅游小镇、红色小镇发展迅猛。顺应国家布局和发展大势，人口流动要素逐步集中，区域中心地区已然成为中国经济发展的高地，也将成为中国消费的高地。

此外，消费品类中的低酒精饮品和果饮方兴未艾，产品形态发生了重大变化。大品种和个性化并存，多档次产品和精准个性化产品同在，新消费物种不断涌现，消费进入了"新世界"。

1.2 两个啤酒世界

1.2.1 啤酒旧世界

在啤酒旧世界，行业快速发展，容量增长快，不讲究利润，打价格战，争得"你死我活"；消费人群都是经济型的，以 X 世代和 Y 世代为主；我们的目标规划就是做大规模，做全国性大品牌。这个时代是规模增长的时代。

啤酒旧世界的发展模式是什么？①成本发展优先。少花钱，能省就省，没钱就发展不了。②要有购并和整合，要有全国性品牌。③渠道为王、深度分销；价格促销驱动模式；产品功能性消费。④一定要把主流（含中档大单品）做大，没有主流就没有未来。我们的主要竞争对手当时在中国啤酒行业不太引人注目，就是因为其主流酒规模不大。⑤信息传播靠集中轰炸。以前雪花啤酒的全国性广告最主要的传播渠道是中央电视台《新闻联播》结束后 15 秒的黄金广告时段，竞标这个广告时段非常重要。⑥需要实干勤奋型团队。

这就是啤酒旧世界。进入啤酒新世界后，这些发展模式都要改变，因为容量小了，不增长了，行业集中度高了，但价格提升了，消费大升级了。社会变化太大，移动互联网的兴起改变了信息的传播方式。这时候的发展目标变了，啤酒新世界追求质量、利润和市值。好多人问质量和规模哪个更重要，肯定是质量第一，规模第二，没有质量就没有规模。当然，没有一定的规模，质量也难以体现。

1.2.2 啤酒新世界

啤酒新世界面临全新的发展模式。①质量发展优先，而不是规模发展优先，不是规模不重要，而是要先讲质量。②大生产布局，我们以前有98家工厂，现在剩下66家，要新建大工厂。③要有大单品，要有很好的品牌，要有高颜值的包装，要有很多的情景设计和体验，要服务于年轻人，要做能打动他们的活动。④要推动电商、线上和线下的大融合与大蝶变。⑤不靠价格和促销驱动，而要靠品牌驱动。因此，我们更需要创新型和改革型的团队与人才，这样才能在新世界打出一片天地。如果执着于旧世界的观念，在新世界只能被淘汰。

1.3 拥抱新世界，做啤酒新世界的领导者

毛泽东主席在中国共产党第七届中央委员会第二次全体会议上提出："我们不但善于破坏一个旧世界，我们还将善于建设一个新世界。"

我们也要善于建设啤酒新世界，做啤酒新世界的领导者。新世界以前所未有的、惊涛骇浪的形式演进着。我们意识到企业不能用"旧世界"的规则和战略解决"新世界"的问题，不能用"旧世界"的思维和认知看待"新世界"出现的矛盾，不能用"旧世界"的方法解决"新世界"的新问

题，而要拥抱新世界，走新的发展道路。

在拥抱"新世界"的过程中，首先要进行转变。

第一，发展模式必须转变。过去是以规模、投资拉动，以快速发展推动企业壮大的模式，未来企业将从规模经济向规模经济兼质量价值经济的方向转型发展。企业应如何选择？到今天为止，规模经济发展依然是我们的命脉和基本盘，夯实基本盘必然是推动企业发展的动力和动能，但高质量建设是企业未来的发展方向，两个都不放手是当今企业需要做出的明确选择。

第二，要慎重布局新业态。很多企业都在做业态，新的业态发展有机遇，也有挑战，而挑战大于机遇。因此业态组合需要谨慎布局。华润先做啤酒，后来开始做白酒，那还要不要做威士忌？要不要做饮料？现在我们的回答是"不要"。业态的扩展和组合，对未来相当重要。过去我们讲不行了再撤回来，现在撤回来很难，面临的风险更大。

第三，要重新梳理"新世界"的竞争能力。在做出一些重大转变之后，企业需要对竞争能力做进一步梳理。因为过去我们赖以生存的优势很可能成为今天的劣势，以前一个企业的核心竞争力是"ABC"，而"新世界"所需的核心竞争力可能是"DEF"，所以我们一定要重新打造企业面对"新世界"、面对未来10年困难时期的核心竞争力，包括数智化和科技创新能力、人才能力、供应链韧性、资本效益、成本管理能力等。这不是一个做加法的时代，而是一个做减法、做价值、做质量的时代。

过去，产业链、供应链相对低效、落后，华润雪花啤酒通过三五年的努力，对整个产能做出了重大调整，关掉了40家工厂，建立了数家大型工厂。老的推不倒，新的便建不成，所以在供应链方面需要全线重组、产能升级、全供应链管理，打通全链条。现在我们正在构建全供应链的价值格局和数智化共享体系。最重要的是，要保持战略定力，坚定战略自信，做"新世界"的拥抱者、探索者、建设者和引领者。

既然走入了"新世界"，就要抓住"新世界"的"牛鼻子"，推动企业打造新的发展能力，建立新的发展模式。我们要增长，要创新，要走数智化强企之路，需要有目标和决心，该退该进，时不我待。变革是这个时代非常重要的主题，"新世界"的发展变化越来越剧烈、越来越清晰、越来越重要，我们需要把变革力当作非常重要的核心能力来打造。企业变革力是应对今天不确定时代的最重要的竞争能力。

现在，华润雪花啤酒通过供应链的变革、组织的变革、品牌的变革，已连续 5 年推动了整体业绩的持续增长。希望华润雪花啤酒的这些思考能给大家带来一定的借鉴意义，让大家在进行企业管理、企业创新、企业发展的时候想一想：我们这个时代是不是发生了变化？企业是不是应该做出改变？

（本章源自作者 2022 年 11 月 19 日在啤酒新世界论坛上的讲话，2023 年 8 月 13 日"2023（第二十三届）中国企业未来之星年会"开幕演讲《走出"旧世界"，拥抱"新世界"》，2022 年 10 月 21 日于华润学习与创新中心的讲话《大变局》）

| 第 2 章 |

SOC 方法论：回答历史四问

华润雪花啤酒成立于 1993 年年底，迄今（2022 年）已有 28 年的发展历程，如今已经是中国快消品领域的头部企业，也是中国啤酒行业的领先者。华润雪花啤酒是一家全国性公司、一家专业的啤酒公司，拥有 1100 多万千升的年销量、300 多亿元的年营收。从今天的视角来看，华润雪花啤酒已经做得很大了。华润雪花啤酒 20 多年来经历了启航东北，沿江沿海、走向全国的过程，一步步到达新的高峰。

事实上，华润雪花啤酒的发展历程可以划分为 4 个阶段，在不同的阶段，有不同的"历史之问"（即历史四问）摆在雪花人的面前。一代代雪花人用自己的努力奋斗，回答了这 4 个"历史之问"，而 SOC 方法论就是我们回答历史四问、攻坚克难的法宝。

2.1　SOC 方法论

SOC 方法论，就是华润啤酒的战略 – 组织 – 文化（Strategy，Organization，Culture，简称 SOC）方法论。

在日常的战略工作会和组织内部宣贯中，我们也经常把"SOC 方法论"称作"SOC123"。因为在我们看来，它们的优先级一定是战略为"1"、组织为"2"、文化为"3"。战略决定组织，不同的战略需要由不同的组织去完成，好的战略需要好的组织，更高级别的战略需要更强的组织。组织决定文化，好的组织决定好的文化，不好的组织决定不好的文化，所以说战略决定组织，组织决定文化。同时，文化要支持和赋能组织，且只有好文化才能不断地赋能组织，让组织更强大。组织也需要赋能和支持战略，且组织不同，战略也会有所不同。这是一个 SOC 双循环。

对于 SOC 双循环，要深刻地认识到，战略不同，组织一定不同；组织不同，文化也一定不同，战略也会不同。每个模块都有撬动另两个模块的力量，三者连为一体、密不可分。

2.2　历史第一问：能不能做啤酒

能不能做啤酒？这是历史第一问。我加入华润雪花啤酒较早，亲身经历了"能不能做啤酒"这个阶段的后半场。华润在进入啤酒行业之前，没有做过啤酒，也没有做过快消品，甚至连实业都做得比较少，可以说是不懂啤酒的。当时正值华润集团从外贸向实业转型，进入啤酒产业是华润集团转型的"第一枪"。我们开始从沈阳出发，再到大连、吉林和绵阳，一步步发展起来。我记得特别清楚，有一个新闻报道采访了一位啤酒行业的大佬，他当时说了这样一句话："华润有资本无管理。"这句话不仅是在质疑"华润能不能做啤酒"，也是在质疑"华润能不能做实业"。

从 1993 年到 2005 年，我们用 13 年的时间实现了全国销量第一，完美地回答了这个历史第一问。我们怎么回答的呢？

从 SOC 方法论的角度来看，首先，要有好的战略。在这个阶段，华润雪花啤酒开始构建"蘑菇"战略。用"蘑菇"战略进行啤酒厂的布局。因此，"蘑菇"战略其实是一个产能布局战略，也是一个收购战略。这就好比我们在广阔的田野上，选某个地方种一个蘑菇，等它长大了以后，在它的附近再种一个蘑菇，等蘑菇多了以后连成片，就能够形成华润雪花啤酒的基本盘，这就是"蘑菇"战略的核心。"蘑菇"战略的背后蕴含了很多管理哲学。

第一，"蘑菇"应该种在什么地方？我们选择了大城市，只有种在大城市的"蘑菇"才有广阔的土地和肥沃的土壤，工厂才有发展的空间。

第二，收购了"蘑菇"以后，一定要把"蘑菇"做大、做好、做熟，做出专业能力来。

第三，第二个"蘑菇"、第三个"蘑菇"及第 N 个"蘑菇"的布局，必须遵循相近相邻、产能互接、供应经济、势能聚集的原则，只有这样的"蘑菇"群才有力量。如果东北一个"蘑菇"、西藏一个"蘑菇"，散点式分布，那就不符合"蘑菇"战略的要求，我们是要把"蘑菇"连成片的。"蘑菇"战略代表了华润做啤酒的路径、选择方法和成长模式。

其次，有了好的战略之后，还必须有好的组织匹配。让什么样的人去管理这些"蘑菇"？刚开始华润雪花啤酒是一位领导管几家工厂，没有组织，没有团队，没有像样的管理。当工厂多起来的时候，我们才发现"蘑菇"战略的背后，必须有一个很好的"蘑菇群"组织来支撑。

这就是东北集团成立的初衷：把东北已经成片、成势的"蘑菇"统一管理起来。这个组织是为了实现对"蘑菇"战略的管理而设立的。东北集团成立之初只有两个人，一个是总经理，另一个是借调来的秘书。我们发现东北集团不是两个人能管得了的，需要一个有效的专业组织。但是刚开始初创人员不多，能力不够、经验不足，不太熟悉业务，所以当时我们成立了N个管理委员会，管理委员会中的大部分人都是兼职的，他们统筹管理东北集团的人事、市场、品牌、生产，这是华润雪花啤酒全国性组织的雏形。

最后，要有好的文化。文化是组织和企业的血液，是它们的魂，那么是什么样的文化呢？凭什么确保收购的"蘑菇"能够长大？凭什么确保这些成片的"蘑菇"能够成长为一家很好的啤酒公司呢？我们将其概括为创业文化。创业文化的基本逻辑在于我们来自五湖四海，白手起家，只能用自己的创业精神来推动华润进入啤酒产业，推动华润雪花啤酒变得越来越大、越来越好。

这就是第一个阶段形成的战略-组织-文化的基本框架。战略决定组织，组织决定文化，文化也有力地支撑了组织，组织则保障了"蘑菇"战略的完整执行。

2000年，我们有能力并购想要的"蘑菇"了。当时公司不仅有资本，还有管理能力。市场认为华润雪花啤酒至少有个会做啤酒的样子了，把啤酒厂管得真不错，所以才有了后续的"蛇吞象"——华润雪花啤酒收购大连渤海啤酒厂的经典收购之战。

大连渤海啤酒厂是我们在东北战场"蘑菇"战略的重要组成部分。收购大连渤海啤酒厂，预示着我们过去在大连种下的第一个"蘑菇"已经占领了大连的主要市场。当然，在这个阶段，我们已经有了8家工厂，年销量达到了100万吨，有些啤酒厂做得还不错，得到了行业的初步认可，但是还没有把历史第一问完满地回答出来。因此，第二个发展阶段仍然需要回答这个"历史之问"。

雪花啤酒的第二个阶段叫作"沿江沿海、走向全国"（2001~2005年），应该说这是华润雪花啤酒在全国奠定行业地位的最重要的发展阶段。没有这个阶段，华润雪花啤酒就没有今天的规模和布局，以及基本能力和组织形态。当时大家都在收购，我们是最晚开始收购的，在2001年的时候，全国60%的啤酒企业已经被大家收购完毕。

我记得那个时候青岛啤酒、燕京啤酒等全国性大啤酒集团已经初露锋芒，而华润雪花啤酒还是一个初入啤酒产业的"毛头小伙子"。在这样的情况下，我们怎么办？SOC方法论再次指导了我们的工作。

首先，发起"引领战略"。什么叫"引领战略"？就是在其他啤酒企业开始放慢收购脚步的情况下，我们迎来了全国性的重大发展机遇。雪花啤酒过去有几家工厂，如东北、绵阳的工厂管得不错，所以我们就有了更大的雄心，开始沿着中国的长江、黄河和沿海的重要城市进行产业布局。这个范围比"蘑菇"战略覆盖的地方大多了，这是要建立一个"啤酒带"的战略思路。这种战略要速度快，要连成线、连成片，一旦成功，规模会急剧扩大。

其次，在引领战略下，收购的工厂多了，管理难度急剧增大，对管理能力的要求极高，组织必然要发生变化——组织变多、变大、变广了，开始形成全国性管理组织。

为此，2001年我们来到北京。办公的地方变了，管理中心也变了，原先聚集在沈阳，现在要发展到全国，就把总部搬到北京来了。

我们的组织形态从过去一个东北集团管几个工厂，变成了由雪花啤酒总部、省公司、工厂构成的三级管理体系，我们开始建设强大的总部。同时，我们在发展过程中发现"蘑菇"太多，需要分类，于是就有了区域公司，三级管理体系开始形成，雪花啤酒有了26家工厂、7家区域公司。在这个阶段，雪花啤酒开始广泛提升总部的管理能力，包括采购、人力资源、品牌、销售，大面积的统一管理开始发展。

在这种战略和组织的支撑下，如何打造文化呢？我们要走向全国了，需要很多人才，需要派出去很多人管理这些企业，管理这些市场，需要很多人加入组织。很多啤酒厂被收购了，团队也加入华润雪花啤酒了，这个时候华润雪花啤酒有了非常明显的特点，我们的文化有了两句响亮的口号，有力地支撑了我们走向全国战略的实现。

第一句口号是"打起背包就出发"，即组织有要求、有召唤，个人无条件服从，没有讨价还价的余地，打起背包就奔向新的战场。当时组织的文化必须能够支撑我们走向全国的战略，必须能够快速地派人、快速地就位。

第二句口号是"五湖四海"，因为不断收购，老的管理人员和新的管理人员、收购方和被收购方都聚在一起，所以势必要打造一个虽然大家来自五湖四海，但是为了共同的目标，可以不分你我、不分收购和被收购的统一文化，只有这种文化才能支撑雪花啤酒在走向全国战略中的并购、整合和发展。

这个战略阶段实际上是雪花啤酒发展最快、最重要的阶段，也是最难的阶段。过去我们没管过这么多厂，没有形成全国性管理组织，没有这么多优秀的管理人才，没有这么多并购的企业。现在这么多员工，这么多来自不同文化、不同品牌，适应不同管理方式、不同管理制度，天南海北地说着不一样的地方语言的人，可以想象在一起工作的难度有多大。

这个时候外界又说华润有资本、有管理，但没有整合能力，说华润收购了20多家工厂，但还是一家小啤酒厂，看不出是一个啤酒集团，为什么？因为整合能力还没有提升上来。所以，2002年2月，华润啤酒的最高层在深圳木棉花酒店进行了第一次行动学习，由陈伟兰老师带领，陈新华董事长和宁高宁总经理亲自参与指导，20多个人共同参加了这次战略研讨会，目的是解决到底能不能做啤酒的问题。当时大家讨论了很多战略，宁总坐在最后一排，拿起木棉花酒店的纸，在纸上用铅笔写下了两篇经典的文章。第一篇文章是《二十六只猫和一只老虎》，这篇文章告诉雪花人一个道理：26家啤酒厂不是我们的华润啤酒，只有最后整合形成的这只"老虎"，才是我们的华润啤酒，才能够真正回答华润"能不能做啤酒"这个"历史之问"。这篇文章决定了华润啤酒当时的战略，就是要整合变大、变猫为虎。

有三个事件可以代表华润啤酒第二个阶段的基本征程。

第一个事件是2001年收购蓝剑，这是华润啤酒走向全国的最重要的举措，没有之一。这一举措极大地推动了华润雪花啤酒从东北一隅、四川一点，迅速走向东北和西南两大"重军"集团。宁总曾经非常深情地回忆道，当时蓝剑的曾清荣曾总送他去机场的时候说："我把这个企业交给你了，你做不好的话我就'跳楼'。"可见对华润和蓝剑双方来说，这次收购确实非常重要。

第二个事件是收购浙江钱啤，当时在大连任市场总监的刘洪基在接受中央电视台访问时说了一句话："我们要打过长江去。"因为之前华润啤酒的所有收购都在长江以北，长江以南的第一个布局就是收购浙江钱啤。这一收购举措对华润啤酒构建华东的第三大战略区起到了举足轻重的作用。

第三个事件是自建啤酒厂。2005年我们决定在东莞修建新的啤酒厂，东莞工厂是华润雪花啤酒的第一个自建啤酒厂。东莞工厂的成立标志着华润啤酒开始变成全国性啤酒公司。华南东莞工厂和福建清远啤酒厂的加入，使华润雪花啤酒在2005年形成了全国性生产工厂的布局，成为中国销量最高的啤酒企业。对历史第一问的回答到此画上了圆满的句号。

2.3　历史第二问：能不能做全国性品牌

我们用12年的时间回答了历史第一问，向所有人证明：虽然我们过去不会做啤酒，但是我们不仅能够做成特别好的啤酒，而且能够做成中国啤酒销量最高的啤酒企业。

但是新的问题随之而来，当时好多人都说："华润啤酒？没见过、没喝过。"大家说市场上没有叫"华润啤酒"的啤酒。这句话是什么意思呢？就是说华润啤酒没有一个全国性的品牌。从2001年开始，全国啤酒品牌的竞争进入了正面对抗阶段。在这个阶段，我们必须提出自己的重大战略——建设全国性的啤酒品牌。

但是这么多小品牌，很多员工都来自五湖四海，他们会做品牌吗？会做全国性的品牌吗？这在当时不仅是新闻媒体之问，也是资本市场之问，更是股东之问。具体我们是如何践行建设全国性品牌战略的呢？

首先，2001年，我们确定将"雪花啤酒"作为全国品牌开始发展。为此，公司的名字也正式定为"华润雪花啤酒"㊀。2002年，雪花啤酒的第一支广告走上央视，走向世界杯，雪花啤酒由此开始了全国性品牌发展的新征程。在这种情况下，不得不提宁总在木棉花会议上写的第二篇文章，就是《孩子的名字是品牌》，即我们所熟知的"啤震天"。宁总在文章中写道，老啤有很多孩子，他给孩子起了很多名字，但是后来都没人记得，只有小儿子的名字是隔壁的账房先生起的，叫"啤震天"，被人们记住了。每当人们提起啤家，只知道啤震天，而不知道另几个孩子的名字时，老啤都很生气、很着急，他问账房先生："为什么我们家只剩下啤震天，这怎么好呢？"账房先生说："孩子的名字是品牌。"这个故事告诉我们：必须建立全国性品牌，而且要建成，要回答市场对于华润"能不能做全国性品牌"的历史之问。

其次，创造性地建立了"1+1+N"品牌策略，即"全国性品牌+区域性战略品牌+区域性战术品牌"的品牌策略。具体包括：逐步建立全国性品牌，实现统一管理；对区域性战略品牌进行区域管理，重点投资，实现盈利增长，提供强大动能；区域性战术品牌负责"打仗"竞争，"歼灭"来犯之敌。这也是"4+4"的来源，它与"1+1+N"品牌策略是一脉相承的，必须解决区域性品牌和全国性品牌之间的矛盾，解决不了这个矛盾的话是不可能有全国性品牌的。

再次，我们给雪花啤酒做了品牌定位。我们与科特勒合作，推出了"畅享成长"。雪花啤酒是面向年轻人的，我们第一次说雪花啤酒是年轻

㊀ 公司的名字正式定为华润雪花啤酒（中国）有限公司。其实当时有两个名字可选，一个叫华润雪花啤酒（中国）有限公司，另一个叫雪花啤酒（中国）有限公司。因为我们的集团叫华润，所以我们把这个拥有光荣历史的名字加在了前面，最后定为华润雪花啤酒（中国）有限公司。

人的啤酒，就是在 2004 年推出"畅享成长"的时候。今天的雪花啤酒说"We made for young"，其实从 2004 年开始，我们就已经将它定位向中国的年轻一代，叫"new generation"，并推出了全国性广告。

最后，2005 年，在主要竞争对手都成为北京奥运会赞助商的情况下，雪花啤酒开启了"非奥运营销"战略，直面竞争对手的"奥运营销"攻势。同时，我们上市了最重要的一款产品，也是历史性的一款产品——"勇闯天涯"。"勇闯天涯"快速发展，成为雪花啤酒品牌发展的强大支撑。同时，2008 年雪花啤酒开始换标，"雪花瓣"和中国传统剪纸形象相结合的"雪花"凌空出生。

至此，"能不能做全国性品牌"这个问题，基本上可以说得到了非常好的回答。

2006～2016 年这 11 年，我们就干了两件事，第一件事是把生产规模做到 1000 万吨，第二件事是把雪花销量做到 1000 万吨，这就是当时的历史使命。

在这个战略阶段，我们的组织也发生了重要的变化，我们建立了总部的生产中心、营销中心，专业化和系统化的组织应运而生，推动全国接近 100 家工厂的管理。我们建立了省级营销中心，推动雪花啤酒销量迅速达到 1000 万吨。因为要在短时间内扩大规模，所以我们建立了专业化的渠道营销组织，包括餐饮大区、夜场大区。

在这个战略阶段，文化上，我们强调的是进取和挑战，要不满足于自己的发展，要勇做第一，这是雪花啤酒最大的文化支撑。我们一定要比别人强、不服输，用这种文化来推动整个公司奋勇向前，实现规模的增长、雪花啤酒的增长和精制酒的增长。

在这期间，我们做得最好的就是用 11 年的时间建立了中国最知名的啤酒品牌之一"勇闯天涯"。用攀登雪山的精神来阐述"勇闯天涯"积极挑战和进取的品牌内核，用"勇闯天涯"来阐述新一代的中国年轻人群体在中国快速发展的时代所拥有的内心驱动力。

这个时候距离华润进入啤酒产业已经过去 23 年。我总结了雪花啤酒在这 23 年间的"三大成就"。

第一大成就是实现了"双规模"达到 1000 万吨。

第二大成就是建立了众多管理体系。这些管理体系是雪花啤酒从无到有、从小到大，通过不断实践、积累、创新、发展才形成的。我们通过学做酒、学管理、学做品牌，成为一家"巨无霸"啤酒企业，这些管理体系极大地推动了公司的成长。

第三大成就是人才建设。在 23 年的发展历程中，雪花啤酒在市场中通过竞争形成了市场化的管理队伍和中基层员工队伍。通过 20 多年的业务发展，我们拥有了中国网络最广、渠道管理最强、客户数量众多、渠道网络纵深发展的全国性客户（经销商）队伍。人才建设是雪花啤酒三大成就的中流砥柱。

至此，雪花回答了"能不能做全国性品牌"的历史之问，我们因此而骄傲。但是，当我们停下脚步，回看 20 多年的发展，会发现雪花啤酒在狂飙式的并购与整合、创新式的营销与品牌建设的同时，也积攒了很多问题，这些问题有些是行业之痛、产业之痛，有些是在自我成长的路径中形成的，还有些是雪花啤酒在成长过程中没有来得及解决或没有时间和资源去解决的。这三个方面的问题，形成了我们的"五大反思"。

第一大反思，量很大，质量不高。在1000多万吨的总销量中，800万吨都是主流酒，只有200万吨是中档酒，高档酒则非常少。1000多万吨的规模，盈利却不到10亿元，所以看上去规模很大，其实质量并不是很好，公司是"虚胖"，并不"强壮"（Strong），是一个"虚弱的巨人"。

第二大反思，由于过去强调规模增长，强调销量目标的达成，雪花啤酒的全国性品牌和区域性品牌都是主流的形象、普通的印象、平民的价格，只是满足了供应，并没有满足消费者"喝好"的需求，品牌太大众化。

第三大反思，产能太大、冗余；不仅产能太大，结构还不好。啤酒行业的环境变化非常大，我们有上百家工厂，2000多万吨的产能，但是瓶装酒和听装酒的产能极不匹配，听装酒急缺，瓶装酒大量富余；小厂众多，设备落后。

第四大反思，我们的规模优势、工厂生产优势、品牌优势、管理优势没有得到充分的整合和发挥，全国性统筹、协调、整合、共享做得不够好。也就是说，我们没有把所有的力量释放出来，资源整合和共享严重不足。

第五大反思，人太多、工厂太多、管理范围太广、效率比较低下；企业变大了，流程变长了，层级变多了，一些过去市场化的东西正在慢慢地削弱；队伍也开始出现疲惫和激情不足的现象，员工对公司未来的憧憬和个人未来发展的理想逐步淡化，自我革新、自我变革、自我追求的精神动力慢慢衰减；"大企业病"已经初现端倪。

以上就是我们经过20多年的发展，所获得的"三大成就"和"五大反思"。

应该说我们用 20 多年的时间圆满地回答了历史两问，这两份历史答卷，我们都获得了很高的分数。但是雪花啤酒在经历了 20 多年的发展之后，也出现了 5 个非常重大的不足，这些不足怎么解决？怎么面对？是迎难而上还是急流勇退？是再攀高峰还是顺坡下道？是要挑战自己、挑战行业还是彻底躺平？是做一些局部的改善还是做全面的变革？历史之问再一次来到了我们面前。

2.4 历史第三问：能不能做高端

从 2016 年开始，行业容量下降，高档酒迅猛发展，普通酒特别是主流酒销量下降速度比较快。2017 年，虽然雪花啤酒销量达到 1100 多万吨，连续 12 年全国销量第一，但是时代变了、规则变了、人群变了、啤酒的世界也变了。实际上啤酒行业已经进入了另一个发展轨道，一个新的啤酒产业时代扑面而来，那就是结构升级、高质量发展、追求效率和效益、追求品质和品牌的时代。

在当时的行业格局中，我们最主要竞争对手的高档酒占中国啤酒高档酒市场的 46%。46% 是什么概念？这意味着如果我们不进行改变，那么未来的中国啤酒高档酒市场将没有我们的发展空间。

虽然我们规模很大，但是我们必须清醒地看到，在中国高质量发展的历史新阶段、新时代，在年轻的消费人群跑步进入啤酒消费场景的时代，在外资品牌已经在中国高端市场遍地开花、迅猛发展的时代，雪花能不能在高端市场发起冲击？能不能在高端市场占有一席之地？能不能在高端市场重铸过去的传奇？这些问题都体现在重要的历史第三问当中，那就是："雪花啤酒会做高端吗？雪花啤酒能做高端吗？雪花啤酒做得成高端吗？"在新时代，我们新的管理团队必须用实际行动来回答这个历史第三问。

雪花啤酒真正进入了高水平竞争的时代，啤酒行业真正地从规模增长阶段转到质量发展阶段。中国的啤酒产业经过几十年的粗犷式发展，终于进入了真正的产业繁荣时代。所以在2021年，我们将这个时代定义为啤酒新时代，叫作"啤酒新世界"。我们会继续探索啤酒新世界到底是什么样的世界，以及我们如何做啤酒新世界的领导者。

2017年春天，华润雪花啤酒在小径湾召开了一次重要的战略研讨会[⊖]。在这次会议上，我们重新制定了华润雪华啤酒的5年战略。战略引导、战略先行是战略-组织-文化的起点，所以必须对战略进行重塑。我们当时也提出了5年之内高档酒销量翻番、利润翻番、市值翻番的目标，提出了有质量增长、转型升级和创新发展的新的战略主题。这是我们在新时代回答历史第三问的一个重要决策，代表着管理团队勇于自我变革、勇于攀登、勇闯天涯。

当时我们面临的状况是，98家啤酒企业、57 000多名员工、公司整体盈利10亿元，公司独立上市之后，市值只有400亿元港元，早就被剔出香港恒生指数成分股之列。在1100多万吨的销量中，高档酒销量不到60万吨。公司面临的市场竞争形势严峻，那时的啤酒市场，高档酒迅速增长，品牌迭代迅速，新的口味、新的包装、新的品牌、新的产品不断涌现，年轻一代，特别是"90后"、Z世代，迅速成为主流人群，啤酒江湖风云变幻。

⊖ 每次重要的战略研讨会都是雪花啤酒的历史性时刻，如1998年的辉山会议、2002年的深圳木棉花会议、2005年的香山会议。

而此时的华润雪花啤酒，还是一个有点"虚弱"的公司，所以外界才质疑："你能不能做高端？"这一质疑的背后隐含了"你会做高端啤酒吗？""你会做高端啤酒品牌吗？""你会管理高端啤酒的渠道吗？""你有高档酒操作的能力吗？""难道你要靠'勇闯天涯'和'雪花纯生'完成高端的决战吗？"等一系列质问。

这些问题的答案其实我们自己是非常清楚的，只是我们的底气不足、手中的牌不多、包袱很重。我们是一家员工很多、工厂很多、基础量很大，但管理效率低下、比较笨重的企业，这就导致我们很难像其他企业那样迅速甩掉包袱，轻松转型。我们的每一个变化都要比别人付出更多，而且难度更大、风险更高。这就是我们当时面临的问题。与此同时，行业内的一些企业开始迅速关厂、优化产能，它们的高档品牌开始迅速增长，大客户渠道发展迅猛。

2017年初，雪花啤酒必须做一个决定：是沿着过去的历史传统和既定的战略继续前进，还是擎起变革的大旗，勇于革新、创新发展？最终，我们决定在传承的基础上勇于自我革命，以实现雪花啤酒在"啤酒新世界"的辉煌明天。

在小径湾制定的新战略开启之后，我们推进了很多重大的战略举措。这些战略举措深刻地改变了公司的基本盘，包括员工的数量、素质和能力，工厂数量、装备、产能效率和品质，客户队伍、客户的组成、客户的能力构建，以及品牌数量、属性、档次等，这些举措更加深刻地改变了雪花啤酒发展的模式和路径。

同样的公司、同样的人，做着不同的事情，这就是我们"3+3+3"战略的"第一个3年"（2017~2019年）之后呈现的状况。在这个战略阶段，我们实施了组织的变革、产能的淘汰、新品牌的重塑上市，以及与国际品牌的合作等。站在今天的角度，我们会认为这3年取得的成就很大，也没那么难，但是在当时提出这些战略目标和战略举措时，队伍是难以接受的，因为难度很大，风险很高。

我们推动的"第一个3年"战略，包含10项重大战略举措。在这些战略举措中，我觉得起根本性、决定性作用的是以下几项"牛鼻子"战略，它们让雪花啤酒真正地改变了。

第一，品牌重塑。其实我刚开始做华润啤酒CEO的时候，第一个重要讲话就是关于品牌的。会上我明确指出：雪花啤酒过去的发展历程和方法模式不能支持公司未来的发展；雪花啤酒过去的管理能力和塑造能力不能支持新时代雪花啤酒的战略；雪花啤酒当时的管理者和队伍已经跟不上当下时代对品牌的要求；在品牌的塑造理念上，雪花啤酒并没有针对年轻一代做出调整，而是已经开始衰老和消亡。通过那次会议，我们形成了营销发展新理念重要的品牌管理主张，那就是以消费者、以年轻人为主导的"一杯好啤酒、一个好产品、一个好品牌"的产品理念，彻底改变了雪花啤酒历史上以价格促销、以档次细分、以场所竞争为主要出发点的产品设计理念。

在品牌重塑的战略中，我们明确提出了做高档品牌。品牌重塑的目标就是实现高档品牌群，以迎接未来高档酒的决战。所以品牌重塑从"勇闯天涯superX"开始，到"匠心营造""雪花脸谱"，再到"醴"，完整地构建了雪花啤酒中国品牌的高档酒品牌组合。通过与喜力的合作，我们又构建了完整的国际品牌组合，打造了强大的高档品牌群，形成了雪花啤酒独特的"4+4"品牌组合。通过这几年的品牌重塑，我们还形成了雪花啤酒的高端传承、中部创新和底部品质的品牌谱系。品牌重塑有力地支持了雪花啤酒"第一个3年""第二个3年"战略的展开和实施。

第二，产能优化。如果说品牌重塑战略考验的是组织能力、品牌建设的技能、国际化视野以及对消费者的洞察能力，那么产能优化战略考验的就是我们的勇气、抗风险能力和为了公司的发展不畏艰险的精神。为什么这么说？因为产能优化战略不仅考验我们敢不敢做产能优化，还考验我们会不会关厂，更考验我们会不会出事。关于产能优化的整体战略举措，我觉得有以下几个问题要回答。

第一个问题：敢不敢做产能优化？针对"敢不敢做产能优化"这个问题，我相信大部分人都不敢做。因为做产能优化工作牵涉到关厂和减人。关厂，涉及和地方政府的沟通，地方政府同意和支持关厂吗？关厂之后员工去哪里？员工的"饭碗"怎么保？如果因为关厂引发地方政府的质询和员工的情绪波动，如何处理？所以，这是个非常重大的问题。我相信，在"敢不敢做产能优化"这道门槛上，好多人就已经过不去了。

第二个问题：会不会关厂？产能优化需要制定整体的5年产能规划，包括对每一家啤酒厂的定位，对未来市场销售趋势的判断，对每家啤酒厂设备装备的匹配，以及对产能、产销、供应和销售的规划、计算与分析。同时，要考虑清楚怎么才能够把一些工厂关掉、如何处置设备、如何安置员工、如何处置土地、如何处置资产等。如果方法不好、能力不够，设备卖不掉、土地问题无法解决、厂房设备没有规划方案，那就关不了工厂。

即使能够解决设备、土地等问题，如果不能妥善地解决员工的安置问题，没有很好的方法，没有很好的政策，没有耐心地做工作，没有雪花员工对企业的责任感，也不可能关掉工厂。这就是"会不会关厂"的问题，其实很多人是不会的。因此，产能优化的第二道门槛就是"会不会关厂"。

对此，华润雪花啤酒积极响应国家关于淘汰落后产能、优化产业结构的战略部署，以高度的社会责任感践行新发展理念。企业坚持以人为本的核心理念，稳妥推进产能升级调整，截止2022年，有序关停30家工厂，实现去冗余产能545万吨。针对7000余名员工，通过系统化的职业发展规划、多元化的岗位适配机制及全程化的权益保障举措，实现了人员的妥善安置。这一实践既贯彻了国家产业升级的宏观导向，也彰显了企业在转型发展中对劳动者权益的切实守护，为行业优化资源配置、推动经济高质量发展提供了生动范本。雪花啤酒不是第一家关闭冗余工厂的公司，但雪花啤酒是啤酒行业关厂最坚决、关厂最平稳、关厂最快、关厂带来的效益最好的啤酒公司。

第三，组织再造。为了支撑前3年的战略落地，需要进行组织再造。为什么组织再造这么重要？2017年我作为CEO上任后，面临"三座大山"。一是98家工厂产能利用率仅为51%；小厂多、效率低、风险大、成本高。二是高档酒品牌弱、份额低、费用大；中心城市发达地区销量落后，高档酒销量仅约50万吨，高档酒的市场占有率只有12%，远远低于雪花啤酒的整体市场占有率，超高档酒的市场占有率基本可以忽略不计。三是雪花啤酒有57 000多名员工，是这么多年通过收购、并购发展积累的，同时年龄偏大、收入很低，与行业地位、华润集团的使命、雪花啤酒的理想、股东对员工的承诺非常不匹配。人均成本、人均产量和人均销量都是行业倒数的。

组织再造最核心的内容是从上到下统一指挥、统一管理，建立具有整合性、共享性的三级管理架构，打通流程，统一制度，形成一个组织、一个雪花啤酒。从2017年开始，我们用4年完成了第一次组织再造工作，解决了"三座大山"的问题，使全公司的组织能力得到了全面提升，形成了3个管理中心和10个职能部门的完整总部架构，以做强总部为指导，形成了总部全国性、统一性、战略性、共享性组织，称为"3+10"组织。

同时，我们还建立了N个重大战略项目组，以推动雪花啤酒跨系统、跨专业、跨区域的历史性难题的解决，形成了总部做强、区域做实和工厂大区做精的组织管理模式。我们做了很多工作，特别是进一步提升了组织效率和流程效率，进一步完善了制度，大幅提升了组织的合规性和规范性，在信息化方面也得到了前所未有的改善。由于管理方式和风格与过去不一样了，各种资源无法实现共享，因此此次管理的整合、数据化和信息化的落地推动了雪花啤酒共享信息化的发展。

第四，企业文化。我们讲企业文化落地的前提是人，是尊重人。处理好人和企业的关系是企业文化重要的使命。要通过人和机制的同频共振，形成雪花啤酒的一种精神、机制和氛围，所以我们提炼和发展了"每一个人都不简单，每一瓶酒才放光彩"的雪花精神。这种雪花精神是在过去的创业文化、创新挑战、"打起背包就出发"的精神基础上凝聚而成的，它高度概括了雪花啤酒和雪花人之间的关系。有好的人，才会有好的啤酒，每瓶好的啤酒背后一定有好的人；人是文化的核心，文化就是人的魂。我们说，没有灵魂的队伍是打不了胜仗的。

同时，我们营造了"我们的队伍向太阳"的组织氛围和永远向上的蓬勃朝气，通过企业文化支撑产能优化、品牌重塑这些重大战略的落地。文化需要时间的沉淀，文化是有形的，也是无形的。雪花啤酒只要持续在文化方面更加投入、更加聚焦、更加落地，用文化的实践不断地丰富雪花啤酒的精神内核，公司未来的发展就会更好。

另外，我们也正确地处理了华润集团的文化和雪花啤酒的文化之间的关联，使雪花啤酒的文化得到了华润集团的文化的哺育和支撑，同时以雪花人的精神、气节、情操作为内核，通过重大战略的落地，使雪花啤酒的文化能够在未来呈现出更炫丽的色彩。

经过2017～2019年3年的努力，我们完成了5年的任务。

"第一个3年"战略结束后，我们取得了一些成绩。啤酒销量稳步增长，特别是营业额、利润和市值实现了大幅增长：利润翻了两倍、市值达到2000亿港元，资本市场给予了高度的肯定，真正实现了销量翻番、利润翻番、市值翻番的目标。中档酒和高档酒连续取得两位数增长，组织能力和人均效能得到了极大的提升，结束了人多钱少、没有前途的旧历史。

虽然5年战略目标仅用3年就实现了，但雪花人不仅不能停下脚步，而且要加快步伐，在新的台阶上乘势而上，再上一层楼。

2019年之后，雪花啤酒开始做"十三五"的战略研讨，正式开启"十四五"战略。在"十四五"战略的制定中，我们把雪花啤酒"第二个3年"中的后2年和"第三个3年"连在一起，制定了"2+3"战略，"第二个3年"的战略主题叫作"决战高端、质量发展"。面对世界百年未有之大变局，在新冠疫情肆虐、全球贸易受到诸多冲击、中美贸易摩擦等新情况跌宕起伏的大背景之下，我们的管理团队和各级管理人员迎难而上，以永不服输的精神推进"第二个3年"战略的落地和目标的达成。同时，我们提出了2023～2025年的"第三个3年"战略目标——赢高端、双对标、做一流，并确定了"高端制胜、卓越发展"的主题。由此，总体形成了雪花啤酒的"十四五"战略规划。我们将雪花啤酒的"十四五"战略定义为"啤酒新时代、雪花向未来"，并有效承接了华润集团的"十四五"战略，希望通过"十四五"战略真正地成长为世界一流的啤酒企业。

既然制定好了我们企业的"十四五"战略规划，根据 SOC 方法论，我们有以下几项落地举措。

第一，组织的二次转型。"十四五"战略决定我们要做世界一流的啤酒企业，要达到高档酒年销量 300 万～400 万吨，盈利再次翻番的战略目标。战略变了，组织也要变。因此，我们提出了组织的二次转型，将"总部做强、片区做精、一线做实"作为构建雪花啤酒新的战略组织形态的原则，其根本是产销分离、大片区事业部的建立、多元化产业的发展、组织和"人才四化"的建立。通过这 4 个方面的推动，用 3 年时间完成雪花啤酒组织的二次转型，支持 2024 年、2025 年的最后总攻。

在组织的二次转型中，要以产销分离为抓手，以做强业务中心为基础，以财务、人力和信息化职能转型为支撑，全面构建新型组织模式。这次组织模式的改变与组织再造最重要的区别不在于减人和减组织，这次是真正的变"猫"为"虎"、变"猫"为"东北虎"，成为真正的"森林之王"。

组织的二次转型与组织再造的不同之处在于"变"，组织在变、管理在变，流程在变，制度在变，员工的能力在变，角色在变，员工的工作方式也在变。通过"总部做强、片区做精、一线做实"，使总部在战略性、资源性、统筹性方面发挥更大的作用。通过总部的数据共享和战略驱动，把片区进一步做精，能够统一落地公司的战略，协调大片区的发展，支持一线执行和战略落地，因为一线是总部战略的执行和"作战"单位。

组织的二次转型之后，我们希望组织模式能够得到调整，人效得到提升，人才结构得到改变，所以提出了人才结构的重大改变，包括从管理到专业的转化、从年老到年轻的转化、从区域到总部的转化，也开始大量地引进和培养人才。这是"十四五"战略中非常重要的一项战略。

第二，关于人才，2019 年年底我在人力资源 3 年规划会议上提出"人才四化"，即年轻化、专业化、市场化和国际化。"人才四化"是雪花啤酒"十四五"战略的基本支柱，也是支撑雪花啤酒未来发展的人才观。

雪花啤酒的人才需要年轻化，因为"We made for young"，我们需要年轻化的人才和队伍，跟年轻人打交道，做年轻人的生意。雪花啤酒需要实现高度专业化，包括啤酒的专业化、职能管理的专业化，以推动自己在专业领域向世界一流啤酒企业迈进。雪花啤酒也要通过市场化的机制、市场化的思维、市场化的能力、市场化的基本规则，推动自己参与市场竞争。雪花啤酒是央企中少有的完全市场化的公司，所以市场化是重要的人才标准，是雪花啤酒维持市场化精神、创造市场化业绩、争得市场化地位、实现国家赋予的重大使命的基本力量。国际化是雪花啤酒更长远的未来，我们要走向全球一流，必须有国际化思维和能力，能做国际化市场，能做国际化品牌。

第三，关于企业文化，"十四五"战略期间，我们要在"每一个人都不简单，每一瓶酒才放光彩"的雪花精神下，进一步夯实使命、愿景和企业精神，打造雪花啤酒公平、公正、公开和积极向上的组织氛围，推动雪花啤酒成为消费者信赖、员工自豪、行业领先的国际化酿酒企业。

只有把精神、文化真正地落地，形成强大的力量，我们的精神和文化才能真正发挥价值。在这个方面，雪花啤酒还需要继续努力，当然对于员工价值、组织氛围和经营理念，我们需要一直秉承，并不断地发扬光大。

通过"十四五"战略，雪花啤酒回答了以下几个重要问题："雪花啤酒能不能做高端？雪花啤酒能不能做高端品牌？雪花啤酒能不能做高端市场？"在这个阶段，雪花啤酒形成了"4+4"品牌组合，建立了高端大客户的管理模式，推动了产能优化、组织再造及企业文化的建设，通过营销发展新理念、"五点一线"方法论和"高端策论25"，雪花啤酒的高端市场管理和拓展能力得到了大幅提升。

雪花啤酒建立了一整套做高端酒的方法。通过不断实践，同时秉承"从业务中来，到业务中去"的理念，雪花啤酒形成了具有自我特色的高端酒发展之路。这条发展之路是专属于雪花啤酒的，是不可复制的，因为它跟雪花啤酒的队伍、业务、品牌紧密相连。我相信随着这些战略的不断推进，雪花啤酒在高端市场的美好未来指日可待。

至此，"雪花啤酒能不能做高端？"这一历史之问已经得到完满的回答。

2.5 历史第四问：能不能做白酒

可以看出，SOC方法论是每一个时期帮助我们渡过难关、解决难题的原则，正是SOC方法论让雪花一路走到了今天。最后我还想补充一点，即什么是SOC方法论的根本？

在我看来，SOC方法论的根本是必须有好的一把手、好的董事长、好的CEO、好的事业部总经理、好的工厂厂长、好的省营销总经理、好的销售大区总经理。我把一把手的素质要求概括为7项。第一，要有好心态。

在新时代，面对"灰犀牛"和"黑天鹅"，如果没有好心态，很容易崩溃。第二，要有自信。如果不自信，在遇到挫折和困难的时候，就容易受到打击。第三，要有强定力。当面对不如意的事情时，特别是当面临巨大的困难和挫折时，如果定力不强，可能会选择逃避和离开。第四，要借大势。要适应新的行业环境、新的时代特征、新的国家发展战略，扛起央企的使命和担当。第五，要知取舍。要知道取什么、舍什么。如果什么都要，就会什么都得不到。第六，要敢担风险。敢担风险的底线是随时准备"打起背包就回家"，如果没有"明早起床打起背包就回家"的风险意识，就不可能有好的战略、组织和文化。第七，要有承受不公的心态。作为一把手，受到的不公会非常多，如果没有承受不公的心态，是不可能当好一把手的。

同时，我在华润雪花啤酒一季度业务推进会议上，发表了题为《乱云飞渡仍从容，不畏浮云遮望眼》的演讲，指出了雪花啤酒的5个必由之路，具体指：在再大的困难面前都要坚定发展的模式和路径，"3+3+3"战略是创新新时代发展的必由之路；塑造雪花精神、建设市场化队伍、构建业绩第一的绩效文化是创造新时代辉煌的必由之路；市场化的思维、管理和机制是获取行业优势地位的必由之路；决战高端、决胜高端是打造中国消费品龙头企业的必由之路；对标世界一流企业，落实习近平总书记会议指示精神是走向全球化的必由之路。

最后，希望与全体雪花人共享的一句话是：这是一个海纳百川的组织，在这个组织里，普通人会变成优秀的人，优秀的人会变成卓越的人，源源不断的人在这里实现自己的人生梦想。我相信这句话能够激励更多的雪花人，在学习和创新的道路上不断发展。我也希望通过对华润雪花啤酒SOC方法论的分享，能够梳理出SOC方法论在企业发展历史上对回答历史四问所做的贡献。希望在重塑华润的大背景下，雪花啤酒能够完满地落地 SOC 方法论，推动雪花啤酒新时代"3+3+3"战略实现，圆满地回答历史第四问，促进我们的队伍能力更强，我们的事业做得越来越好！

（本章源自作者 2022 年 7 月 15 日在华润雪花啤酒"战略-组织-文化"课程上的讲话）

| 第3章 |

营销发展新理念：新时代的新 10 条

雪花啤酒的营销管理，初期采用以"蘑菇战略"为核心的本地化传统营销模式，随后逐步"做大规模，全国发展"，制定了销售管理手册和品牌管理手册，并在实践中形成了"侯八条""21条军规""精制酒24条""从终端出发"等营销管理理念和方法论。走过20多个春秋，雪花啤酒取得了巨大的发展成就。在组织内部，有一个很明显的特点，那就是营销管理理念是上升到整个集团战略高度的一件事。

2017年，公司实施新时代变革后，营销领域相继落地渠道二次改造、品牌重塑等重大战略，公司进一步搭建了营销组织，对提升销售能力的要求日渐紧迫，"三三二二"队伍的建设和"三级一把手"的培训先后实施，公司营销进入了新的发展轨道。此时，过去的不少营销管理理念和方法已经无法适应新的战略和组织文化要求。新时代到底需要什么样的理念？公司急需破题。

2018年年底,我提出要重新研讨营销新思想,以指导公司营销业务的发展。"营销发展新理念"就是雪花啤酒在新时代确立的营销新思想。

理念这个东西,看似虚无缥缈,实则大有用处。我们的营销发展新理念主要有以下3个作用。

(1)指导业务思想。一支优秀的业务队伍,如果没有统一的业务思想和精神,就没有统一的"武装"和能力。越是在业务发展期,越是开展新业务,越是遇到能力强的对手,就越需要强大的业务思想来指导我们的队伍,以保证全国上下业务队伍的思想一致,心往一处想,劲往一处使。同时要把统一思想变成业务人员和管理人员的理念,只有思想一致,才能保证行动一致。

(2)指导战略规划、策略制定和业务落地。营销发展新理念不是一个工具、方案,更不是一个项目、产品、品牌、价格、渠道,而是指导我们整体营销动作和业务落地的灵魂,是我们一切业务的出发点和落脚点。我们只有在业务发展中应用新理念,才能在发展的道路上走得更稳、更远。营销发展新理念如何与业务相结合呢?我认为,只要大家记得住、想得到,在平时工作中有这根"弦",就会对业务实践有帮助。

(3)营销发展新理念是打败对手的制胜法宝。我们在新时代,确立了新目标,踏上了新征途,主要目标就是打败对手。那么,如何打败对手?营销发展新理念就是我们打败对手的制胜法宝,它不仅为业务发展、落地执行、塑造队伍作风提供指引,还是我们在新时代与对手一较高下的有力武器。

营销发展新理念经过梳理,最终提炼为"新时代的新10条"。这10

条内容没有复杂图表，只有简单朴实的话语，希望大家一看就懂。

第一条，有质量增长。

"有质量增长"是雪花啤酒取得卓越成绩的重要理念。过去我们讲规模增长比较多，对质量的关注不够充分。我们的很多市场存在质量不好、结构不好、业务质量不好的问题。雪花啤酒过去的发展模式是工厂建设成本很低，但销售费用很高，收入增速低于销售费用增速。近几年通过有质量增长，我们的很多市场发生了重大转变，所以坚持有质量增长既是对过去发展的经验教训的总结，也是未来发展的需要。有质量增长主要包括以下3条。

（1）有增长。一切没有增长的市场都是"耍流氓"，只有销量或市场份额、利润均增长，才是有质量增长。山东、安徽、江苏、四川等区域具备有质量增长的条件。

（2）有质量，即收入、费用、利润3个指标，呈良性发展趋势。从雪花啤酒全国市场来看，收入增速要高于销售费用增速，利润才能持续增长。

（3）可持续。追求长期发展，杜绝所有业务追求短期发展。短期利益导向会损害公司、组织和个人的利益。只有在追求长期发展的基础上，雪花啤酒才能实现持续发展和有质量增长。

第二条，做大高档、做强中档、做实主流（头大、腰壮、腿粗）。

这一条起源于无锡会议，完善于苏州会议，对大、强、实的顺序有讲究，具体如下。

（1）做大高档（头大）。高档产品市场份额要做大，高档产品市场容量也要做大。若高档产品市场容量大但市场份额小，要做大市场份额；若高档产品市场容量小但市场份额大，则要做大市场容量。

（2）做强中档（腰壮）。我们的中档产品在众多市场上已占据领先地位，但仍需要进一步强化其竞争力。目前来看，主要表现为中档高价位产品竞争力不足。强化中档产品，特别是提升中档产品的市场地位，是雪花啤酒未来发展的一个重要战略方向。

（3）做实主流（腿粗）。要重视中档低价位产品的大份额市场地位，目前我们在很多市场上的中档低价位产品并未占据大份额，且主流产品及主流低价位产品的市场份额均在下滑。因此，需要将主流产品及主流低价位产品之间的价格防护带做实、做稳，确保每项业务的底线清晰可辨。

我们很多高档产品市场份额不够大，如华东地区、河南等地，也有一些中档产品市场不够强，如华南地区。不够大和不够强的市场，盈利能力和发展动能都会受到限制。

第三条，做大做强经销商。

支撑我们发展的核心队伍是经销商，本次新理念前所未有地体现了经销商的重要性，与雪花啤酒以往的理念有很大不同。雪花啤酒以往提出的"做强做大经销商"，是指不断扶持小客户慢慢做强做大。但新时代雪花啤酒的发展，尤其是进军高档细分领域，经销商如果规模不大，是不可能强的。这里的"强"，是指在整个经销商队伍和消费品圈子里强，我们要追求客户"大而强"。

（1）旗帜鲜明、理直气壮。雪花啤酒很长时间没有强调客户的"大和强"了。过去我们对大客户是不放心的，一直避免客户因做大而和我们"叫板"的情况发生。从今天开始，我们要充分吸收和引进大客户，并且要有能力、有方法管控大客户，我们需要有一套服务和发展体系来支持大客户。在这种理念下，做大做强经销商是建立渠道客户的第一要务，要从思想上彻底改变过去的思维，扬弃、转变经销商发展思路，寻找新的经销商发展轨道，重塑雪花啤酒渠道经营模式，改变雪花啤酒经销商模式，做到客户能力强、业务强。

（2）CDDS指导，二次改造实践。扶植发展专业客户，帮助客户做强做大，完善客户经营模式。针对雪花啤酒的既有客户，需要通过改造使其做强、做大、做专业。渠道改造的关键在于行动，须知：改革蓝图一筐，不如行动一个！

（3）开辟第二战场，培养高端大客户。高端大客户是未来3年我们渠道建设及渠道二次改造的重要策略和核心。虽然在第一战场（雪花啤酒既有的渠道模式）我们已经取胜，但成本高、难度大，所以必须开辟第二战场。要想决战高端，必须培养高档酒专业大客户，尽快有方法、有步骤地实施我们的"铸剑行动"。

第四条，提升洼地，抢占制高点，决胜高端。

（1）聚焦"区域"洼地，按照《洼地市场操作指引》持续提升洼地市场份额。

（2）在制高点聚焦价格细分，落实制高点终端。按照《制高点操作指引》落地制高点抢占策略。

（3）在高端市场决胜产品、价格、终端，实现高档产品、高档价格、高档终端。落地四要素有：国内品牌和国际品牌主力产品、高档酒大客户模式、精准覆盖和推广、专业队伍和业务能力。在高端领域，雪花啤酒要在国内品牌和国际品牌两个战场上做到第一。同时，雪花要"聚焦"：聚焦中心城市、大城市群；聚焦夜场先行，实现餐饮突破；聚焦发展新零售、电商。

第五条，扩大"根据地"，建设"解放区"。

（1）做多做大有质量的"根据地"，持续提升盈利能力；聚焦省、大城市、二线城市、市区、县城⊖；建立连片"根据地"。

（2）在"解放区"实现高覆盖、高份额、高盈利。

第六条，"三位一体"的价格管理体系。

价格是我们过去吃亏最大、损失最多的方面。对于价格出现问题的市场，需要通过长期的努力才能夺回，如安徽、浙江、江苏、山西、陕西等市场。过去我们的价格管理没有系统的指导思想，一些销售人员错误地以为价格低、促销多是对销售有利的，但数据反馈，雪花啤酒做得好的市场，价格都是高的，促销都是少的。安徽、浙江、江苏市场，过去价格低、促销多，甚至一户一促，造成公司盈利很低，客户也没有赚到钱，严重阻碍经营，公司发展停滞不前。近几年调整后，华东地区得到了迅猛发展。

我们后面就探索出"价格区间""价促分离""三价统一"的"三位一体"的价格管理体系。

第七条，品牌引领、消费驱动、费用精益的销售模式。

（1）品牌引领。要逐渐转变以费用驱动消费的增长模式。例如，在相当长的一段时间内，我们在太原市场采用"大炮打蚊子"的策略，代价非常大，教训极其深刻。新时代做高端市场，对手的品牌比我们强，费用比我们低，我们没法比，所以提出品牌引领，释放品牌价值，获取溢价，减少投入。希望大家重视品牌、投资品牌，让品牌价值在终端动销和消费者

⊖ 此处"省、大城市、二线城市、市区、县城"的说法是雪花啤酒基于自身营销战略界定的市场分级概念，与官方行政区划标准存在差异。

选择方面起到重要作用。

（2）消费驱动。要打造好品牌、好产品，引导消费者试饮，甚至影响消费者偏好，增强消费者自选意愿。品牌活动聚焦消费者的体验、互动，促成消费者消费。不否定、不放弃、不依靠终端客户推荐、专营、促销等传统有效手段。

（3）费用精益。要持续进行费用投入方式和管理的改进，同时释放品牌价值，获取一定程度的溢价。

第八条，好啤酒、好产品、好品牌的产品开发理念。

公司的产品理念是第一要务，新瓶装老酒肯定不行。过去我们的产品质量没问题，但口味一般，没特点，留不住人；产品包装太差、太土，产品没特色。现在我们必须改变，不仅是因为我们要做高档酒，就算做主流酒，以前的产品理念也是不匹配的。我们需要拥有打造好啤酒、好产品、好品牌的产品开发理念。

第九条，精益销售提效率。

精益销售是我们发展的重要理念，如果不坚持这一理念，效率反弹效应会使费用增加。销售和生产两方面都要精益，不能此消彼长。

第十条，打造一支能打仗、打胜仗的队伍。

（1）打造"三三二二"队伍。"三三二二"队伍的提出，是我们重视人、重视团队的体现。要重视人的能力培养和发挥，并保证公平、公正。人的能力强，是实现高业绩的保障。

（2）有文化。"我们的队伍向太阳"是一种精神，它对雪花啤酒过去的发展发挥了重要作用，是我们党建、团建的思想标准。

（3）能打仗、打胜仗。

①有业绩。业绩是做乘法，没有业绩就是零，有业绩才有可能翻倍。

②有能力。建设组织能力，塑造团队能力，提升专业能力。

③从业务中来，到业务中去，既是实事求是，也是实践出真知，更能很好地结合"党建促业务"的主题。

④执行力。凡是抱怨自己团队执行力差的人，都是自身执行力差。执行力的衡量标准取决于结果。

（本章源自作者 2019 年 6 月 5 日于北京在华润雪花营销发展新理念视频宣贯会上的讲话）

| 第 4 章 |

五点一线：决战高端的基本方法论

"五点一线"方法论，是雪花啤酒决战高端的方法论。在讲解"五点一线"方法论之前，要先知道我们为什么把决战高端战略放在这么高的位置。如果说雪花啤酒在 1994～2016 年间实现了做大规模、做大品牌、全国销量第一的目标，那么在 2017～2019 年间则解决了质量发展、转型升级、决战高端的战略资源和部署问题。过去我们解决了很多重大历史遗留问题，部署了一系列重大战略，并再造了组织、重塑了公司文化，取得了不错的成绩。但是未来 3～5 年才是啤酒行业的"最后一战"，即"决战高端"。

4.1 我们的战场

决战高端是一场战争，每个市场都是一个战场，连片的战场就是战区，每个战场和战区中都有很多战役。任何一场战役、一个战场、一个战区的胜利或失败，都会引发敌我双方力量的转变，引发全国高端竞争格局的变化。为此，我们需要在高端决战中对"两军交战"的战场进行战略性划分并在其中承担不同的使命。

（1）主战场。主战场主要指浙江省、福建省、北京市、上海市、广州市、深圳市、香港特别行政区，辐射京津冀协同发展区、粤港澳大湾区、长三角经济带，是我们的第一大战区，也是我们最大的主战场；是我们最后决胜的战场，也是我们要以弱取胜、打败对手的战场。在这一主战场，我们要卧薪尝胆，"打持久战"，以削弱对方优势、转换双方实力、实现稳步增长、取得最后的胜利为使命。

（2）八大高地。八大高地是指成都、武汉、重庆、杭州、南京、郑州、西安、天津。这些城市是目前中国经济发展最快、经济总量增长最多、人口聚集最密的城市。如果拿不下这些城市，我们就无法打败对手。在这八大高地，我们要"打攻坚战"，以夺取存量、获得增量、迅速超过对手为使命。

（3）N个省会。N个省会包括石家庄、哈尔滨、长春、沈阳、济南、合肥、拉萨、昆明、南宁、海口等。在这些省会城市，我们要"打歼灭战"，在高档细分领域率先布局，率先做大，率先取得优势。

（4）其他战场。在其他战场，我们要采取灵活机动的战略战术。例如，针对对手具有显著优势的市场，我们要逐步建立基础、稳步发展，以消灭其有生力量为己任；针对对手优势不明显的市场，我们要主动出击，在高端领域做大做强。

4.2　方法论的意义

"五点一线"是我们指导高端决战的方法论，是我们打败对手的基本战术，是我们实现高端销量增长、拿下高端份额的有力武器，其作用突出，意义重大。在雪花啤酒20多年的发展历程中，外界的质疑声不断：刚开始说我们不会做啤酒，后来说我们不会做品牌，再后来又说我们不会做整合。但最后我们做成了"全国销量第一"，做成了中国最大的雪花啤酒品牌。到了今天，又有人说雪花啤酒只会做主流酒、中档酒，不会做高档酒；说我们只会做雪花品牌，不会做喜力品牌。不仅外界质疑，其实我们自己也心存疑虑。我提出"五点一线"方法论的目的就是，回答我们能不能做高档酒、如何做高档酒的问题。

"任何军事思想都是指导作战的，任何作战经验都会对军事思想产生正面的补充和完善。军事思想虽不能直接解决前线战术问题，但是可以指导战争的走向、决定战争的胜负。"这是毛泽东军事思想给我的一个重要启发。我们的"五点一线"方法论不是指示和要求，更不是理论和学术，而是指导作战的军事思想，是指导高端决战的方法论，希望大家掌握这套"五点一线"方法论，并在实战操作中灵活运用。

4.3 我们的方法论

雪花真正做高档酒的时间并不长，全面做高档酒也是从今年才开始的，我们没有完整的做高档酒的经验。过去"雪花纯生"的发展模式是投入较高的费用实现发展，该模式增量慢、盈利低、成效差。我们在实践中充分认识到，一个新战略的启动，方向要一致，思想要统一。图4-1就是我们做高档酒的战略地图、作战部署和锦囊妙计。这张图以前我们没有，对手也没有。我们通过努力，形成了这套方法论。我们的方法论简单、实用、快速、直接，具有实战精神、雪花特色，总结起来就是"1+2+1"。我们

第4章 五点一线：决战高端的基本方法论

做高档酒是"全国一盘棋"——奔着一个方向，怀揣一个方法，实现一个目标。

1 秉承一个理念

雪花啤酒营销发展新理念
- 有质量增长
- 做大高档、做强中档、做实主流（头大、腰壮、腿粗）
- 做大做强经销商
- 提升洼地、抢占制高点、决胜高端
- 扩大"根据地"，建设"解放区"
- "三位一体"的价格管理体系
- 品牌引领、消费驱动、费用精益的销售模式
- 好啤酒、好产品、好品牌的产品开发理念
- 精益销售提效率
- 打造一支能打仗、打胜仗的队伍

+ 2 怀揣两大法宝

★ 从业务中来 到业务中去

★ 学习推动成长 反思促进发展

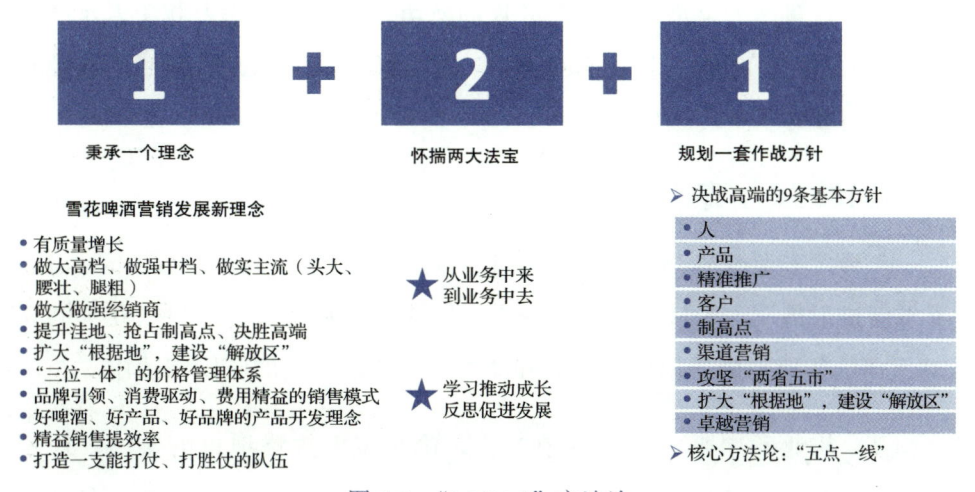

+ 1 规划一套作战方针

▶ 决战高端的9条基本方针
- 人
- 产品
- 精准推广
- 客户
- 制高点
- 渠道营销
- 攻坚"两省五市"
- 扩大"根据地"，建设"解放区"
- 卓越营销

▶ 核心方法论："五点一线"

图 4-1 "1＋2＋1"方法论

第一个"1"，指秉承一个理念，即雪花啤酒营销发展新理念。

我们做高档酒是有理念指导的，理念是原则，是方向，是价值观。通过前期的品牌重塑和"铸剑行动"，大家越来越意识到新理念的重要性，这个新理念倾注了大家的心血，汲取了大家的智慧，凝聚了大家的实践。

要想决战高端，需要做到以下几点。第一，实现有质量增长，而不是粗放式增长。第二，在做强中档、做实主流的基础上做大高档，如果中档没做强，主流没做实，那么高档地位是不稳固的。第三，做大做强经销商，不要做断臂式发展，而要做大客户的增量。第四，提升洼地，抢占制高点，决胜高端，三者互为基础、互相支撑。第五，扩大"根据地"，建设"解放区"，这是雪花啤酒长期制胜的法宝。第六，制定"三位一体"的价格管理体系，细分消费层级，理顺价格定位。第七，打造品牌引领、消费驱动、费用精益的销售模式，追求可持续的发展道路。第八，坚持好

啤酒、好产品、好品牌的产品开发理念,这是升级"战斗装备"的根本所在。第九,坚持精益销售提效率,避免低效投入,要提高销售能力和效率。第十,打造一支能打仗、打胜仗的队伍,建设组织能力和个人发展平台。我们是"三手抓,三手都要硬",抓主流、抓中档、抓高档,这是我们决战高端的基本理念。

所谓的"2",指怀揣两大法宝。

这两大法宝分别指"从业务中来,到业务中去"和"学习推动成长,反思促进发展"。它们来自我们队伍常年的作风和文化,来自雪花啤酒在20多年的快速发展中形成的经验和能力,对全国各地的队伍都适用。

(1)从业务中来,到业务中去。无论是重大战略项目的实施,还是"三个驱动轮""三级一把手"的培训等,都秉承了"从业务中来,到业务中去"的理念,雪花啤酒过去20多年一直坚守这个理念。这是我们独具的强大内生力量,也是我们与其他公司最重要的区别。我们所有的东西都是从业务中总结而来再运用到业务中去的。雪花啤酒的发展之道,来自业务,又回到业务。

(2)学习推动成长,反思促进发展。与此相近的一句话是"把学习和反思当成我们的工作习惯",这是王群总经理的经典语录之一。这两句话都是在告诉大家,要进行学习和反思。"学习推动成长,反思促进发展"是推动我们业务成长的重要源泉,不会的可以学,没做好的可以反思。

有了上述两大法宝,相信我们在高档酒上的方法论会越来越丰富,相关能力会越来越强大。

第二个"1",指规划一套作战方针。

如果说"决战高端、质量发展"是"9+5"战略,那么我们决战高端的基本方针就是"9条"，而"9条"的核心是"5条"。将最核心的"5条"提炼萃取，就形成了"五点一线"。"五点一线"是决战高端战略举措再聚焦的一套作战方针，是我们在全国做高档酒的"武功秘籍"，是支持我们决战高端取胜的关键一招，是衡量我们高端业务好坏的标尺。我们要把"五点"做成"一线"（将五点连成一线），做实、做好、做透、做穿，相信在高端市场一定能取得成功。

4.4 "五点一线"的具体内容

"五点一线"，指人（高端专业人才队伍，弥补人才能力短板）、产品（"4+4"，补强高端大品种组合）、客户（"铸剑行动"、渠道二次改造、提升渠道客户能力）、制高点（千街万店，连接海量高端终端网点）、渠道营销（丰富店内品牌活动，获得人与产品的互动体验）。不但要把这五点做透，还要使其连成"一线"，只有这样才能打通雪花啤酒高端产品到消费者之间的通道，冲破雪花啤酒做高端产品的层层障碍。总结来讲，就是一句形象的话：会做高端的人携带着"4+4"（产品），佩戴着"铸剑"（客户），到店里开展体验活动。

下面我进一步对"五点一线"展开讲述。

（1）人。人和组织是第一要素，尤其是人才，有才华、有才智的高端人才。

高端专业人才的评判标准首先是"高精尖"。高，指高层次、高素质、做高档；精，指精干、宁缺毋滥，高端人才不在多而在精，我们要的是"精兵强将"，而非"虾兵蟹将"，有能力的人能成就一番事业，而且能带动一群人获得成功，对组织产生重大影响；尖，指拔尖、"尖兵""尖刀"，是队伍里拔尖的人，是做高档市场的"尖兵"，是拿下制高点的"尖刀"。同时，我们要建立人才吸引机制，为人才提供发展平台，确保他们有较高的收入，为他们制定更好的激励措施。目前行业的竞争能量正在向雪花啤酒汇聚，我们雪花啤酒有发展平台，有用于提高收入的资源，有激励做强的动力。因此，要利用有利条件招聘到高端专业人才，并在内部培养一批高端人才。解决人才问题的难点在于对外部人才的引进。大家一般存在两个误区：一是不愿意、不主动、不开放，嘴上说要挖人，却没有挖人的计划和方法；二是人挖来了，却未能发挥其特长和能力。因此，我们要进一步解放思想、打开思路。

（2）产品。"4+4"只是一个符号，代表建设强大的"中国品牌+国际品牌"产品组合群，强调的是组合，而不是具象的"4+4"。我们的产品组合群主要有以下两大优势。

一是"中国品牌+国际品牌"组合策略，这是目前对手所没有的。大国崛起，国潮涌动，没有中国品牌，未来做高端市场肯定不行；对外开放，大国责任，没有国际品牌也是不现实的。我对这个组合策略非常有信心，相信在未来5~10年，大家会发现这个组合策略是明智的。所以我们说，做好"2+2"是基线，做成"4+4"是标配。我们必须清醒地认识到，除了"四大金刚"，我们还有"勇闯天涯"和"雪花纯生"，从高档酒方面讲，我们还要持续做大"雪花纯生"。再往上，还有"拉维邦黑啤""黑狮白啤""老雪"这三支"轻骑兵"，它们属于个性化产品，虽然不是主力军，但是在独特的市场里有大舞台、大发展。

二是"四大金刚"和"四大天王"都代表了未来的发展趋势。"四大金刚"年轻、新潮、颜值高、中国风，迎合了国潮。"四大天王"品质高、形象好、欧洲范儿、国际味足。"中国品牌＋国际品牌"的组合策略是我们战胜对手的重要法宝，能够支持我们决战高端。

（3）客户。大客户管理模式这一概念是我2019年在苏州会议上提出的，之后便开展了"铸剑行动"。我们在高端市场如果没有大客户，就实现不了占据制高点的目标，大客户掌握了很多资源，包括高档终端资源、品牌资源、社会资源等。我们各营销中心的"铸剑行动"进展不一，但总体都有进展，并且很多地方的"铸剑行动"已发挥出了重大作用。"铸剑行动"和二次改造是建设雪花啤酒特色大客户的两个重要支柱。我们不仅要培育和赋能雪花啤酒的既有客户做大做强，更要对因"铸剑"而来的大客户进行持续赋能，不能一"铸"了之。关于"铸剑"，有六个指导思想。一是提升认识，没有大客户是不行的。二是解放思想，思想不通则无法"铸剑"，未来大城市人口越来越多，经济越来越强，成本越来越高，小客户很难生存，所以"铸剑"思想要逐步放开。三是主动出击，"铸剑行动"需要由各级一把手亲自把关，目前，凡是"铸剑行动"开展得比较好的地方都是一把手亲自抓，成效明显。四是问题导向，凡是因"铸剑"而来的客户，都必须能解决我们的问题，弥补我们的短板。"铸剑"客户过来以后必须实现两个增长——销量增长和利润增长，我们必须将此作为政治任务去看待，以沉重地打击对手，壮大雪花力量。五是灵活机动，方案一户一策，要灵活，不要僵化。六是赋能发展，给予客户能力再培养和持续帮扶。

（4）制高点。制高点不仅是销售高端产品的主要阵地，还是高端消费人群集聚的核心场所，也是高档品牌宣传的广阔舞台，更是人与产品交互体验的高光焦点。"千街万店"规划是制高点的落地项目，也是制高点的中坚力量。"千街万店"不是指千条街、万家店，而是指制高点中的形象终端、形象街区，包括网红店、体验店、特色店、连锁店，以及美食街、风情街、龙虾街、烧烤街等。"千街万店"是一个符号，代表制高点所在的关键场所。

另外，制高点要向纵深发展，纵深发展的核心是"五个落实"。第一，要落实到每个市场的区、街、店。第二，要落实到具体的人，包括客户和业务员，即落实管理责任。第三，要落实到店内具体的产品组合，落地"4+4"，落地主销和主推。第四，要落实到店内每周、每天的动销上。第五，要落实到店内的品牌活动等渠道营销上，强化品牌体验，刺激消费者选择，促进市场份额和专销达成率的提升。"千街万店"是人与产品体验的交互点，我们要一手抓销售，一手抓品牌。如果说制高点是决战高端的"牛鼻子"，那"千街万店"就是"牛鼻子"上的"鼻环"。

（5）渠道营销。有了"千街万店"之后，产品能否卖得动、卖得好，消费者是否喝、喝完后是否进行口碑推荐，主要取决于渠道营销。渠道营销工作简单地理解就是在制高点店内开展品牌活动，吸引消费者与产品交互体验、与关键人交流等，其目的是在店内实现人与产品的亲密接触，实现消费场景的呈现和优化。大家看过电影《大话西游》和《哪吒闹海》吧？我们每个渠道营销人员都要像孙悟空和哪吒一样，能够在牛魔王肚子里"扯肠蹁肚"，在东海里"翻江倒海"，在千街万店内"大闹一场"，将"千街万店"建设成为雪花啤酒"4+4"的品牌风景线，形成高档消费人群和品牌的联动，使我们的产品有口碑、有销量，让更多的人去体验。渠道营销不是简单的终端促销、推广、生动化这么简单，它是足球场上的临门一脚，是决胜高端的"最后一公里"，是打败对手的"降龙十八掌"中的亢龙有悔。

以上是对雪花啤酒在新时代决战高端的"五点一线"方法论的阐述，

大家可以将这些内容形象地记成"121"和"12345",就像集体出早操跑步时喊的口号一样,"121、121、12345",只要我们把这个方法论做透、做精,雪花啤酒的高端能力一定能提升。

(本章源自作者 2020 年 1 月 6 日至 18 日在各区域业务计划审核会议上阐述决战高端"五点一线"方法论的讲话)

| 第 5 章 |

决战高端，再造一个新雪花[一]

5.1　雪花啤酒是怎么发展起来的

过去很多研究都指出雪花啤酒的发展速度是一个奇迹，它用十几年的时间从一个很小的单一工厂发展为一家全国领先企业。

雪花啤酒为什么发展得这么快？背后的原因是什么呢？我总结了一下，有以下几个因素。

第一个因素，遇到了一个好机会，抓住了一个大机遇。

为什么说是一个好机会呢？从 20 世纪 90 年代开始，中国啤酒行业进入了一个快速发展的阶段，每年的增长率都超过两位数，中国迅速变成全

[一] 关于"决战高端"的更多相关内容，可参阅：温静. 专访华润啤酒侯孝海："最佳并购案"，凶猛高端战 [EB/OL].https://mp.weixin.qq.com/s/s0v4Dg9K5S-MdAd3CrL3TA.

球最大的啤酒市场。而进入一个快速发展的行业，是企业发展最好的机会。在一条通畅的高速公路上，任何车都会开得顺畅一些。所以，我认为，雪花啤酒遇到了一个好机会。

为什么说是一个大机遇呢？当年，啤酒企业很多，全行业都在并购，雪花啤酒就选择了一条并购发展的道路，用资本的力量来撬动行业的发展，使这家公司在十几年中变成了全国领先，所以说抓住了一个大机遇。

今天如果有人说"你给我 200 亿元，我要去做啤酒"，那么我可以负责任地告诉他："即使给你 500 亿元，也是死路一条。但是若是在当年，给你 20 亿元，你就可能做成雪花啤酒。"

一定要看到，雪花啤酒成功的背后实际上是国家的发展、行业的增长、资本的力量，离开这些因素是很难实现的。这是快消品的一个非常重要的特点。

第二个因素，找到了好的"靠山"，背靠大树好乘凉。

雪花啤酒拥有更好的经营环境，这个环境指的就是我们的股东。一家公司的发展，如果没有好的股东提供支持，其实也挺难的。

雪花啤酒的大股东——华润集团，是央企，现在在众多央企中排名第十几位，也是世界 500 强之一，排名第 80 位（2019 年）。华润集团有雄厚的国资背景，有强大的资本力量，有丰富的并购经验。

但是光有华润集团就能成就今天的雪花啤酒吗？我觉得不一定。如果没有我们另一个股东——SAB 米勒（SABMiller）这家外资公司，雪花啤酒也不一定会成功。正因为我们是"一中一洋"，有国资加外资的股东背景，才成就了雪花啤酒。

好的股东给了雪花啤酒很大的自主经营空间。它们除了给我们一些理念和资本，在雪花啤酒的整个发展过程中都没有进行太多干预，它们主要是提供支持，在战略上护航，在发展上提供资金。

第三个因素，成功的背后是一群人的努力，没有这群人肯定没有雪花啤酒。

我们过去多次讲过，雪花啤酒的发展来自团队，这个团队放在任何一家企业都是一个很好的团队。

雪花啤酒的这些人既不是来自央企，也不是来自政府指派，雪花啤酒的整个团队全部来自市场。雪花啤酒是中国啤酒行业市场化程度最高的企业之一，我们的团队都是在市场上打拼出来的。

大家如果接触雪花啤酒的团队就会发现，这个团队和很多企业的团队是不一样的。在企业管理、市场开拓中，雪花啤酒具备比较强的竞争意识，我们的团队也是一个竞争性很强、战斗力很强的团队，这是雪花啤酒成功的第三个因素。

第四个因素，经过较好的整合和管理，打造了一个全国性品牌。

雪花啤酒从最初的"蘑菇战略"，到后来的"沿江沿海、全国发展"战略，首先就是凭借资本收购打开局面，没有资本就没有雪花啤酒的发展。

然后是整合和管理。收购了之后能够把它做好、管理好、整合好的重要标志是雪花啤酒在生产、市场和销售上的不断进步。我们在大部分市场都能够把整体销售额做起来，而且我们打造了一个全国规模领先的啤酒品牌。

我们在整合和管理上应该是行业中做得比较好的，好的战略、好的营销，加上好的团队和经验，是雪花啤酒成功的第四个因素。

5.2 雪花啤酒今天遇到了什么问题

一家成功的企业在长跑的过程中一定有其成功之处，也一定会积累一些问题。雪花啤酒的成功之处体现在哪里呢？

第一，打造了一个有影响力的品牌。全世界单品牌销量领先的啤酒就是雪花啤酒。

第二，拥有近 100 家工厂，以及管理这近 100 家工厂的经验。

第三，开拓了很多不错的区域市场，像四川、安徽、辽宁、贵州、江苏、浙江。

但是，公司实际上遇到了很大的问题。2012～2014 年，我们一直在思考：我们公司现在有什么坎儿？在未来的发展中可能会遇到什么波折？

一家企业如果没有忧患意识，是不可能持续发展的。所以在 2016 年的时候，我们组织了多次研讨会，大家一起讨论：雪花啤酒是不是有问题？是不是遇到了很大的问题？

首先，外部环境发生了重大变化。按照中央的判断，中国经济已进入"新常态"，由高速增长阶段进入了高质量发展阶段。也就是说，中国不再是一个简单的以规模为主的市场了，不是一个随随便便都能挣得盆满钵满的市场了。中国进入了从规模到质量的转型阶段，经济开始"换挡"发展了，这是一个重大的变化。

其次，行业发生了很大的变化。行业的容量开始下降，产品结构开始升级。过去我们处在一个市场增速为两位数的市场上，现在市场增速已经下降到个位数，甚至出现了负增长。雪花啤酒这么多厂，这么大的产能，这么多主流啤酒，以后怎么发展？这是一个很大的问题。

再次，其他啤酒企业成长得很快，特别是外资品牌发展得非常快。过去我们觉得外国啤酒在中国做得一般，但是没想到中国的消费升级带给了外资品牌巨大的发展机会。这给我们带来了较大的压力。

最后，消费形势发生了很大的变化。消费升级了，消费群体不一样了。过去能喝啤酒的人变老了，现在喝啤酒的人都比较年轻，他们是在互联网背景下成长起来的新生代，对品牌的看法、对啤酒的看法与过去的人有很大的不同。

总体上，我们觉得雪花啤酒有这么几个问题。第一，工厂特别多。以前我们总是骄傲地说雪花啤酒有近100家工厂，后来我们不好意思说了。为什么呢？我们看美国和欧洲，一家啤酒企业一年1000万吨的销量，只有7家工厂，而雪花啤酒一年1100多万吨的销量，却有近100家工厂，这是何等的差异？我们已经落后很多了。

第二，我们人很多，但工资不高。我们公司有约6万人，但是人家只有两三万人，相比之下我们的人均薪资是不高的。

第三，雪花啤酒的主要销量来自主流酒和中档酒，雪花啤酒给消费者的总体感觉是一个国产大品牌，但不是一个价值很高的品牌。

第四，雪花啤酒整体的盈利能力不强。雪花啤酒一年销售1100多万吨，其盈利大概也就10亿元，相比国外品牌是很低的。啤酒行业在任何一个国家都是盈利很高的行业，大家看全球的啤酒企业，市盈率估值都很高。

简单来说，雪花啤酒的工厂比较多，品牌比较弱，盈利比较低。我们跟对手比已经落后了，特别是在消费升级、中高端啤酒迅速发展的大背景下。我们觉得雪花啤酒不能再这么下去了。

5.3　雪花啤酒的 3 年转型和成效

从 2017 年开始，雪花啤酒搞了 3 年的改革，今年（2019 年）是第 3 年。我们以前不叫"改革"，而是叫"质量增长、转型升级、创新发展"。但将它们浓缩成两个字，其实就是"改革"，或称说"变革"。变革什么？我们这 3 年干了这么几件事。

第一，品牌重塑。不是说我们的品牌不够好吗？有人说我们的品牌虽然是主流，但已经不那么年轻了。所以，我们这两年先后上市了几款新产品，目前雪花啤酒重塑品牌所推出的这些啤酒都是面向年轻人的，我们要跟着年轻人走，跟 18～25 岁的人在一起，他们才是未来消费的主流。

在品牌推广上，我们通过新媒体、互联网等途径来推广品牌，把过去雪花啤酒传统的地面推广优势嫁接到新媒体上来。新的路走起来很艰难、很累，但是我们坚定地走这条路，始终朝着这个方向走下去。

品牌重塑这几年，雪花啤酒迅速拥有了几条大的产品线，如"勇闯天涯 superX""马尔斯绿""匠心营造"，市场反馈都很好，进展很顺利。我觉得这是我们的一个重要变革。我们这 3 年上市的产品应该说是过去从来没有过的。我们的品牌升级秉承的一句话是："一杯好啤酒、一个好产品、一个好品牌。"每款产品都要达到这3个要求：酒一定要好喝，产品一定要好，品牌一定要做起来。

第二，组织再造。聚焦管理层级压缩，强化全国性管理。过去雪花啤酒分子公司比较多，人员比较多，整体的管理层级比较多。这3年我们把管理层级全部压缩，重新对全国性管理组织架构进行梳理。在做组织优化的时候，我们也做了岗位优化，调整了部门和人员。最重要的是，我们启动了员工的专业职业发展通道，并开始酝酿薪酬制度的改革，希望能让雪花啤酒员工的收入有一定的增长。我们是央企，做组织再造、岗位优化、薪酬制度改革是很难的，但我们还是坚定地走了下去，就是想让企业具有强大的组织能力和专业能力。

第三，产能优化。产能优化也是一件艰难的事情。两年走过来，目前行业里产能优化最坚决的是雪花啤酒，这使我们的产能效能显著提升。

第四，决战高端。这几年我们开始向高端市场进发，现在新出的产品都是高端产品。但是，我们跟竞争对手之间的差距还是比较大的，希望在5年之内能够追上。

我们在高端市场上要向竞争对手学习，把它们的优势转化为推动雪花啤酒发展的竞争力。这几年市场上已经开启了高端啤酒的决战，而我个人认为雪花啤酒现在的发展形势非常好，目前企业的能力、品牌的能力都在飞速提升。

我相信假以时日，雪花啤酒在高端市场上的表现一定好于今天，就算不是"全国第一"，也是"全国第二"！

第五，国际化，走出去。啤酒是一个全球性产业，我们需要与国际接轨。我们希望跟国际啤酒品牌合作，所以选择了喜力啤酒。经过一年多的接触、谈判，我们获得了喜力等国际品牌在中国的销售权，把喜力的整个中国业务全部收购了，现在我们开始慢慢地整合。

我预测，在未来中国的啤酒高端市场上，大部分人既可能选择国际品牌，也可能选择国产品牌。

选择的比例可能是一半对一半。如果雪花啤酒没有国际品牌，未来只能在其中一半市场上参与竞争；如果雪花啤酒只有国际品牌，未来也只能在其中另一半市场上参与竞争。而雪花啤酒希望未来在国际品牌和国内品牌两个市场上都有所发展。

上述5件事只是我们这3年变革转型战略的一部分。到今天，我们已经完成了大部分转型战略。我们还有一些现在正在实施的战略举措，跟经销商相关，如渠道改造，我们叫它"二次改造"或"二次建设"。

过去雪花啤酒的渠道还是比较多的，但是随着公司朝着高端化发展，我们的渠道也在慢慢转换。我们正在慢慢探索和发展大客户经营模式，我们希望客户有自己的队伍，有强大的能力。同时，我们也希望通过学习叠加竞争对手的渠道模式和优势。

再过两三年，雪花啤酒渠道的不足就会逐步得到弥补。要做高端市场，就需要有能做高端市场的客户。这是我们现在正在做的。

那么，我们3年转型的成效怎么样呢？雪花啤酒的利润比3年前翻了两番，高档酒的发展比较快速，销量也很可观。我们的成本和效率与过去相比提升了很多，组织和人员也更精干了。

5.4 "最后一战"

"最后一战"这个概念在雪花啤酒内部并不陌生。我们的前任总经理在2014年就提出了这个概念。当时雪花啤酒的市场份额为24%,我们希望能超过30%,也希望在北上广深能有更大突破,与竞争对手拉开更大的差距。"最后一战"的出发点是做大规模,它的背景是中国啤酒行业正在以两位数或大一位数的增速发展,它的基础逻辑在于规模优势会给企业带来巨大的能量。但从2014年开始,中国啤酒行业发生了很大的改变,导致"最后一战"并没有完整地展开。

2015年,在行业趋势开始转变的时候,恰逢我竞聘总经理,当时我提出了"最后一战"的新定义,即在保持规模、快速发展的同时,要在中档、高档和听装3个细分市场上取得优势地位,同时提出了新的收入与利润增长目标和酒类多元化的发展蓝图。当时听装细分市场正在兴起,我们已经预见到了当前的消费升级和听装化的发展趋势,所以聚焦中档、高档、听装的发展及酒类多元化是区别于"最后一战"旧定义的最重要的两个点。

自雪花啤酒于2017年启动"3+3+3"战略以来,经过6年的努力,我们基本具备了"最后一战"的资格和能力。其间经历了两段历程,前3年是"去包袱、强基础、蓄能量"的发展,后3年直指高端国际品牌发展和高端品牌能力建设。这两个阶段相辅相成,缺一不可,没有第一个阶段的"去包袱、强基础、蓄能量"并获得国际品牌资源,就没有第二个阶段高端品牌能力的建设、高端市场的增长及高端份额的获取。这两个阶段对第3个3年至关重要,没有前6年发展奠定的基础,我们也不会重提"最后一战"。虽然"最后一战"在雪花啤酒的历史上被屡次提出，但并没有作为战略去部署，根本原因还是雪花当时不具备"最后一战"的能力。

回想2016年的雪花，全国高档酒销量50多万吨，最高端的品牌是"雪花纯生"和"勇闯天涯"，我们的整体队伍是根据普通酒和中档酒来设置的，我们的管理理念、能力经验、方法体系都是以中档酒和主流酒为模式建立的，而竞争对手在高档酒方面的能力远远超出我们，并拥有完整的国际品牌组合群，所以当时我们并不具备提出"最后一战"的条件。但是经过这6年两个阶段的发展，上述不足已逐一得到弥补。所以说，有了前两个阶段奠定的基础，才有了第三个阶段的"最后一战"。

在前两个阶段，我们实施了六大战略。品牌重塑和国际品牌加盟，使我们形成了完整的品牌组合群，并且落地生花；产能优化极大地改善了生产效率、人均效率，质量、技术、管理水平大幅提升；组织再造和文化重塑使全国上下、大江南北变成一支队伍、一个团队、一种文化，雪花啤酒的战斗力日益强大；营运变革增强了产销衔接，我们的生产销售和供应链得到了全面提升；我们开始尝试多元化布局，通过整合景芝、金种子、金沙，开启了在白酒行业的初步探索；通过决战高端，我们的高端酒持续保持两位数增长，高端能力得到了大幅提升。

通过上述六大战略的落地，我们完成了3项任务。一是去包袱。组织精简了，薪酬提高了，战斗力增强了，作风更加硬实了，具备了打胜仗的能力。二是蓄能量。雪花啤酒的盈利从12亿元提升到15亿元，再到接近50亿元，意味着一个不同量级的公司诞生了，我们拥有了更大的能量和更多的资源，有了"大炮炮弹"，也有了"东风式导弹"，资源能力已经和主要竞争对手不相上下了。三是提能力。通过高端酒策略的落地实践，雪花啤酒的高端组织能力、高端销售能力、高端拓展方法、高端理论体系已经全面形成，在行业内，我个人认为雪花啤酒已具有领先超越的地位。

我们实现了利润翻番、市值翻番两个目标。6年前，我们的市值只有470亿元，大高档销量只有57万吨，份额只有25%；6年后，公司的利润、份额、大高档销量和公司市值均发生了巨大的变化。

6年间，我们锻造了多项能力。以前雪花不做高端品牌，就被认为不会做品牌，但现在我们的品牌营销能力呈现出越来越强的趋势；在渠道和大客户方面，我们的核心客户队伍越来越壮大；组织、人才、队伍实现了彻底变革，文化重塑也实现了平稳落地。

做好了以上准备，雪花就具备了"最后一战"的资格和能力。时机虽然成熟了，但2015年提出的"最后一战"已经跟不上现在的发展趋势了，所以我再次定义了"最后一战"，即在以下4个方面达到最佳状态、最好位置、领先地位。一是啤酒的大高档销量再翻一倍，这样才能以压倒性优势领先对手，而不仅仅是打败对手。二是利润再度实现更大幅度的增长。三是在多酒类业务中要实现赋能发展，发展独特的路径、服务、管理架构和生意模式，形成相对于其他酒类的独特竞争能力。四是做啤酒新世界的领导者，在价格、消费、人群等各方面都要成为行业的领先者、领军者、领导者。

"最后一战"是雪花啤酒历经30年的发展，站在高处看向远方，历经2~3代管理团队，即使披荆斩棘也要实现的"雪花梦"。我们过去常讲"大决战"，现在叫"最后一战"，大决战可以有好几战，但"最后一战"之后，行业竞争格局就基本形成了。

5.5 决胜高端

"最后一战"主要靠"决胜高端"实现。中国啤酒行业的高端化发展历程分为萌芽期、成长期、发展期、爆发期、成熟期 5 个阶段，历经将近 20 年才真正进入一个比较稳定的状态。中国啤酒行业要实现高端化目标，未来至少还需要 10 年时间，这种发展趋势与其他任何新生事物和新兴产业没有任何区别。只有清楚地认识这 5 个发展阶段，才会知道我们现在处于什么阶段。当有些友商说它们在高端市场占 50% 份额的时候，它们没有考虑到它们只是在高端化发展的萌芽期和成长期占 50% 份额，真正的竞争其实发生在发展期和爆发期。

2014~2025 年是中国啤酒行业高端化竞争最激烈、发展最迅速、成长最迅猛的阶段。谁在这个阶段抓住了主脉、领先了对手，谁就能占有中国啤酒行业高端市场成熟期的巨大红利。而过去高端市场的好与坏，历史早已将它忘记。就像你高中时考过全班第一，高考时考过全省状元，虽然值得骄傲，但你的人生是从你工作以后才真正开始的，25~45 岁这一阶段才决定了你的人生高度。从这个趋势看，每个发展时期的特点和容量都是不同的，中国品牌和国际品牌的布局不一样，在某些区域的发展也不一样。因此，只要正确地认识这个发展趋势，我们就能明确自己的作战意图是什么、战场布置在哪里、怎么打才能获得最终战役的胜利。

中国啤酒行业的高端化进程有 3 个特征。一是拉伸式。往上，高端酒的位置被拉得越来越高，同时高的地方会变窄；往下，低端酒同样越来越少，整体形成了纺锤形，这是中国啤酒行业高端化的一个非常重要的特点。二是波浪式。我曾经讲过，中国啤酒行业的高端化最主要的不在于"高端"，而在于"化"。中国啤酒行业的高端化一直在不断地波浪式前进，产品价格从1元到2元、2元到3元、3元到4元，一直到30元，再到"醴"酒，这个浪潮是汹涌澎湃的、不可阻挡的。三是跨越式。跨越式和集聚式的高端化同时发展，以小酒馆、精酿、鲜啤等各种形式争相出现。

中国啤酒行业的高端化市场可以分为初级市场、发展中市场和发达市场3种类型，目前大部分市场属于初级市场。我们在初级市场的高端产品只是处于价格带底部并向中部发展，"雪花纯生"就是初级市场中的高端产品。再看发展中市场，"雪花纯生"只处于该市场价格带的中部。发达市场的高端化已经超越了现有的10元"雪花纯生"价格细分，走向了13元、14元的"喜力"和10元小瓶。

中国啤酒行业高端化市场的3种类型的不同特征，清楚地表明了中国未来初级市场向发展中市场发展、发展中市场向发达市场发展的趋势是不可阻挡的。我们只有在所有高端战役中把3种市场划分清楚，才能知道自己当下处在什么位置。发达市场价格越来越高，越来越聚焦；发展中市场价格持续走高；初级市场开始出现，然后迅速发展。这就是目前的市场状况，只有"对症下药"，才能夺取最终的优势地位。

"高端制胜"有两个价格带非常重要：10～12元区间是非常重要的一个底，我称之为"中国高端之底"；再向上走就是13～15元的高档酒。这两个价格细分非常鲜明地说明了未来的"底"是什么。高端化的决胜取决于这两个价格细分，即取决于企业10～12元细分市场和13～15元细分市场的规模。5年、10年之后，谁占领了这两个细分市场，谁就是王者。

雪花啤酒积聚了决胜高端的决定性势能，这种势能来自我们的规模、收入和利润，来自"1+1"的基本盘和"4+4"的品牌组合群，以及"勇蓝纯喜"（勇闯天涯、supperX、纯生、喜力）四款主力产品的迅猛增长，来自众多大客户，来自我们销售队伍的强大执行力，来自我们西南、华东、东北三大支柱市场难以撼动的市场地位，来自中南地区的迅速崛起，来自西北高端市场的领导者地位。这种势能决定了我们一定有能力发起"最后一战"。

我们发起决胜高端的"三大战役"，主要聚焦3款产品。第一，喜力的成功决定了我们的高度，更决定了我们的未来。因此，从2023年开始，全国的销售队伍和销售区域都会奋勇向前做喜力。我们要继续保持喜力每年30%～40%的增长速度，也会制定更高的目标来促进喜力的增长，让喜力在3～5年之内成为整个中国啤酒高端市场的王者。第二，我们需要重视"雪花纯生"。"雪花纯生"的销量现在已经接近百万吨了，我们要迅速超越百万吨，形成中国的国民高端啤酒，在高端的底部形成"雪花纯生"的力量。第三是"勇闯天涯superX"，它作为一款零售价接近10元的产品，未来将承担我们的10元细分市场和底部的防护责任。我们希望这3款产品都能实现百万级销量。未来谁的品牌多，谁的单品产量大，谁拥有的百万吨单品多，谁就是胜者。我们评估了一下整个行业，我们认为目前能够率先达成2个200万吨或3个300万吨产能的单一品牌，应该是雪花啤酒。

我们必须聚焦决胜高端的"三大战场"。第一，在发达市场要超越对手。在主要对手的优势市场，目前我们除了广东市场仍在底部徘徊，需要进行战略调整，其他市场的发展势头都非常迅猛，且发展速度越来越快。我以前经常讲"高端加速度"，它来自我们的不断发展，发展速度会像陀螺一样越转越快。第二，在发展中市场要做到第一。我们很有可能在很多发展中市场的高端领域占据领先地位，而我们的"最后一战"应该能实现我们在发展中市场的领先地位。第三，在初级市场要建立首发优势。我们希望雪花是在初级市场最早做高端、最早做高端组合、拥有最先进的高端能力的品牌。在以上"三大战场"的"战绩"决定了我们未来能不能在高端市场的"最后一战"中取胜。

我们也要发挥"三大法宝"的作用。一是充分运用营销发展新理念。雪花啤酒是一家不断学习、总结、反思和共创的公司，它能够形成自己独特的能力以快速碾压对手。二是充分发挥"从业务中来，到业务中去"的重要思想，我们学习对手，但从不照抄，我们在业务实践中形成雪花的力量和能力。三是充分践行"执行到一线"，超强的执行能力一直是我们的重要法宝。

在以上基础上，我们还要重点布局"啤+白"，通过做大啤酒，赋能白酒，形成"啤白双赋能，白白共成长"模式，在中国建立酒类多元化这样一个独特的上市公司管理模式，这是一条非常值得探讨、值得尝试的发展新路径。

"决胜高端"，完成"3+3+3"战略，实现3年一个台阶、9年翻越一座山，取得酒类行业的竞争优势。这就是我们的"最后一战"，我们要用9年时间完成这项历史性任务。

（本章源自作者2019年8月21日在第四届中国快消品大会上的讲话，2022年11月18日于厦门在渠道伙伴大会上的讲话）

| 第 6 章 |

啤白双赋能

众所周知，我们的业务模式（大啤酒＋小白酒）在中国目前的行业中是独一无二的。能否找到同时做其他酒类的真正方法，有效促进发展，让业务能够共享共存，于我们而言是一个巨大的考验和挑战，也是一个重大的机遇。啤白双赋能是华润集团及各相关方高度重视的战略举措，它不仅能体现我们团队的能力，也能有力回应行业对我们的观望、质疑和期盼。

在新世界，啤白双赋能非常重要。啤酒已经走过这个历程，白酒正在经历，白酒本身的产品品类、产品势能、消费方式与啤酒不同，其推进路径、模式、呈现方式也与啤酒不同。白酒是一个刚刚开始进入竞争和繁荣的产业，好的特别好，差的特别差。

6.1 啤白双赋能的"能"和"赋"

6.1.1 "能"指两种能力

一是"更啤酒"。经过这两年啤酒业务的产销分离，华润雪花啤酒的相关能力进一步走向极致，各销售事业部能否成为真正的竞争型事业部，过好销售的每一关？总部几大业务中心能否真正体现出专业化的能力和价值？如果能把这些做好，啤酒业务就能实现经验和能力的极致超越。过去我们是综合能力很强，但难免拆东墙补西墙，现在是各方面能力都强。二是"新白酒"。从"像白酒"到"是白酒"，再到"新白酒"，白酒业务需要探索和实践自我提升的本领，讲白酒的话，做白酒的事。华润酒业要有自己的定位，而不是变成啤酒企业的分公司。

6.1.2 "赋"即"啤+白"双赋能

华润雪花（啤酒业务）要萃取白酒能力，成为"啤酒+"，在啤酒行业实现更极致的超越。华润酒业（白酒业务）要萃取啤酒能力，成为"白酒+"，成为"新白酒"。从华润啤酒总部的角度来说，要完美实现"啤酒+白酒"融合发展。

6.2 啤白双赋能的模式描述

6.2.1 基本原则

（1）一个公司。一个目标、一个战略、一个组织、一个文化。我们自2017年启动"3+3+3"战略以来，就一直强调"一个公司"，不管天南海北，都是华润啤酒，都是华润啤酒人，大家都为一个共同的目标而奋斗，大家要清楚"自己是谁"。

（2）两种模式，协同＋互补。"协同"就是有事大家一起干，你干事我配合，发挥好协同配合的"僚机"作用，如媒体、技术研发、大客户等都需要协同。"互补"就是你没有的我给你，我没有的你给我，如啤白淡旺季的互补，市场客户、队伍、资源、能力的互补等。

（3）三轮驱动。华润啤酒各部门是啤白双赋能的第一中心，负责战略蓝图规划、职能管理、统筹协调、资源调配、规则设定等。华润雪花要做好能力萃取、资源提供（客户终端等）、项目推动、机制配合、产品赋能等。华润酒业要做好需求萃取、赋能转换、机制保障、项目执行等，转换自己的能力，先照葫芦画瓢，再不断优化，最终把"葫芦"变成自己的。

（4）四个基础。四个基础是啤白双赋能的基本力量，我们有多年的发展经验；有资源（如人才、客户、钱、品牌影响力、企业声誉）；有成熟的上市公司和酒类企业的管理机制——这些机制是完善的、丰富的，能够支持啤白双赋能的发展；也有上市公司平台，可以合并，也可以拆分，如果赋能做得好，就能实现"1＋1＞2"的效果。

（5）五大模块。第一，组织和人才。这方面的赋能是最重要的，有人，才会有业务开展。第二，品牌和销售。品牌对于双赋能特别重要，今年我们在白酒品牌的打造上推进快、成效好，其主要原因是我们的品牌理念和品牌构筑能力非常强大，对白酒做了赋能；销售方面也出台了很多制度，重视客户。第三，供应链和智造，即从供应链的采购、营运到智慧制造、智慧生产。第四，科技创新和数智化。这一模块还有很大的发展空间。第五，财税法律和风控，即财务助力、法律保障、风险控制。

以上五大基本原则是啤白双赋能的主体内容。只要把五大基本原则做透、做真、做实、做好，啤白双赋能的模式就会逐渐成形。

6.2.2　价值创造

（1）财务：收入增加，利润增加，费用降低，成本减少。啤白双赋能是有衡量标准的、有价值的，商业必将创造价值。

（2）品牌：企业声誉提高，产品的品牌价值增加。品牌的议价能力越来越强，媒介成本越来越低，资源共享范围越来越大；企业的声量更加多元，更加有号召力和影响力。

（3）客户：大客户在数量、质量和业务贡献度方面的重要性日益凸显，关键类终端的合作和销售得到更好的恢复。例如，白酒在婚宴、团购、礼盒等方面做得多，啤酒做得少。两者可以协同起来。啤酒的终端也可以把白酒产品带起来。

（4）人才：岗位满足业务需求，人岗匹配度高，职级价值得以体现，专业能力得以提升。

（5）科技：加大科技投入、项目及成果转化力度，增强科技人才建设，提升权威和影响力。通过白酒技术的发展带动啤酒行业的提升，通过啤酒技术的成熟带动白酒技术的升级。

（6）数智化：系统应用带来效率提高。在推动消费者运营的数字化转型过程中，我们发现消费者的白酒消费能力比啤酒更强，白酒的可替代性低，消费者对白酒口味有适应度和习惯。鉴于此，极致的连锁店模式、高档酒模式、宴席模式一旦实现数智化，效率会大幅提升。

（7）管理：采购成本降低，生产效率提升，物流模式改变。通过工程项目的投资建设，对项目的管理更科学、更可控，回报率更高。

6.2.3　蓝图规划

（1）企业愿景：充分利用啤酒、白酒积累的资源，探索独特的啤白双赋能发展模式，塑造华润酒业的核心竞争能力。

（2）发展目标：短期目标是输送管理人才，提高市场覆盖率；中期目标是实现资源共享、能力互通、系统借鉴、效率提升，推动产业链管理的全面升级。

（3）发展方向：组织相连、人才齐用、渠道共享、终端合建、费用分投、价值增厚。

6.2.4 强大基石

30年的优秀经验和市场化机制让我们有别于其他白酒企业和啤酒企业；30年来打造的高中基层团队始终延续着一脉相承的团队文化；雪花的文化和精神是我们历史发展的重要组成部分，需要进一步夯实、传承。

6.2.5 组织机制

组织有保障，管理有机制（定期总结、分析、检查、评估），项目有执行，激励有落地。

6.3 啤白双赋能一定行

"啤白双赋能、白白共成长"必须行！一定行！我们应该有这个底气。

第一，我们是一支拥有30年产业投资并购、企业经营发展、市场竞争取胜经验的队伍，产业的投资并购对我们而言并不陌生，我们是有丰富的经验的。在公司30年的发展历程中，我们一直在超越和更新，穿越产业进行转型。我们从沈阳出发，一直走到今天，在激烈的市场竞争中闯荡，与区域品牌竞争，与全国品牌竞争，与国际品牌竞争，从一个品牌发展到"1+N"个品牌，从中国品牌走到国际品牌，从主流酒品牌走到高档酒品牌。我们是一支常胜的队伍，不可能不行。

第二，"从业务中来，到业务中去"是华润啤酒探索、发展、强大的重要法宝。雪花从沈阳出发，到全国品牌整合，再到品牌发展、渠道建设改造，一路走到"全国第一"，"从业务中来，到业务中去"一以贯之。

第三，"学习推动成长，反思促进发展""把学习和反思当成我们的工作习惯"是华润啤酒不断纠正失误、不断追求更高目标、不断实现自我提升的制胜武器。我们做白酒不怕失误，因为失误一定会被纠正，我们有这个传统和习惯。

第四，"五湖四海""勤奋进步"是华润啤酒集聚人才、发展自我的基本准则。不管我们做啤酒业务还是白酒业务，都需要让来自五湖四海的人通过勤奋进步变成有本领的人。

第五，业绩导向、问题导向、战略导向，是我们提升管理水平的有效手段。

第六，市场化是公司在竞争中取胜的灵魂。我们需要市场化的机制、市场化的人才、市场化的白酒。党中央持续推进的国有企业改革，从混合所有制改革到市场化改革，再到新一轮改革，都在强调市场化。

第七，每一个人都不简单，每一瓶酒才放光彩。这是我们的文化，也道出了人和酒之间的关系。

第八，坚持党的领导是国有企业的根和魂，这是最重要的一条。

同时，白酒赛道长坡厚雪，深度调整也许是行业价值回归的新春天。

白酒新世界正呈现出如下"十二大特征"：

（1）消费人群逐步迭代，消费场景日渐多元。

（2）白酒价格呈双极化发展，即"两头稳、中间强"的态势。

（3）产品质量全面升级。

（4）营销管理模式全面焕新。

（5）各香型白酒各美其美，美美与共。

（6）积极探索智能化酿造工艺。

（7）传承、创新双向发展。

（8）产区与品牌双向发展。

（9）产能和产业集中分化。

（10）规模发展转向质量、生态发展。

（11）政策指引、龙头带动。

（12）文化强企、价值回归。

随着行业进入新一轮深度调整期，企业不得不慢下来，认真思考过去3年行业飞速增长背后被掩盖的风险与问题。

基于个人的思考和观察，我又总结出白酒行业的"十大增长之困"，分别是：

（1）白酒能不能突破政商人士、年轻人及女性消费群体？

（2）白酒企业都在强调品质，从各个细分香型到各个风味香型，再到年份酒认证，白酒能不能有统一的质量标准？

（3）在"白酒新世界"，白酒的品牌建设如何创新？

（4）渠道管理模式能否更精细？

（5）产品体系能否精简，价格倒挂问题能否解决，促销手段能否更精准？

（6）近年来各名酒企业纷纷提出扩大产能，产销何时能匹配？

（7）库存管理模式能否更科学？

（8）数字化酿造何时能突破？

（9）企业发展能否兼顾生态发展？

（10）行业对科技与专业人才的迫切需求如何解决？

随着国家的发展、国力的崛起及国潮的兴起，白酒发展的机遇与挑战并存。白酒赛道长坡厚雪，新一轮深度调整恰恰也是行业向高质量、个性化发展，以及实现价值回归的新春天。企业能否抓住机会就在于能否认清"白酒新世界"并积极破局。

白酒行业新一轮调整的一个重要趋势就是价值回归，产品回归消费品类，而不是奢侈品或投资产品。过去很多名酒是作为奢侈品和礼品存在的，但华润酒业要做消费者喝得起的白酒，不追求更贵，只做品质更好、价格更合理的产品。相比奢侈品、礼品属性，白酒的消费品属性必须是鲜明的、突出的和领先的。

基于以上对行业的初步认知，我们提出了"十三大业务发展之道"，在探索中不断实现白酒业务全面升级。

（1）把握"声量就是销量"的规律，持续发出酒业最强音。

（2）传承华润啤酒"勤奋学习、探索进步"的优良传统，持续向名酒、大师、大商学习。

（3）建立香型、口味与主品牌之间的强关联，强化品牌形象，抢占消费者心智。

（4）精准做大"会、展、赞、节"，把客户沟通、消费者沟通放在第一位，以此实现品牌建设目标。

（5）建立华润啤酒独特的 B2G（企业对政府）、B2B（企业对企业）特色圈层营销模式。

（6）建立"白酒新世界"独特、个性、品牌化的 IP。

（7）坚持品质第一，在同等价格下提供品质更优的产品，在不同价格下提供性价比明显更高的产品。

（8）做大高线光瓶酒市场，持续践行"啤白双赋能"。

（9）搭建"白酒新世界"的品质表达平台。

（10）坚持做好酒：易饮、能干、不上头。

（11）探索新零售方式。

（12）建立"啤白双赋能"消费者运营模式。

（13）探索新的渠道、新的推广和销售模式。

我们将坚定战略自信，保持战略定力，屏蔽一切噪声，踏踏实实地实施华润酒业"探索、发展、变强"的 3 年发展战略，做"白酒新世界"的探索者！

（本章源自作者 2024 年 1 月 3 日在华润啤酒"啤白双赋能"大会上的讲话）

| 第 7 章 |

变革，促进生产高质量发展

变革和高质量发展是雪花啤酒"3+3+3"战略的重要主题，两者推动生产系统开展了很多工作。

生产系统的变革从 2017 年就开始了，并且在雪花啤酒的 3 项重要变革中均担当重要使命。

第一项重要变革是产能优化。产能优化工作更大的责任在生产系统身上，生产系统中更大的责任在工厂身上，工厂中更大的责任在一线干部身上。

第二项重要变革是组织再造。全公司组织再造最难、任务最重的环节在工厂，包括组织的重新设计、流程的改造和最核心岗位的人员优化等，这是需要生产系统付出巨大努力才能实现的。

第三项重要变革是品牌重塑。技术中心的新产品研发、"4+4"中国品牌及其新产品的上市和发展，均是生产系统变革的体现。于生产系统而言，变革不是新词，也不是新路，而是一直在路上，相信生产系统下一步还会有更深层次的变革。

雪花啤酒自 2017 年开始进入高质量发展阶段，建设高质量工厂、升级设备与装备、提升人效、充分释放产能、推进重大战略举措是我们对生产系统高质量发展的要求。

具体措施有以下八条：

第一，产能规划。这项工作极大地支撑了部分工厂关停，极大地支持了产能的再布局，支持了公司决战高端的发展战略，特别是在雪花纯生、听装保供方面作用重大。

产能规划虽然有营运中心、营销中心和财务部的参与，但主要工作是由生产系统完成的。自 2017 年以来，总部成立项目组做了两次产能规划，指引各单位实施，并进行动态跟进，集全公司之力推动了所有区域和工厂未来产能的发展。

第二，产能优化、组织优化。产能优化的最大责任方、最大压力方和最大牺牲者是工厂执行总经理，其次是执行总经理带领的班子成员，最后才是区域和总部。

第三，技术研发。技术中心的研发人员集中开发了众多新品，并且质量经得起市场检验，改变了很多人对雪花啤酒卖主流低质酒的印象。虽然"勇闯天涯 superX"在上市之初因经验不足出了点问题，但都在正常范围内，后续一个个爆品的诞生是支持品牌重塑的强有力证明。目前，我们的高档新品百花齐放、争奇斗艳，前景一片光明。

第四，提出可比成本指标。可比成本是2017年提出的具有雪花啤酒特色的成本指标，是生产系统具有创造性的体现，是雪花啤酒成本管理的抓手。作为雪花啤酒生产系统成本管理的"牛鼻子"，可比成本实现了同口径、全工厂比较，抓住这一"牛鼻子"并持续攻关，必将实现成本的大幅下降。

第五，建立职业发展体系。职业发展体系的建立是值得肯定的，生产系统率先走出了职业发展的第一步，而且走得非常好。

第六，走"雪花之路"。"雪花之路"是新兴事物，也是雪花啤酒创新发展的另一个抓手、另一个管理平台，标志着雪花啤酒管理模式的极大转变，必须坚定、坚决地走下去。

第七，营运专业化。配合战略转型，整合工厂和销售职责，强化营运的专业化、数字化。营运中心新生事物的发展离不开每家工厂的大力支持，营运中心管理平台的运转离不开生产系统。正是大家的合力，才有了营运变革之美，非常不易。

第八，业务外包。这是推动组织优化提质，实现专业化管理的一项重要举措。目前大家对业务外包的认识仍不统一。外包不会削弱产品质量，外包管理不好才会削弱产品质量；外包不会增加成本，外包管理不当才会增加成本。

我们要清楚，外包和外包管理是两回事，我们要解决的问题不是用不用外包，而是能不能管理好外包。当前我们确有一些重要的外包存在很大的风险，其中EHS（环境、健康、安全）的风险最大，这给我们的管理工作带来了很大的挑战，但不能影响我们做业务外包工作。

7.1 雪花啤酒在生产方面的短板

我们在生产方面存在一些短板，有短板很正常，这些短板是在我们的发展过程中形成的。

第一，人员结构问题。老龄化、学历低、专业性不足、人才缺乏、关键人才缺失、领军人才比较少等人员结构问题，是制约我们发展的一个短板。雪花啤酒作为一家20多年来通过全国收购发展起来的企业，由于不断接收老工厂，必然会存在这些问题。

生产系统人员的平均年龄与行业标杆企业比、与国际啤酒企业比、与世界一流企业比、与我们的远大理想比，还有很大差距，每位执行总经理都有责任改善人员结构，使人员结构趋于合理。

第二，产品质量和投诉问题。现在消费者对产品质量的要求越来越高。产品必须是"一杯好啤酒、一个好产品、一个好品牌"的"三好"综合体。中国早已进入品质时代，任何在品质上偷懒或打折扣的产品都将被淘汰。

但我们的质量管理还是分段式的，没有打通，尚未形成全员质量管理、全链条质量管理。我们对质量的认识、所持有的理念和管理方式与目标还有很大差距，还需要不断培养质量意识，提高对质量的关注度，听取多方意见，全面提升质量。

第三，可比成本、人效差异大。我们的成本指标这几年有非常大的提升，但面临的重大问题是差距太大，不同的工厂发展水平极其不均衡。排名前10位和后10位的工厂，可比成本有两三倍的差距。所以我们应统一认识，扭转这个局面，实现均衡发展。只有全国各地的每家工厂都发展得好，才能真正成就雪花啤酒。

第四，管理方式落后，效率低下。三级管控方式导致管理成本高，信息衰减量大，总部对区域生产系统的管理方式、区域生产系统对工厂的管理方式都比较落后，效率低下。

我们使用的仍然是落后的笼子型管理方式，与二三十年前没什么区别，效率低下。工厂的部门、人员配置很齐全、很传统，但组织管理方式和配置方式比较落后。现有的70多家工厂既未形成"一家工厂"，也未形成统一的管理体系、模式、制度、信息，以及各种工艺技术和方法的标准。

第五，学习和创新能力弱。学习包括个人的学习、组织的学习、系统的学习和专业性的学习，我们横向的学习、对外和对内的学习都还不够。生产系统人员的学习主动性一般较弱，创新能力也弱，眼界不够开阔。要多看、多学、多创新，打破惯性管理思维；要避免思维僵化，尽可能活跃起来。

第六，管理队伍老龄化，守成思想根深蒂固，主动变革的愿望不强烈，前瞻性和进取心不强。有变革就会有变化。长久以来，我们生产系统变革的愿望有是有，但不够强烈，生产系统各方面的工作也一直在做管理改进。

雪花啤酒过去特别喜欢讲改进，把制度再完善一下、优化一下、改进一下，这些都是改进的思路。但我们很多工作是需要变革的，要有变革的强烈愿望。生产系统有一个非常重要的特点，就是勇于做事、敢于担当且能打硬仗。虽然员工呈现老龄化趋势，但不该因此失去英雄之心。我们需要不断地去打仗，也要有能力打胜仗。

7.2 变革的方向

第一，以产销分离为抓手，实现生产系统的组织变革。转变生产管理方式、组织管理定式、人员配置模式，建立专业化、精益化、数字化、智能化的生产管理模式，这才是我们高质量发展变革的方向。

像生产中心所提的很多新理念，如"1+N"和"N+1"，都是在转变我们固有的思维方式，只是与过去相比，转变力度更大。生产系统有雄心壮志去改革，让人耳目一新。

第二，吐故纳新，改变人才结构。我们要向年轻化、专业化、市场化、国际化靠拢，培养一支行业内最牛的生产技术"人才、干才"队伍，拥有若干真正的行业顶尖技术人才。

这又是一个非常紧迫的重要任务。在过去的生产管理中，我们对人才的规划、培养、发展关注得不够，没有给予他们更好的待遇和更大的发展空间，没有为他们提供干事创业的平台，这些将来都要创造，让专业人员和技术人员成为生产系统的主力军。

将管理人员与专业人员、技术人员区分开来，不能"管、专、技"不分。要让管理人员在管理上成为管理人才，让专业人员在专业上成为权威人士，让技术人员在技术方面成为技术领袖，3条路、3个发展方向，这才是真正的"管专技"同步发展，尤其要重视顶尖技术人才的引进和培养，让技术人员在生产系统中备受尊敬。

第三，抓住三个"牛鼻子"，使"可比成本""人均效率""质量"达到国际一流水平，让生产系统步入世界一流行列。

第四，稳步落地"雪花之路"，建立并完善雪花啤酒特色的"酿酒之路"。作为一家世界一流公司，雪花啤酒要有自己在酿酒方面的独特管理方法、管理经验、管理技能、管理流程及管理模式。

雪花啤酒以前的管理是零散的、不系统的，我们要把全国的经验融合在一起共创、实践，利用雪花啤酒"从业务中来，到业务中去"的法宝，从70多家工厂中来，到70多家工厂中去，形成具有雪花啤酒特色的管理方法——"雪花之路"。

尽管需要一些外部机构来启发我们的思路，但所有东西都是靠实践得来的，可比成本和质量也一样。学习和共创不够，就需要从学习中来，到学习中去，使之成为一种管理方式，一条提升能力的途径，一个提升管理水平的工具。

第五，技术研发，甩掉"边、穷、白"的帽子再出发，走上光明的大道。雪花啤酒技术中心在缺钱、缺人、缺设备的情况下研发新产品，实属不易。未来要成立雪花啤酒技术研究院，建成具有国际领先水平的技术研究与创新基地，为公司的长远发展保驾护航。

第六，确立"高质量"的管理理念，摒弃低价低质的思维定式。低价低质的思维定式是指认为低价是安全的、合规的，是利于公司的，会使个人安全、公司受益。

进入高质量发展时代，雪花人不应该继续奉行这种理念。当然，可能国家招标制度或企业本身会有一些要求和部分限制，但我们的设备采购、零件采购需要在确保高质量的前提下再考虑价格。

事实上，只有高质量才能保证低成本。

第七，跟上消费者需求升级的步伐。现在市场变化很大，消费需求变化也很大，需要生产系统人员跟上消费者需求升级的步伐，走进市场，关心产品，关心消费，关心市场的变化，关心消费人群和消费方式，关心行业的新东西，只有这样才能准确把握生产系统未来的走向。

7.3　树立正确的生产观念

我们是一群有正确的生产观念的人。那么，什么是正确的生产观念？

第一，有整合的观念。整合就是合力、统一、聚效。雪花啤酒有 70 多家工厂，要把这么多家工厂整合成一家工厂，还有很长的路要走。我们尚未完成系统的、高质量的整合。

2016 年，我们在全国的销售模式、方法、经验甚至基本制度都不一样，近几年我们对销售系统进行了大规模的整合。之后，全国各个销售大区干的事、说的话，绝大部分是一致的。生产系统也一样，要有整合的观念和思路。

第二，树立"质量第一"的观念。买东西时首先要确定是好东西，其次才谈价格。我们用于生产的纸箱、胶、瓶子等材料都应在确保质量的前提下再考虑价格，要树立"质量第一"的观念。

第三，有成本意识。成本是生产系统最重要的概念，凡事都要考虑成本。

第四，有服务观念。我在四川工作时曾在发表的文章中提到我们 3 支主力队伍扮演的角色：卖酒的、做酒的、支持卖酒和做酒的。生产系统要有服务意识，生产系统是提供服务的一线部门，其他支持系统是提供服务的二线部门。

要把任何一件销售方面的事情当作最重要的事情来办，对任何市场的需求都要付出100%的努力去满足，对任何一线反映的问题都要全力以赴去解决，这就是生产系统必须有的服务观念。这里所说的服务观念是指服务市场的观念、服务消费者的观念，要定期走市场、看服务、找问题，为一线提供支持。

第五，有数智化理念。一定要有数字化和智能化的理念，每个智能设备都带有数据，每个数字化工具都带有数据，每项管理措施都是数字化的呈现。数字化和智能化是两个非常重要的观念。

第六，"唯人才论"。尊重人才、培养人才、管理人才，是我们生产系统非常重要的职责。要喜欢人才，愿意包容人才，给人才提供发展的空间和机会。呵护、容错都是我们应该做的。

"唯人才论"，看到一个有才的人、有技术的人就心生欢喜，这是一把手应该具备的一项高尚的品质。一把手必须有这样的观念：看到能干的人，就想提拔，就想把他放在重要岗位，就想让他做出贡献，让公司有所进步。

第七，以开放的心态对标。不对标就不能进步，不对标就不能发现问题，不对标就不知道自己的远方在何处。我们要对标国内一流，对标全球一流，全面对标。对标时要有空杯心态，带着自满去对标，带着固有思维去对标，都是不行的。设备差、人员老、地区差异等都不是问题，都可以对标。

第八，要有创新思维。要有创新思维，管一件事、干一件事的时候，要用更好的思路、更好的办法去解决。老路走不通就走新路，老路走得久了也要走一走新路，这才是创新的理念。

总之，生产的变革早已开始，未来的变革任务艰巨，希望大家鼓足勇气、启迪智慧，为雪花啤酒生产的高质量发展而努力。

（本章源自作者 2021 年 4 月 14 日在 2021 年生产大会上的讲话）

02 好啤酒、好产品、好品牌

雪花啤酒的品牌重塑之路

| 第 8 章 |

从"印象论"到"三段论":
华润雪花品牌打造之路

华润啤酒公司自 1994 年成立至今,虽然仅有 30 多年的发展历史,但在这短短的 30 多年里取得了显著的成就。特别是雪花啤酒,自 2001 年作为全国品牌正式确立以来,仅有 23 年的发展历史。然而,在这 20 多年的时间跨度内,雪花啤酒从一个在沈阳起步的区域性小品牌迅速崛起,发展成为全球销量领先的单一啤酒品牌。接下来我将详细讲述雪花品牌背后的故事,以及它的成长过程和发展历史。

8.1 品牌经营之道

20 世纪 90 年代,中国啤酒行业正处于"整合并购、占山为王"的阶段,包括华润啤酒在内的众多头部啤酒企业忙于兼并全国各地的啤酒厂,以实现低成本扩张。

1994年，华润啤酒从沈阳起步，通过兼并多个区域性啤酒品牌，迅速扩大了全国版图。2001年，公司开始构建全国性管理组织架构和管理体系，但此时还没有形成一个具有广泛影响力的全国性统一品牌。每个省都有一个区域品牌，如黑龙江有"新三星"，吉林有"华丹""银瀑"，辽宁有"雪花""棒槌岛"等，但这些品牌的影响力有限。2002年，公司确定将"雪花"作为全国统一品牌，开始实施全国品牌战略。

但如何做全国品牌？一开始，没有人知道该怎么做，只能勇敢地摸索。

8.1.1 品牌是什么

华润啤酒刚开始做雪花品牌时，首先面临的一个重大问题就是："品牌是什么？雪花啤酒的品牌内涵是什么？"为了回答这个问题，我们首先需要理解品牌的基本定义。

早在1960年，美国市场营销协会就提出了一个特别经典的关于品牌的定义：品牌是一种名称、术语、象征、记号或设计及其组合，用以识别一个或一群产品或劳务，以和其他竞争者的产品或劳务相区别。

随后，"现代营销学之父"菲利普·科特勒、"广告教父"大卫·奥格威等营销专家分别对品牌的定义进行了不同层面的解读和延伸。例如，科特勒认为，"品牌是销售者向购买者长期提供的一组特定的特点、利益和服务的承诺。品牌是给拥有者带来溢价、产生增值的一种无形的资产。"国内也有很多关于品牌管理、市场营销方面的书籍或文章对品牌做出了定义和分析。

这些定义让我们粗浅地了解了品牌的概念，而实际上支撑企业品牌运营实践的具体理论并不多。每家企业落地品牌概念的方法可谓"八仙过海，各显神通"。这反映了一个现实：传播学、新闻学、市场营销学等学科知识都是从实践中不断总结经验而提炼出来的，不是固定不变的真理或教条。也就是说，品牌的定义因时而变，因人而变，因企业战略目标、战略方向而变，它不是一个固定不变的概念。

因为传播学、新闻学、市场营销学都是实践性很强的学科，所以每年企业界都会诞生很多伟大的实践和创新成果，让我们能够在实操中感受到一些乐趣，并真正展现企业的实力。因此，华润啤酒决定根据品牌的定义，结合雪花啤酒的实际情况，创建自己的品牌理论。我们不应该盲目追随科特勒、奥格威等大师的理论，也不应该完全听从外界的声音。相反，我们应该根据自己公司的发展现状和市场需求来定义品牌，这样才能找到真正适合自己的起点和出路。

8.1.2 雪花的品牌理论

总结过去 20 多年的品牌运营经验，我们提炼出 3 个自创的品牌理论。

品牌理论 1：品牌印象论

那些所谓的定义、方法，只是一个个理论的终点，就像一座座灯塔，虽然能够为你指明方向，但不能告诉你应该从哪里出发。要想知道从哪里出发，首先需要对品牌下一个定义，即品牌印象。也就是说，品牌是一种印象。例如，提到可口可乐、阿迪达斯、耐克、安踏、元气森林等品牌，你的第一印象是什么？你首先想到了什么？你想到的那些内容就是品牌印象。

我们把品牌印象作为品牌管理的基础。我们创建品牌的目的是让大家形成一种印象，即雪花啤酒想给大家留下什么印象？对比竞争对手，雪花啤酒留给大家的印象有何不同？我们希望雪花啤酒代表什么？基于这些思考，我们总结了几个关键点，这几个关键点就构成了雪花啤酒的品牌印象。为了形成并巩固这个印象，我们需要采取一系列精心策划的方法和手段。这个过程类似于新闻学中提到的"创造新闻点，然后有效传播"原则。

品牌印象论解决了"品牌是印象"这个基本问题，也提出了另一个课题：品牌印象一致性。品牌给消费者留下的印象要保持一致，不能今天是A，明天是B，后天又是C。以可口可乐为例，其标志性的红色和象征年轻活力的形象已经深入人心。如果可口可乐的形象忽然改变，如颜色变为黑色，或者品牌名称发生改变，这些前后不一致的变化都可能导致消费者对品牌印象的重大改变，从而对品牌运营产生负面影响。

在品牌发展过程中，任何重大的视觉或形象上的改变，如换标、换包装、换字体、换颜色、换形象、换代言人等，都可能对品牌印象产生深远的影响。只有保证品牌印象一致性，才能让品牌扎根在消费者的心智和头脑中。

为什么雪花啤酒要强调品牌印象一致性？当时我们问到"雪花是什么"时，不少人表示"没有印象"，而喝过雪花的人则有一堆杂乱的印象，有的人说"雪花是绿色的"，有的人说"雪花有个橘子瓣"，有的人说"雪花是雪花"……形象过于杂乱。因此，品牌印象一致性对于雪花啤酒打造全国统一的品牌形象至关重要。

在品牌印象一致性的基础上，我们又提出了品牌差异化这一关键理念。

品牌差异化不仅是企业品牌区别于竞争对手的鲜明特征，更是塑造品牌独特价值的核心要素。差异化的品牌印象建设可以使产品避免陷入同质化竞争。

总之，品牌印象论是雪花啤酒品牌发展史上非常重要的一个基础理论。品牌印象一致性和品牌差异化解决了雪花啤酒当时的品牌杂乱问题，建立了全国统一的品牌形象，并与其他啤酒品牌明显区分开来。同时，我们通过电视、报纸、互联网、路牌、地铁广告等全渠道，打通了从品牌设计到品牌印象落地的完整路径。这个阶段的品牌经营使雪花啤酒的品牌形象深入人心。

品牌理论 2：品牌二元方法论⊖

如果说品牌印象论解决了雪花啤酒如何起步做品牌的问题，通过产品统一的包装设计和形象，如标准化的字体、标志性的绿色，完成雪花统一形象的塑造，那么品牌二元方法论则解决了雪花啤酒的经济型品牌升级问题。

雪花啤酒在快速发展，即将成为全国第一品牌的时候，面临一个重大问题，即如何进一步提高产品价格。例如，将售价从过去的 2 元/瓶提高到 5 元/瓶。那如何改变消费者固有的印象，解决价格敏感性问题，让消费者认同雪花可以卖到 5 元呢？

这就涉及品牌的二元属性话题，即当年我提出的品牌二元方法论。在西方国家的营销理论中，这一理论被称为"情感营销"。

我们认为品牌有两种属性：物理属性和情感属性。物理属性是指商品

⊖ 关于"品牌二元方法论"的更多相关内容，可参阅：胡南西.雪花啤酒 CEO 侯孝海：勇闯天涯背后的品牌"二元方法论"[EB/OL]. https://mp.weixin.qq.com/s/bs3VHi5QvJYrEbh-tAyApw。

的物质特性，包括啤酒的酒精度数、口感醇厚与否、喝了是否带劲等。这些物理属性是品牌的原始价值和第一原则。任何一个品牌如果缺乏物理属性，就失去了它的原始价值。以"包"这一商品为例，无论其价格高低，无论包内装什么物品，其基本功能——装载物品都是它的物理属性。物理属性的价值可以直接计算且容易理解，它的商业价值计算公式就是"成本＋服务＋利润"。过去，雪花啤酒专注强化物理属性，这也是它定价为2元的原因。

情感属性的价值就不一样了。从情感属性的角度看，喝啤酒不仅是为了品尝酒，更是为了社交。作为社交媒介，啤酒能够促进人际关系的和谐，巩固朋友之间的情谊，表达对长辈的尊敬，以及展现年轻人的活力与热情。情感属性的价值是巨大的，来自产品和消费者之间情感的深度连接。品牌在消费者内心的情感体验有多好，带来的价值就有多高。例如，品牌包的售价可以达到2万元，就是因为它不仅是一个物品（物理属性），更是一种社会地位的象征、个人品质的追求、特定生活方式的体现，以及它赋予消费者的自信与尊严（情感属性）。再如，可口可乐不仅是一款饮料，它还代表了年轻人的激情、美国文化等。

物理属性和情感属性是品牌的两大属性，物理属性有价，情感属性无价。品牌的物理属性是标配，情感属性是附加值。

总结来说，为了推动品牌升级，获得品牌溢价，华润雪花开始强化品牌二元方法论中的情感属性，使雪花啤酒的售价顺利地从2元/瓶提高到5元/瓶。品牌二元方法论解决了雪花啤酒的品牌溢价和品牌升级问题。

品牌理论3：三段论：顶部传承、中部创新、底部品质

随着消费升级趋势的推进，国内消费市场呈现出显著的分化现象。加

上国际形势的变化，使得中国市场与全球市场的融合面临挑战。在这样的背景下，雪花啤酒的消费群体也开始出现分化。为了应对这一趋势，我们提出了"三段论"品牌策略，针对高端市场、中端市场和低端市场，分别制定差异化的品牌定位和营销策略，以满足不同消费者群体的需求和偏好。

"顶部传承"指高端产品价格高，应挖掘其文化属性、文化传承。情感属性再无价，也有变化的时候，文化属性却很难改变。一个国家的文化、一个民族的文化，虽非绝对静止不变，但具有极强的稳定性和传承性，历经岁月洗礼，源远流长。因此，只有讲究品牌的文化属性，才能让品牌更具价值和持续的影响力。

基于文化属性，雪花啤酒2008年推出了全新的品牌标识，采用中国独特的剪纸艺术风格，并将雪花瓣图案融入汉字"雪花"中。戏剧脸谱、中国印章、书法、古剑、窗洞等中国元素陆续出现在不同档次的产品包装上。2021年5月，雪花啤酒首发一款999元/2瓶的超高端产品——"醴"，这不仅是中国啤酒行业的巅峰之作，更是对中国千年酿酒文化的深情致敬。

"中部创新"指雪花啤酒在中档市场的创新策略。雪花啤酒的"勇闯天涯"产品主打情感牌，已经推广了近20年，成为中国销量领先的啤酒单品。然而，随着时间的推移，市场上出现了一些批评的声音，一些消费者认为"勇闯天涯"概念提出的时间太久，自己已经"闯不动"了。而新一代年轻人的生活方式与上一代不同，他们更愿意参与滑板、街舞、赛艇等现代活动，而非传统的雪山或草地探险。因此，针对中档价格的产品策略，在主打情感牌的同时，要进行创新和变革。

"底部品质"强调的是以物理属性为基础的经济型雪花啤酒要有更好的

品质保证，这是品牌升级的基础。

总之，品牌印象论、品牌二元方法论、三段论是贯穿雪花啤酒品牌发展历程的 3 个重要的理论支撑。

8.2　勇闯天涯，勇于创新

理论来源于实践，雪花啤酒的品牌理论是其实践经验的直接产物，并非凭空出现。回顾过去 30 年，华润啤酒经历了 4 个发展阶段：1993～2000 年"蘑菇战略，启航东北"，2001～2005 年"沿江沿海，走向全国"，2006～2016 年"全国第一，勇闯高峰"，2017 至今"走进新时代"。

1993～2000 年，雪花品牌建设还没有开始，我们用 7 年时间解答了公司的历史第一问：能不能做啤酒？雪花啤酒的第一代管理团队是一群没有做过啤酒的人，大家聚到一起来做啤酒企业。后来的实践证明，我们成功了。

2001 年，当我们决定做全国品牌时，国内行业媒体和资本市场又抛出了历史第二问：能不能做品牌？于是我们开始探索全国品牌建设。到 2008 年奥运会举办期间，雪花啤酒单品牌销量已经位居全球第一。我们又成功了。

2013～2014 年，随着中国经济迈向更高质量的发展阶段，加上消费升级趋势的推动，啤酒行业面临产能过剩和市场增长放缓的挑战，行业发展进入低谷期。尽管整体销量下滑，但实际上这恰恰是行业转型和高质量发展的关键契机。这时候，雪花啤酒开始打造高端品牌，也在回答历史第三问：能不能做高端？当时市场上已经存在不少高端品牌，起初，主打情感属性的"勇闯天涯"价位从 5 元 / 瓶提高到 10 元 / 瓶，市场反应冷淡。这一现实迫使我们必须思考雪花品牌如何从中低端向高端升级。三段论在解决雪花啤酒向高端品牌升级的问题方面发挥了重要作用。到 2023 年，雪花啤酒的高端产品销量已经超过国内竞品。我们又成功做成了高端品牌。

现在我们开始做白酒，这时公司又面临外界的历史第四问：能不能做白酒？我们正在解答。2023 年是华润啤酒踏足白酒行业的第一年，我们计划用 3~4 年的时间去深入探索这一新领域。回顾华润啤酒的发展历史，我们发现每次解答一个历史之问的周期一般是 3 年一小成就、5 年一大成就。从专注啤酒酿造到打造全国品牌，再到成功推进高端策略，雪花啤酒一步一个脚印实现了持续成长。

品牌营销确实是一段不断探索和实践的旅程。在雪花啤酒品牌初创时期，我们并未系统地创造或运用品牌印象论、品牌二元方法论或三段论等理论。这些策略和理论是在市场实践中逐步形成的，是被实际业务需求和挑战激发出来的。企业经营的现实是严峻的，它要求我们必须解决实际问题并创造利润，否则将直接影响公司的生存，当然也包括员工的薪资发放和基本生活保障。

8.3　解读 8 个品牌实践

8.3.1　首创多品牌经营的"1+N"策略

1993~2000 年，华润啤酒启动"蘑菇"战略，启航东北，这实际上是一个并购战略。公司每并购一家企业，相当于在当地种下一个"蘑菇"。

并购企业时，首先要评估当地的市场容量、人均饮酒量、人口数量等因素。其次，各"蘑菇"之间的地理距离不能太远，以保证未来能够连点成片、相互协助、形成合力。"蘑菇"战略的本质是充分发挥区域规模效应。通过"蘑菇"战略，华润啤酒开始从东北走向全国。

当时，我们的竞争对手也在全国快速扩张。相比竞争对手，华润啤酒起步较晚，虽然通过兼并获得了很多区域啤酒品牌，但每个区域品牌实力较弱，没有区域竞争优势。在这样的背景下，华润啤酒认识到需要打造全国品牌。

2001年，华润啤酒正式拉开品牌建设的大幕，提出全力塑造"雪花"为全国品牌的策略。次年1月，时任华润集团总经理的宁高宁发表了两篇文章——《孩子的名字是品牌》《二十六只猫和一只虎》，引发了大家对"全国品牌"与"啤酒整合"两大关键战略的深入探讨，坚定了华润啤酒走全国品牌建设之路的决心。

回顾过去，我们起初对于如何打造全国品牌没有清晰的定位。思考再三之后，我为全国品牌定下了3个核心标准：第一，销量足够大，规模足够大；第二，全中国都能看得到、买得到；第三，在消费者心目中的品牌知名度排在全国前三位。这3个标准代表了雪花品牌的3个目标，即品牌覆盖率、品牌销量、品牌知名度。为了实现这3个目标，我们通过销量的不断增长实现规模位居前列，通过全国销售网络提升品牌覆盖率，通过广告宣传提高品牌知名度。

在此之前，我们缺乏品牌运营的经验，同时国内鲜有成功的品牌实践案例。起初，我们面临众多挑战：全国范围内有20多家工厂和20多家省级公司开始运营雪花品牌，而原来的地方品牌在当地卖得很好。这引发了一个问题：如何协调雪花品牌与地方品牌之间的利益冲突？换句话说，我们如何在多品牌并存的区域市场中打造一个有影响力的全国品牌？企业的品牌资源如何投放？如何平衡全国品牌与地方品牌的运营？

当时，如何处理全国品牌和地方品牌之间的关系，被列为公司发展的首要任务。如果处理不好两者之间的关系，就没有人愿意做"卖不动"的全国品牌。为什么花钱做全国品牌，产品却卖不动？因为品牌建设过程很复杂、很艰难，而区域品牌凭借自身原有的影响力，不投入或投入很少的资金就能卖得很好。如果因为发展全国品牌而导致区域品牌的生存空间被挤压，那么公司也走不长远；如果强调区域品牌，全国品牌又发展不起来，该怎么办？

2003年，华润啤酒打出品牌组合拳"1＋1＋1"策略，这3个"1"分别代表雪花、区域品牌和区域策略性品牌。首先，所有区域都必须做"雪花"，为"雪花"未来成为全国品牌打下基础。其次，区域品牌保障区域的经济来源。最后，区域策略性品牌也称作"敢死队"，主要是为了应对当时啤酒行业的低价竞争。

最终，"1＋1＋1"品牌组合拳作为华润啤酒发展全国品牌的过渡性策略，在保证区域既有经济来源的情况下，全力扶持"雪花"品牌的成长，使"雪花"品牌得到飞速成长。但随着市场的发展，公司不再需要区域品牌，因此品牌策略就变成了"1＋N"。

2005年，华润啤酒又明确提出了将"雪花"打造成全国领先品牌的战略目标。为了树立"雪花"全国品牌的鲜明形象，雪花啤酒在营销领域进行了一系列创新实践，如签约代言人、推出"畅享成长篇""心情释放篇"等广告、聘请科特勒咨询集团负责打造雪花品牌等。

8.3.2 第一支对外宣传的广告

华润啤酒进入四川市场之后，因自身的啤酒品牌竞争不过当地的蓝剑啤酒，于是把沈阳的雪花啤酒投放到四川销售。四川几乎不下雪，好几年才下一场雪。下雪的时候，全城人都会出来看雪。在1999年1月18日这个寒冷的冬日，当地居民期待的雪花并没有如期而至，却意外地迎来了雪花啤酒的广告。这一创意广告迅速在当地引起了巨大反响。这是雪花啤酒第一支对外宣传广告。

8.3.3 第一支登陆央视的广告

2002年，韩日世界杯足球赛进行得如火如荼，我们决定聘请中国国家足球队的明星前锋杨晨作为雪花啤酒的代言人，借助这一全球瞩目的体育盛事打造全国品牌。这是雪花啤酒第一支登陆央视的广告，广告的设计则由国际知名的日本电通集团负责。

8.3.4 畅享成长：第一次挖掘品牌情感价值

在2004年的一项市场调研中，我们注意到消费者对雪花啤酒品牌的认知主要集中在其物理属性上，对于情感属性的品牌印象则相对缺乏。为了强化品牌与年轻消费者之间的情感联系，我们决定与科特勒咨询集团开展合作，共同打造更具情感吸引力的品牌印象。科特勒团队为我们开展了深入的培训，共同推进这一项目。

最后科特勒咨询集团总结了一个品牌口号叫"畅享成长"，因为成长是年轻人最大的动力之一。完整的广告语是"成长是一种梦想，成长是一种勇气，成长是超越自我的渴望。雪花啤酒，畅享成长"。

这是雪花啤酒第一次尝试把品牌形象与目标人群及其生活方式和内心情感进行连接。当时正是中国城市化建设最快的时候，互联网经济快速发展，创业的年轻人很多，商业氛围特别好。"畅享成长"的故事与年轻人形成了共鸣。这支广告做完以后，雪花啤酒向年轻消费群体迈进了一大步。

通常情况下，拍摄一支广告，在电视台播放完毕就算结束了。但我们从与科特勒咨询集团签署咨询协议到宣布消息，再到拍广告，中间发布了无数条新闻，频繁造势，由此产生了很大的影响力，使整个品牌迅速崛起。

公司的全国品牌战略取得了阶段性成果，雪花品牌年销量从 2001 年的 52 万吨增长至 2005 年的 158 万吨。在销售区域方面，约 64% 的雪花啤酒在辽宁省外的地区出售。

8.3.5 时势逼出来的"非奥运营销"

雪花啤酒的"非奥运营销"堪称品牌创新实践的经典案例。2008 年中国即将举办奥运会，在此之前的 2005 年，中国啤酒产业在全国品牌方面的竞争非常激烈，大家都想和奥运会产生关联。在这场围绕奥运会赞助权的激烈角逐中，雪花啤酒成为唯一一个没有成为奥运会官方赞助商的主要啤酒品牌。原因在于：一是我们没有那么多赞助费，二是即使有钱，我们也没有参与的机会。

该怎么办？如果我们不参与，很快就会被市场吞没。情急之下，我们创造了"非奥运营销"理论，把赞助奥运明星、赛场、项目、场馆、运动员的叫作奥运赞助、奥运营销；把不赞助这些，而以观看奥运会和欣赏奥运会的群体为主要营销对象进行赞助的营销叫作"非奥运营销"。奥运场馆内是赞助商的舞台，场馆外则是雪花啤酒的天地。竞争对手只是在奥运会的"心脏地带"（如鸟巢体育场内）展示品牌，但雪花啤酒的影响力遍布在鸟巢体育场之外的每个角落。通过"非奥运营销"，我们成功在奥运会期间与广大消费者建立了联系，产生了共鸣。

当时我们在酒吧、烧烤店、花园等场地摆放了很多可以观看奥运比赛的大屏幕，屏幕上循环播放雪花啤酒的广告，用奇特的对称、战斗式的营销理论和营销实践，在那样的场景下，让人们深刻地记住了雪花啤酒。当时雪花啤酒的电视广告语如下。

"没人赞助我球鞋，我跑得不快，跳得也不高，可咱也不简单，我努力工作，让全家过上好日子，我爱喝啤酒，到哪儿都有好朋友。咱国家赢了，我们喊得比谁都响，这时候，有我们才行。啤酒爱好者，雪花永远支持你。您的正式合作伙伴，雪花啤酒。"

当时行业的包容性很强，这种做法放在今天可能就做不成了。我们也召开了新闻发布会，还写了关于"非奥运营销"理论的文章。我们甚至想组建一个非奥运营销联盟，联合那些未能获得奥运会赞助商资格的企业共同推广，但是这个想法最终没有得以实施。总之，雪花啤酒的所有品牌理论和实践都是时势造就的。

8.3.6 大单品"勇闯天涯"的诞生

为了把啤酒价格从 2 元 / 瓶提高到 5 元 / 瓶，2005 年之前，雪花啤酒推出了很多产品，但都没有成功。最后公司决定挖掘啤酒的情感属性，打造一款别人没做过的产品。

在品牌运营过程中，首先覆灭的并非品牌本身，而是各类营销活动。

我们曾经赞助过足球赛，但没什么影响力，最后不了了之。当时，我们注意到中国25~35岁的年轻群体开始热衷户外活动，如徒步旅行和探险旅游等。精准定位这一群体的生活方式后，我们决定做探险活动。我们聘请了一家专业的公关公司来策划一场能够展现品牌积极形象的活动，活动名称最后确定为"探索雅鲁藏布江"。

当时我们在业内率先提出"公关活动、营销活动品牌化"的营销理念，决定打造品牌化、产品化活动。为什么要把活动品牌化、产品化？因为如果每次活动都不一样，没有品牌化，它的影响力会持续衰减。而品牌、产品、活动"三位一体"的整合营销策略可以实现商业价值最大化。

为了给活动命名，我们思考了很久。有一天《探索》（Discovery）栏目的人送给我一张DVD，上面写着"勇闯天涯"4个字，由此大受启发，并决定以此为名，于是整个"勇闯天涯"的品牌打造路径逐渐清晰起来。

2005年，我们发起"雪花啤酒勇闯天涯"——探索雅鲁藏布江活动，"勇闯天涯"啤酒同步上市，这一集品牌形象、品牌活动、同名产品为一体的营销模式，让雪花啤酒在中档产品细分市场中占据一席之地。

这款啤酒的售价为5元/瓶，价格更高、品质更好、形象更优、情感更浓。中国啤酒行业里程碑式的大单品"勇闯天涯"就此诞生。2005年，雪花啤酒以158万千升的单品牌销量，迅速成为全国销量第一的啤酒品牌。2006~2016年，雪花啤酒销量持续增长了10年，创造了一个行业奇迹。

"勇闯天涯"代表了一群人的记忆，直到现在，这个品牌形象依然非常牢固。

8.3.7 换标：融入中国元素

2008 年奥运会期间，我们发现雪花啤酒在品牌印象一致性方面存在问题，遂做出"换标"的重大决策。于品牌而言，换标是一种危险行为，但当品牌印象一致性难以形成时，我们坚定地推行了雪花啤酒的中国化道路：与中国元素紧密结合。

2008 年，雪花啤酒推出全新的品牌标识，采用中国独特的剪纸艺术风格，并将雪花瓣图案融入汉字"雪花"中，戏剧脸谱、中国印章、书法、古剑、窗洞等中国元素也出现在不同档次的产品包装上。

这次"换标"事件让雪花啤酒的品质和品牌形象得到大幅提升。到 2013 年，雪花啤酒企业总销量和雪花品牌销量均突破 1000 万千升，双双荣列全国啤酒行业销量第一名。

8.3.8 新时代的品牌重塑

2014 年左右，在新的消费周期和竞争时期，啤酒行业进入销量整体下滑、国外品牌迅速发展、高档啤酒持续增长、年轻人消费需求不断迭代的高质量发展新时代，雪花啤酒的品牌发展走到一个新的十字路口。面对重重压力，如果雪花啤酒还只做"勇闯天涯"产品，就将失去 10 元以上的高端细分市场。

2017 年，雪花进入新时代，提出"3+3+3"9 年发展战略。前 3 年（2017～2019 年），通过产能优化、品牌重塑、渠道赋能等举措，去包袱、强基础、蓄能量；中间 3 年（2020～2022 年），主要是补短板、提质量、增效益，为未来的高质量发展提供能量和动力；后三年（2023～2025 年），实现高端制胜、卓越发展，让雪花啤酒变成中国品牌价值最高、盈利能力最强、管理效率最优的领军企业。

但如何重塑品牌？基于公司新的战略规划，我们致力于构建一个强大的高端品牌群。这一品牌群不仅要涵盖已有的高档品牌，更要引入全新的品牌矩阵，同时创造中国营销新模式。我们决定通过新的"三段论"（顶部传承、中部创新、底部品质）开展品牌重塑。

顶部传承：主要采用一系列中国文化符号来阐述中国啤酒的历史文化价值及传承。基于此，华润啤酒打造了代表"中国之味"的"匠心营造"，包含中国古建筑的窗棂元素；代表"中国之形"的"雪花脸谱"系列，用标志性符号展现中国京剧文化；代表"中国之魂"的"醴"，致敬中国几千年的酿酒文化。

中部创新：主要表达中国文化的创新。通过"勇闯天涯superX""马尔斯绿""雪花纯生"3款产品，分别体现"中国之酷""中国之潮""中国之纯"，体现中国新时代的年轻人走向世界舞台的创新能力。

底部品质：主流酒，以品质为先。

通过"顶部传承、中部创新、底部品质"的完整品牌架构，华润啤酒在高质量发展的新时代完成了品牌重塑。

2019年，我们与喜力达成战略合作，成功打造了"中国品牌+国际品牌"的"4+4"高档品牌组合群，即由"勇闯天涯superX""马尔斯绿""匠心营造""雪花脸谱"组成四大中国品牌，由"喜力""红爵""苏尔""悠士"组成四大国际品牌。

雪花品牌重塑取得了一系列成果。2022年8月，英国品牌评估机构BrandFinance发布了"2022全球啤酒品牌价值50强"榜单，"雪花"品牌排名第六，成为跻身全球啤酒品牌 10 强的唯一中国啤酒品牌。同时，在凯度 BrandZ "最具价值中国品牌 100 强"榜单中，雪花啤酒从 2019 年起领跑啤酒行业。此外，雪花啤酒旗下多款产品荣获多项国内外大奖。

总之，华润雪花的品牌建设理论不断演变，品牌的内涵因时而变、因势而变、因人而变，品牌的建设发展更因企业自身战略目标方向的改变而改变。品牌印象论可以解决规模的问题，是品牌管理的基础，关注品牌一致性与品牌差异化；品牌二元方法论可以解决品牌向上发展的问题，强调品牌应同时具备物理属性和情感属性；品牌三段论可以解决高质量发展的问题，建立了雪花啤酒的品牌精神谱系，即顶部传承、中部创新、底部品质。

（本章源自 2023 年 11 月 13 日在中国人民大学新闻传播学院实践课上的讲话）

| 第 9 章 |

品牌重塑的意义

"品牌重塑"是雪花啤酒今年启动的最重要、排第一位的战略项目,这是雪花啤酒在新的竞争环境下转型升级发展的必然需求。

首先,"消费升级"带来了新的需求。消费升级催生了对品牌、产品、推广方式的不同需求,也形成了在行业趋势下滑的情况下,推动啤酒品牌中高档持续增长的内在动力。其次,消费人群发生了变化。消费人群从以"80后"为主转变为以"90后"甚至是"00后"为主。消费人群的变化必然要求我们重新梳理品牌的策略、方法和推广方式。再次,信息环境发生了重大变化。互联网无处不在,尤其是移动互联网的发展,使资讯的传递、获取更即时、便捷。社会化媒体和自媒体的发展使我们在"宣传及声音"上面临更大的挑战。我们目前的品牌管理实际上还处于旧轨道。最后,竞争的游戏规则变化了。雪花啤酒的主要竞争对手从国内品牌转为国际品牌,从主流酒转向高档酒。随着人们对个性化、品质化的追求日益强烈，雪花过去的产品、品牌、推广方式越来越跟不上个性化和品质化需求的增长速度。外资品牌在高档和超高档细分市场迅速发展，我们的业务面临更大的挑战。

从雪花啤酒本身的发展来看，状况不乐观，危机不小。我们的品牌形象不突出、不独特，价值感不强。几款核心产品中，"雪花纯生"在销售中的品牌推动力非常弱，在与同类竞品竞争中相比没有优势。其实，除"勇闯天涯"外，其他产品在销售上都未形成很强的品牌溢价能力，雪花啤酒更多地靠对渠道和终端的控制来实现增长，这无疑是一种非常艰难的发展方式。同时，我们在快速粗放式增长中，产品从设计到上市还有很多缺陷，未形成完整的、高效的跨总部和区域、跨部门协同的机制，这使得我们这几年的产品设计采用的还是一种较为简单的方法，不能够把外部、内部和各个方面的资源整合起来，从生产部门、设计部门到销售部门尚未形成联动机制，各部门还处于割裂的状态，系统能力不足，组织能力欠缺，人员能力也需要提升。

如果我们未来需要数个高档以上的"啤震天"，不启动品牌重塑，不立志把高档以上的核心大产品做成爆品，我们就没有什么美好的未来。

启动品牌重塑工作，必然面临诸多困难，首先主要是"时间紧、任务重、挑战大"。所谓"时间紧"，是指业务需求非常紧迫，恨不得明天就推出一款更好的"雪花纯生"，后天就推出一款更好的"雪花脸谱"。但是，这项工作恰恰又是一个慢活儿、细活儿；一款新产品，两年能推出就算快的了，有的甚至需要三年，这是一个残酷的现实。因此，要早计划、早动手、早设计，才能早落地。在品牌重塑和产品开发中，不能急于求成，不能求急、求快。我们要想打造一支支战场上的利器，就要用工匠精神去打磨。所谓"任务重"，是指品牌重塑涉及的面广、工作多，积累的问题更多。这么多年来，雪花的产品设计和品牌宣传基本上按部就班，缺少创造、创新。现在重新检视，发现需要提升改造的东西很多，任务重要而紧迫。所谓"挑战大"也是显而易见的，主要是指我们现在的产品设计、开发、推广、落地工作能力不足。首先是在消费者研究方面落后，目前基本是在走过去的老路，但时代已经发生了非常大的变化，我们必须借助外部的力量，借助最新的媒体形式和最新的调研方法，建立"雪花啤酒消费者研究圈"。其次是在品牌设计上能力不足，资源不多。我们缺乏强大的设计资源，缺乏有全球视角的、具备前瞻性的、有很强的设计能力的资源。最后是协同性不够，瓶型、酒体的开发，材质的研究，还没有形成一个完整的系统。所以以后，要把产品的设计、瓶型的储备、酒体的研究当作我们产品研发的基本工作，必须真正实现常态化管理。

品牌重塑工作的背后是品牌管理能力的重塑与提升，希望通过完成品牌重塑提升我们的品牌管理能力。一是组织能力提升。组织的系统性、战略性、协同性要提升，顶层设计能力要提升，要打造一个完整的闭环。二是品牌管理能力提升。我们在产品的定位、设计的理念、消费者研究的方法、推广方式、媒介宣传的组合等方面，应瞄准"新人类、新产品、新环境、新媒体"来塑造。例如"勇闯天涯"做了12年，一直在走这条路，广告形成了定式，活动也是定式的，总部是定式的，区域也是定式的。定式的东西可能是安全的，但一定存在效率低、创新不够等问题，尤其是在消费人群发生重大变化后，定式的东西就很危险了。三是人员能力提升。品牌管理的队伍一定要强大。现在品牌管理的队伍越来越边缘化、淡化。这几年，市场部在组织中存在被边缘化的现象，我们市场部的创新力和对业务的支持确实不够，品牌管理队伍也存在思维僵化、动力不足、思想松懈、按部就班等现象。从现在开始，我们应该打造一支能够适应新的竞争环境、新的媒体环境、新的社会环境，有战斗力、有激情、有创造力的市场管理队伍，从区域总经理、销售总经理到大区总经理，都要建立强大的消费者管理意识和品牌意识。品牌如人，希望我们的市场队伍是年轻新锐的，有国际、国内视野的，具备前瞻性思维，思想极其活跃，能够无限创新，善于挑战。

总之，我们未来能不能有几款好啤酒、好产品、好品牌，取决于今天的品牌重塑。

（本章内容源自 2017 年 6 月 19 日在上海召开的品牌重塑研讨会上的讲话）

| 第 10 章 |

雪花啤酒的品牌精神谱系

10.1　大国崛起，消费升级

这是一个什么样的时代？我们的领导人早就说过了，这是"百年未有之大变局"。产业要发展，必然要考虑国家的大势，这个大势是企业做品牌的首要考虑因素。从 2016 年开始，我们就在思考：中国正在发生什么样的巨变？总结下来其实就 4 个字——大国崛起。一个国家、一个民族真正地走向世界舞台的中央。

大国崛起使中国的经济政策和经济走向发生了重要的改变，从过去的规模发展到现在的质量发展，从过去的富起来到现在的强起来，从产品时代到品牌时代……在这个变局中，我认为离不开以下几个因素的助推。

第一，互联网，尤其是移动互联网的兴起，以及智能手机的普及。这个变化极大地冲击了中国的消费环境、消费方式，极大地冲击了中国品牌的塑造方式和方法，极大地冲击了国际品牌在中国的发展。

第二，全国性消费升级，呈波浪式，永无止境。大家是不是感觉到了消费降级？但我一直认为没有所谓的消费降级，因为消费就像海浪一样，一直以来都是后浪推前浪。中国啤酒市场在10年前是2~3元一瓶，现在多少钱？现在6元钱一瓶才是主流。它是从2元到3元、从3元到5元、从5元到8元、从8元到10元的波浪式增长。这是中国消费升级一个非常重要的推动因素。

第三，中国的消费人群发生了巨变。现在中国消费最多的人群是哪个群体？是喜欢玩《王者荣耀》，买东西不看品牌和价格，而是看颜值、看喜好的一代人。他们是很少去实体店、喜欢在网上下单的Z世代年轻消费群体。

这个群体为什么和上世纪60~80年代出生的人有区别？因为中国正在经历国家的巨变，这个巨变是以人群的巨大转变为核心的。也就是说，我们过去听父母的话，听上一代人的话，现在Z世代自己做主。中国进入了消费者自主的时代，这是一个由年轻人决定的时代。

过去的品牌是他们的吗？过去的品牌宣传方式是他们的吗？过去的产品是为了满足他们的需求吗？我个人认为，第三个因素的重要性远大于前两个因素。

10.2　中国啤酒的高端化与品牌化

那么，中国啤酒行业在这种背景下应该如何应对？

中国啤酒新格局形成后，我们有两个主题。第一个主题是中国化。中国崛起，中华民族的崛起和中国文化的崛起，势必给中国品牌带来极大的机会。

没有国家经济的崛起，怎么可能有中国文化的崛起？没有中国文化的崛起，中国价值观就不可能在世界上占有一席之地，中国就不可能走到世界舞台的中央，中国品牌就不可能崛起。因此，"中国化"是我们的第一个主题。

很多国际品牌表示，在中国生意很难做，为什么？大家以前买进口奶粉，现在为什么买国产奶粉？因为我们中国的很多品牌比国际品牌质量更高，创新更强，迭代更快，更适合我们现在的消费人群。

第二个主题是全球化。我们认为在啤酒行业，全球化与中国化同样重要，这是中国高质量改革开放的重要取向。我们过去讲开放，开放的是什么？是招商引资，是能吃饱穿暖。现在我们讲高质量开放，我们要追求更好的。这也是一个不可阻挡的趋势。

雪花啤酒在探索和研究之后，认为中国啤酒在中国化和全球化的基础上，高端化是一个趋势，品牌化是另一个趋势。

中国不会回到过去，美国也不会回到过去，我们认为大国崛起的背后是中国经济的崛起，中国经济崛起的背后是中国品牌的崛起。其实，中国品牌的崛起也会带动国际品牌在中国的发展。因此，雪花啤酒构建了中国品牌和国际品牌的双品牌组合，这是我们大国崛起和产业崛起背后的大势，是势能，也是行业的变局。

雪花啤酒作为中国啤酒行业的头部企业，已经连续十几年高速增长。但是雪花啤酒有自己的问题，行业也有行业的问题，什么问题？就是过去重规模，不追求质量；过去重产品，不追求品牌；过去重厂家，不重视消费者。

因此，雪花啤酒作为中国啤酒行业的头部企业，要担负起中国啤酒品牌建设、中国啤酒文化建设和推广的重任，也要担负起中国啤酒高端化、质量化、全球化发展的重任，这也是一家央企的责任。

10.3　雪花啤酒的品牌精神谱系

这几年雪花啤酒的高端化品牌发展迅猛，已经发展了很多品牌。雪花啤酒为什么会发展这么多品牌？

过去一个大单品可以打天下，现在一个产品只能打一片天，打不了整个天下，因此雪花啤酒要形成众多产品组合。这么多产品组合给雪花啤酒的品牌建设能力和品牌资源都带来了极大的挑战。

在高端化、个性化和新的消费群体兴起的大背景下，雪花啤酒首先要解决一个重要的问题：品牌架构是什么？一个品牌组合是杂乱无章的还是有序的？是基于消费者的还是自己臆想的？这些问题要在品牌建设之前搞清楚。

接下来就是阐述、表达、推广品牌的精神和内涵。

我们看到很多啤酒都用椭圆形的酒标，使用国外的工艺，使用国外的语言，甚至有些啤酒的名字都是由国外名字翻译过来的。但雪花啤酒对这样的品牌建设说"不"。

最后要解决啤酒在不同场合、不同场景下价值不同（价格不同、品牌价值不同）的问题。

10元一瓶的啤酒和15元一瓶的啤酒一定是不一样的。中国啤酒行业有一个非常重要的特点，那就是，价格是很明显的产品金字塔分层标志。雪花啤酒这几年探索出了一个新的架构，这个架构像金字塔一样，越往上就越高端，越往底部越主流。

我们将这种结构叫作"顶部传承"，顶部是价格高的啤酒、价值高的品牌。它讲什么？讲历史、讲文化、讲精神，因为只有历史和文化才具备超越产品本身的价值。我们看到了中国古建筑的窗棂（"匠心营造"），看到了中国文化的标志性符号——京剧的脸谱（"雪花脸谱"系列），看到了中国3000~5000年前的酿酒文化（"醴"）。

我们采用中国的一系列文化符号来阐述中国高价值啤酒，打造了代表"中国之味"的"匠心营造"、代表"中国之形"的"雪花脸谱"系列和代表"中国之魂"的"醴"，这3款产品形成了一个高端组合。

我们认为金字塔的中部要传达新中国对外更加开放、更加活跃的精神。它要酷炫（"勇闯天涯superX"），要潮流（"马尔斯绿"），要纯正（"雪花纯生"）。因此，我们用"勇闯天涯superX""马尔斯绿""雪花纯生"构建了中部的中国啤酒创新谱系，这个谱系涵盖了雪花啤酒8~12元这个价格区间的3款产品，这3款产品彰显了中国新时代的年轻人走向世界舞台的创新能力。

金字塔底部的主流酒是老百姓在家喝的啤酒，我们要求它以品质为先，必须把品质做好。

由此，我们形成了"顶部传承、中部创新、底部品质"的完整品牌架构，这也是一个品牌系列的精神谱系。

雪花啤酒能走高端化路线吗？能做高端品牌吗？外界一直在质疑。我们还有"喜力""苏尔"这样的国际品牌，它们也是雪花啤酒的产品系列。雪花啤酒能做、会做国际品牌吗？这是外界对雪花啤酒提出的新时代背景下的问题。我们重塑了雪花啤酒的品牌精神谱系，我们这个品牌架构就能回答这些问题。

（本章源自2021年9月25日由中国广告协会、中国企业联合会管理现代化工作委员会联合分众传媒在上海举办的"国货发展高峰论坛"上的演讲）

| 第 11 章 |

荷花定律和涟漪模式：如何打造高端品牌

11.1 荷花定律、涟漪模式

"荷花定律"也叫"30天定律"。一个荷花池，第一天荷花开放的数量很少，第二天荷花开放的数量是第一天的两倍，之后的每一天，荷花都会以前一天两倍的数量开放。到第29天，荷花数量开到可以铺满整个池塘面积的一半，但到第30天，就是满塘荷花。"荷花定律"阐释的道理是，当你放弃坚持的时候，往往离成功只有一步之遥。拼到最后，拼的不是运气和聪明，而是毅力。

"涟漪模式"讲的是让极度满意的核心用户成为品牌代言人，通过自己的朋友圈主动传播品牌的正面口碑。就像一滴水落到湖面上，泛起一圈圈涟漪，不断扩散到第二圈、第三圈，品牌影响力逐渐触达一般用户、品牌向往者和关注者，并将他们转化为新用户。

"荷花定律""涟漪模式"是华润啤酒中高端白酒和高端啤酒的重要营销新理论，即改变传统的 B2C（企业到消费者）销售模式，创新实践 C2B（消费者到企业）销售模式。通过关键人定量、持续的敬赠品鉴，形成"关键人＋品鉴"的贯穿，执行让关键人"喝起来、一直喝、喝服了"的九字真言，在一定时期内形成良好的品牌口碑和产品体验，进而推进以关键人品鉴为原点的纵深操作。

11.2 品牌组合和系列酒现象

好品牌是企业持续发展的第一要素，如白酒中的名酒、啤酒中的大品牌和全球品牌。啤酒和白酒都一样，没有天生的好品牌，好品牌是做出来的！做不好，好品牌也会成为烂品牌。

白酒品牌有两个特色：大品牌系列酒和多香型品牌组合。白酒好品牌的建设要素包括企业和品牌的历史文化、产区特色、名酒光环、口碑、质量等。

定位理论是品牌建设的重要理论之一，视心智为终极战场。打造品牌就是确保产品在预期客户大脑中占据主导地位，使其在消费时第一时间想到这个品牌。定位理论在啤酒行业和白酒行业都适用，除基本的差异性、独特性及心智占领外，白酒品牌定位的点位和维度更富有整体性、体系化。一般来说，产区、工艺、风味特征、名酒光环或"江湖地位"才是白酒定位的基本体系。白酒对品牌形象、情感追求、消费心理等的定位反而不像啤酒那样直接。在白酒行业成为一个品牌或形成产品的独特消费定位，如宴席用酒、高档商务用酒，是我们销售和品牌定位的方向。

11.3　大单品法则

二八法则表明，在任何一组事物中，最重要的只占其中一小部分，约20%，其余80%尽管占多数，却是次要的。将二八法则带入销售市场，80%的销售额是由20%的商品带来的，所以集中人力、物力做一个有质量的大单品，是扭转市场的关键。

大单品一般来自一个大品牌，如名酒、名酒系列、葡萄酒品牌系列都会形成大单品。在某区域市场、场景、价格档次、香型中，打造大单品是基本原则。一般企业需要至少一个大单品、两三个主线产品。经济型白酒也需要大单品，啤酒更是如此。

11.4　石头、沙子和水的道理

对于高端一般性组合的大单品，我们称其为市场筐里的"石头"，筐里石头越多越大越好。对于个性化和体验性产品，我们称其为"沙子"或"小石子"。别看筐里石头已经装满了，但是小石子或沙子还有机会填充进去。对于超高端的小众产品和新潮流产品，我们称其为"水"，放进市场筐里不显眼，但说不准哪一天就会一鸣惊人。

一般性市场规律是在一个市场中，如某区域、某场所、某细分市场，有几个主要的中高端大产品组合就足够了，如我们常说的"4（勇蓝纯喜）+N"。这些组合产品的发展定位主要是大单品，因为只有大单品（石头）才能定位多数核心消费人群、发展规模，才能占有细分大份额，与主要对手的竞品"打擂台"。"N"是个性化产品或体验性产品，如白啤、黑啤、铁金刚或精酿，消费人群少、不集中，但可以实施"面上聚焦、点上精准"操作。另外，也有不少超高端的小众产品和新潮流产品，如零度、低糖、精酿、高度数啤酒、进口品牌，甚至是苏打酒、果味酒，目前市场销量低、不显眼，但未来也许有机会。

"石头、沙子和水"讲的是一个市场道理：某个市场上看似市场份额被瓜分得差不多了，或者产品组合丰富，其实仍然有需求和容量。这要求我们在市场操作上既要做好大单品组合，又要关注个性化、体验性高端产品，还要布局精酿、零度等"未来之水"，同时提防竞品"掺沙子、渗清水"。

11.5 主战场胜负论

白酒、啤酒的销售都需要聚焦主区域市场、主价位、主场所、主场景等，没有主战场就没有市场。不管是一省还是数省、一市还是数市、一县还是数县，只要在这个主区域内成功，就是大成功。主价位的竞争则需要瞄准至少一个价格档次，争取占据第一、第二的位置，稳坐价格档次的前三位。

白酒有跨档次规律，名酒系列一般跨2~3个档次，可以选择容量大的档次或市场主要大竞品相对弱的档次发起猛攻，这样成功率更高。在白酒主场所或主场景方面，烟酒店、宴席、光瓶⊖是基本的战场，企事业单位的竞争大有可为，小圈层和线上配送也是一个机会。

11.6 "品、赠、荐"效应

高端啤酒是"能喝出来的"，白酒是"靠喝出来的"，因此品尝至关重要。

⊖ 光瓶，无外包装的裸瓶啤酒产品。

白酒、高端啤酒的品尝，从敬赠品鉴开始。品鉴的关键人非常重要。正确的品尝人分为卖酒人、买酒人、喝酒人，这三种人也许是一个群体，也许是不同的群体。

卖酒人一般指烟酒店老板和有卖酒话语权的人，赢得他们的认可，才有后续的卖酒推荐。买酒人主要指集中在烟酒店的买主，通过卖酒人推荐开展"赠"和"品"。喝酒人是产品的目标消费者，对他们的"赠"和"品"要通过圈层品赠才可以实现，如宴席、商会、会议等都是重要的圈层品赠战场。

品赠不是短期的，而是长期的，要坚持九字真言，要遵循"荷花定律"，然后才是少赠或买赠。

11.7 "价格是生命"原理

不论啤酒还是白酒，价格都是它们的生命线。

建立市场秩序和价格生态，分配价值链，守护产品价值、品牌价值，稳定客户心态，保持渠道网络销售正循环，是白酒企业的核心竞争力之一。让客户赚钱是建立市场秩序的基础，让消费者得利是开瓶销售[一]的重要推力。

白酒更要建立零售价的比较优势，要么品质更高，要么品质相同、价格优惠；对挑战品牌来说，最有优势的是价格优惠、品质更高。

[一] 开瓶销售：特指通过即饮场景的消费引导与促销设计，直接刺激者在餐饮场所等现饮渠道完成购买并即时饮用。该策略聚焦于提升单点销售效率。

11.8 品质主义、长期主义的基石：有老酒、有品质才有好产品、好品牌

品质是第一位的。所有产品都要追求品质第一（同档次价格）。酿酒人要以好酒为荣，把做好酒当成第一追求。

建立品质的市场竞争比较优势，就是要对于价格相同的产品，品质要更好，而且要好得显著。品质是需要表达的，产区特色、精选用料、精湛的工艺技法、独特的香型韵味都是品质表达的重要维度。当然，最好的表达一定是"口碑"，即入口不刺激、不腻、体感好、不上头、不口干，满足消费者最优饮用需求。

老酒，是白酒品质的根本保证；产能，是老酒的基本支撑。要建立老酒的分级储存等规划，将老酒当作品质之源、战略资源。

11.9 共建厂商命运共同体

华润雪花啤酒近几年开始建立客户发展组织，建设"三华会"，组织年度活动，客户黏性和凝聚力不断增强，但很多管理者仍有厂家思维，走访客户少，对客户敬而远之。这与公司做大、做强、做优经销商的战略，与华润啤酒的发展愿景，与啤酒新世界的发展理念都极不符合。

华润酒业也初步建立了"三润会"，但管理者对客户的认识、对客户服务发展体系的关注及日常的走访座谈，都不太突出，尚未形成上下一心、同呼吸、共命运的关系，离白酒行业的"讲感情，很亲近"的厂商关系有差距。

我们还有一个长期存在的，也是啤酒行业共同的问题，即"策略对内，宣传对外"。所谓"策略对内"，指公司的策略和重点工作的部署与发动，更多地关注对内部组织和队伍的传达、宣贯和执行，对公司外部的客户、客户队伍及关键终端发动不够、传达不够、解释不够，对供应商队伍更是基本无宣传，即"重视第一支队伍，轻视第二支队伍，忽略第三支队伍"。所谓"宣传对外"，指公司的宣传，更多地面对外部公众、政府、媒体和社会，忽视了对内部、外部客户队伍的宣传，对供应商队伍更是根本没有做过宣传。虽然近几年有进步，但显然还不够、不实、不大、不强。因此，在客户关系和公司策略发动上，要向郎酒学习。

（本章源自 2024 年 8 月一季度白洋淀分析会上的讲话）

| 第 12 章 |

中国酒的"四美"

12.1 将啤酒美学当作中国历史文化表达的重要途径

尽管当下整体环境白酒更受关注,但实际上中国啤酒的生产规模达3000多万吨,是白酒的5~6倍,中国已经成为全球最大的啤酒市场,仅雪花啤酒一年的产量就是整个中国白酒产量的两倍。作为中国啤酒的领先品牌,华润啤酒如何诠释啤酒美学呢?

啤酒是一个舶来品,最早诞生于美索不达米亚地区并在欧洲获得长久的发展。因此啤酒身上浓厚的欧式风范及欧式标准酿造方法构建起了啤酒的美学,我称之为"基础之美"。多年以来,中国啤酒产业的发展实际上是从规模到质量,再到品质的发展。总体而言,中国啤酒在美学上没有突破欧洲的局限,大家看到中国的啤酒其实没有特别突出的特点。

在过去,华润啤酒作为中国啤酒企业的领导者,在啤酒新世界的打造中，将啤酒美学当作中国历史文化表达的重要途径，使华润啤酒的产品在品质化、价值化、高端化的发展过程中承担了重任。

我们先后推出了"匠心营造"和"雪花脸谱"系列啤酒，大家一听就知道，这一定不是欧洲的，不是西方的。受中国酒业协会宋书玉理事长的启发，我们推出了一款叫"醴"的产品，将仰韶文化中的古代麦芽谷物酿酒的配方做了新的传承，结合千年前古人酿酒用的黍米、薏米、百合、粟米等原料，用现代工艺加工酿造、改良升级。同时，在对"醴"这款产品的包装设计中，我们采用仰韶文化中的"双耳鲵鱼纹瓶"为基本瓶型，外表是水波纹，让中国的啤酒有了中国的文化、中国的历史、中国的酿酒工艺及中国酒的礼仪之表达。

同华夏美学相结合，用"顶部传承"的理念打造华润啤酒高端酒的中国形象，让啤酒变得更美。目前华润啤酒的"顶部传承"系列有以中国古代窗棂为设计灵感的"匠心营造"系列、"雪花脸谱"系列，以及最新上市的"中国特色淡色艾尔啤酒（CPA）秦始皇"，它是以中国古代秦风美学为基本元素打造的。

2022年12月，华润啤酒还与中国酒业协会联名发布了限量定制的"重彩·酿醴"，在"醴"的基础上进行更高酒精度、更高原麦汁浓度的升级，瓶口采用赤色蜡封，以中国传统色和书法为主要设计元素，拥有深厚的历史文化底蕴和多种中国元素。可以说，华润啤酒通过过去3年的探索和发展，走出了一条中国啤酒与中国历史文化、中国美学相结合的新模式。

尽管这个模式刚刚起步，正在探索中，但这是中国啤酒脱离欧式风范，结合中国美学走出的新道路。

中国的白酒跟世界上的其他烈酒有相同的地方，它们都讲究产区、原料之美，讲究酿造之美，讲究品质之美，讲究仪式之美，讲究体验之美及酒庄企业的历史传承之美。

中国白酒与西方烈酒最大的区别是，中国白酒在历史上已成为礼的一部分，在中国礼仪中，没有酒不能称为礼，它承担了西方烈酒所没有的功能，这为我们在中国文化历史中发掘白酒表达的美学价值提供了深厚的土壤和深远的空间。

中国人讲究无酒不成席、酒逢知己千杯少、把酒言欢……中国酒及礼仪之外的社交、情感，人和人之间的互动带来了中国白酒美学的更多体现。中国的白酒有更高远的美学表达空间，目前已经走到了世界前列。

12.2 从"各美其美"到"美美与共"，酒业美学要互通互融

尽管中国的白酒文化和美学独树一帜，中国白酒依然要与西方烈酒的美学相通相融，要在"各美其美"的情况下"美美与共"。

我们与法国的葡萄酒、墨西哥的龙舌兰、英国的威士忌，其实都可以"各美其美、美美与共"，我们吸收对方的美学表达，同时输出我们的美给对方。当然，这是有难度的，因为我们和西方之间在历史与文化上存在很多差异，但我们有自信，中国的文化自信能够给予中国白酒美学自信，这些自信是相辅相成的。

酒的美学，第一是品质之美，这属于美的基本，没有品质之美，就谈不上其他的美；第二是设计之美，中国进入了讲究设计之美的阶段，所谓

颜值即品牌，现在很多酒还是较传统的表达，我们必须在酒的设计、广告创意和品牌宣传上体现美；第三是体验之美，所有的美酒都是为美好的人服务的，美酒需要提供美的场景、美的体验给美好的人；第四是生态之美，要把人和自然和谐共生之美当作中国酒美学的重要表达。

（文章源自2023年6月18日在四川德阳举办的中国酒业首届"华夏美学"大会上的演讲）

03 我命由我不由天

艰难的组织再造之路

| 第 13 章 |

雪花啤酒为什么变革

13.1　华润雪花啤酒的发展历程

华润集团于 1993 年进入啤酒行业的时候，整个啤酒行业的同比增长率超过 10%。当时国内有数百至上千家啤酒企业，正处于一个大整合、大并购的年代。简言之，当时啤酒行业增长迅猛，但又没有特别大的头部企业。华润集团在此时选择进入啤酒行业，把自己的资源（资金和管理优势）与行业的增长有效嫁接起来，促进了华润雪花啤酒的快速发展。

华润雪花啤酒当年的主要管理干部是从外部招聘的，或者是从被收购的啤酒企业调入的，华润集团当时没有派人进驻华润雪花啤酒，公司只能从人才市场招聘并自己培养。后来华润雪花啤酒在自身发展的前 10 年中锻造了一批人才，塑造了一支战斗力很强、市场竞争力很强的队伍。

当时的啤酒行业处于充分竞争的状态，雪花人的市场意识和竞争斗志很强，否则不可能有今天的成功。在过去20多年的发展过程中，华润雪花啤酒除了销量做到全国领先，还做了很多关键大事。第一，形成了全国性啤酒品牌——雪花。第二，在区域市场中形成优势。在整个啤酒行业的众多企业中，华润雪花啤酒拥有的优势区域市场不少。第三，品牌与营销能力较强。华润雪花啤酒过去的历史在品牌和营销方面为其未来的发展打好了基础，这与华润雪花啤酒的竞争力有关系，因为其拥有一种特殊的市场销售能力。因此，在品牌和营销方面，过去20年华润雪花啤酒做得还是非常成功的。

只有了解了华润雪花啤酒的发展历史，再往后看华润雪花啤酒的变革之路时才会有更深刻的体会。经过20多年的增长，华润雪花啤酒成为全国销量领先的啤酒公司，树立了华润雪花啤酒的品牌形象，打造了"勇闯天涯"核心产品，拥有一支具有市场化思维且战斗力很强的队伍，获得了市场的优势地位。那么，华润雪花啤酒为什么还要变革呢？

13.2 华润雪花啤酒为什么变革

13.2.1 国家经济转型注重高质量发展

从整个国家经济发展的角度来讲，中国已经进入了一个经济换挡、结构调整、质量发展的时期。特别是党的十九大以来，习近平总书记带领国家开启了新时期的发展战略，转变发展方式、优化经济结构、转换增长动力，从站起来、富起来到强起来。

中国的经济发生了巨大变化，中国人从一个缺衣少食的年代进入一个物质丰富的年代，中国特色社会主义进入新时代，中国社会的主要矛盾已经转变为人民日益增长的美好生活需要和不平衡不充分的发展之间的矛盾。

这说明，我们发展的环境、逻辑和模式发生了重大变化，增长的动力、方式发生了重大变化。以开超市为例，过去开超市，只要把位置选好了，店开了就有生意。啤酒也是一样，过去并购或新建一个厂之后，市场就会发展得非常快。现在不是了，现在超市开店位置选好了也不一定有太多的线下流量，啤酒厂建好了也未必有消费者购买啤酒。

国家经济在调整，我们也需要调整。

13.2.2　华润集团迈向高质量发展新征程

华润集团根据国家发展要求，也要迈向高质量发展的新征程。最近几年华润集团落实国家战略部署，优化产业结构，打破战略业务单元（Strategic Business Unit，SBU）、业务单元（Business Unit，BU）之间及各自内部发展的不平衡，积极转变经营方式，全力推动创新转型，持续提升发展质量与效益，连续几年都取得了快速的增长。华润啤酒作为华润集团的战略业务单元，根据华润集团的要求，积极转型，谋求创新，走有质量发展的道路。

13.2.3　行业发展的新趋势

第一，经历了多年的快速增长之后，啤酒行业开始增速放缓、增量下滑。

以前华润雪花啤酒在一个快速的跑道上，只要跟得上，或者比别人做得稍微好一点，就可以跑得更快。但现在行业增量小了，甚至出现了负增长，还靠过去并购建厂的发展模式就不行了。

第二，市场焦点从主流酒的竞争变成产品升级换代的竞争。

过去华润雪花啤酒卖的是主流酒，三四元钱一瓶，消费者喝起来感觉也挺好。现在进入高质量发展时期，消费者要喝更好的啤酒，需要更好的体验和新鲜度、更好的产品和质量，如果我们满足不了，那肯定会被淘汰。

但是华润雪花啤酒过去的主力产品是主流酒，高档产品比较少。现在消费者的消费理念发生了变化，要喝8元、10元一瓶的，所以啤酒市场的竞争阵地转移了。

第三，整体产能远大于需求，分散的、低效的产能亟待整合。

在过去的增量经济时代，啤酒企业的发展模式是建厂、并购。在这种模式下，谁买的厂更多、建的厂更多，谁就会有更高的市场占有率。

华润雪花啤酒一路走过来，最高纪录是年销量1000多万吨、100家啤酒厂，增量经济时代和粗犷式的发展模式给华润雪花啤酒带来了这样的结果。前年，我与美国一家全球啤酒企业的CEO交流，他说不敢想象我们有100家啤酒厂，这么多公司怎么去管理？他们年销量1000万吨，总共就7家工厂，要论成本、效率、效益，我们肯定比不过人家。

现在的问题是行业增量没有了，我们这100家啤酒厂本来是为了行业继续增长准备的，结果到今天产能极度富余，而且低效、落后的产能很多。当然，产能富余在行业中是普遍现象，非华润雪花啤酒独有，行业巨头都存在这个问题。这就好比请客吃饭，做了三桌菜只来了一桌客人，这怎么办呢？

第四,"90后"成为啤酒主力消费人群,产品设计、品牌推广、消费场景变化了。

啤酒消费人群发生了重要变化,"60后""70后"慢慢退出啤酒消费主力,而"90后""00后"等年轻人成为啤酒消费主力。

做产品设计需要考虑很多因素,现在"90后"更关注"颜值"。颜值就是表达,没有颜值,你的产品再有啤酒味,也不一定有用。

以前做品牌推广,在中央电视台做完广告,全国就都知道这个品牌了。现在我们在电视台花钱做广告之后消费者并不知道,他们不看电视,他们玩手机、玩抖音、玩微博,这就是互联网新生代的媒介环境跟以前的区别。

消费场景和消费习惯也不一样了。一线城市的年轻人怎么喝酒呢?一个人或两个人拿着几罐啤酒坐在街边,或跑到烧烤摊、大排档,一边畅聊一边喝酒。传统的消费场景,如在中餐厅喝啤酒的少了,消费场景发生了重大变化。

第五,竞争对手发生了重大变化。

过去我们的竞争对手为地方或区域市场的"小猫",还有几只全国市场的"小老虎、中老虎"。经过多年的竞争发展,华润雪花啤酒"聚猫成虎",终于变成"大老虎"了,却发现身边还有几只"大狮子"。他们以前是"小狮子",大家都没重视,没想到在这几年消费升级后,他们变成了"大狮子",有的还是"洋狮子"。

13.2.4　华润雪花啤酒自身的劣势

我们分析完啤酒行业发展的新趋势后,再来审视一下自己。

首先，销量上，华润雪花啤酒全国年销量多次达到 1100 万吨，盈利上虽然超过了国内啤酒企业，但相比全球性啤酒企业还差很多。

档次上，华润雪花啤酒主要是中档酒发展得很快，但高档酒与主要对手之间的差距很大，在人均效率和员工收入上也处于行业中游。

其次，在消费者的印象中，雪花啤酒就是三四元钱的啤酒，谁都能喝、随处可见。但让他们选一瓶价格 10 元以上的啤酒，他们就不选雪花啤酒了。雪花啤酒品牌大众化程度足够，高端化却不够。

再次，300 多万吨的低效、落后产能过剩，也是一个巨大的包袱。

最后，公司发展 30 多年，队伍战斗力虽然很强，但是也有疲惫之态。华润雪花啤酒处在一个竞争激烈的行业，但公司的敏捷度不够、效率不高，官僚主义已经初现端倪。这样下去，"大企业病"会严重阻碍华润雪花啤酒的发展。

13.2.5　华润雪花啤酒的内在动力

华润雪花啤酒变革的动力不仅来自外部，还来自自身。变革有两种：一种是被逼的，另一种是自发的。从华润雪花啤酒的基础看，也没到被"逼上梁山"的程度，毕竟在行业的规模优势和产业布局方面，华润雪花啤酒并不差。

华润雪花啤酒的变革更多的是自我求变。这种变革的动力来自华润雪花啤酒管理团队对行业和自身的认识，是对自己奋发向上的一种追求。

在过去的长期发展过程中，华润雪花啤酒团队形成了一种无形的文化驱动力，那就是始终立足于竞争，始终对标强大的对手，同时以不服输的精神永远追求第一，始终把业绩当成自身生存的价值。华润雪花啤酒有一句话，"目标定在山尖上"，这就是我们的一个文化导向。

长年的残酷竞争也让华润雪花啤酒团队始终有危机感和紧迫感。因此，华润雪花啤酒内部文化中流动着变革的血液，华润雪花啤酒的土壤滋生了变革的种子，而且团队清醒地认识到变革的窗口期并不太长，行业留给华润雪花啤酒变革的时间也不太多。

华润雪花啤酒真正的变革之路，至少需要走6年，我把这6年分为两个阶段，前3年（2017～2019年）和后3年（2020～2022年），这两个阶段统称"3+3"战略。我希望用6年的时间将华润雪花啤酒的发展模式彻底转变，再上一个台阶，完成从规模发展到质量发展的飞跃。

2016年，变革前的华润雪花啤酒拥有100家工厂、1000多万吨年销量、十几亿元的利润、5万多名员工，再过3年可能就不是这样了。长远规划要实现市值翻番、利润翻番、人均收入翻番，完成产能优化、组织再造、品牌重塑。

这就是我们变革的目标，要让公司脱胎换骨，成为真正的头部企业，成为真正的行业领袖。这当然算"雪花梦"，梦想虽然遥远，但万一实现了呢？为此，华润雪花啤酒的变革从顶层设计上来讲，就是绘制一张蓝图。

华润雪花啤酒的变革还有一个特点：这是一次全方位、多角度、多战略的叠加并进式变革，产能优化、组织变革、渠道改造、营运变革、品牌重塑等同步进行。

13.3 变革的顶层设计

华润雪花啤酒的变革在一开始就有完整的设计，也通过系统的研讨达成了共识。

2017年4月，华润雪花啤酒团队在华润学习与创新中心小径湾校区召开战略研讨会，制定了新的五年发展战略。

这个五年发展战略基本上把华润雪花啤酒之前的战略推翻了，因为过去的战略不再适合华润雪花啤酒新时代的发展，不再适应竞争的需要。新战略定下来之后，虽然大家觉得战略方向是正确的，但相信这个战略能够实现的人不是很多。

毕竟，我们所提出的组织再造、品牌重塑、产能优化等，要么执行起来非常艰难，要么需要很长时间。而且，市值、利润翻番的目标，相比过去的华润雪花啤酒市值和盈利能力来看，也是很难的。当时很多人不相信我们能够实现战略，甚至个别同事以为这是新官上任三把火，说一说而已。

新战略包含三大管理主题，都是奔着弥补雪花啤酒自身的劣势去的，都代表了华润雪花啤酒全面变革的方向，也表明了这次变革不是针对某个方面的，而是要进行全方位检讨、全方位改变。

第一大主题是有质量地增长，因为过去华润雪花啤酒不强调有质量地增长，以前的要求是做大规模，把量做起来，是不强调质量的。

第二大主题是转型升级，华润雪花啤酒的很多管理和业务都需要改变，不能按传统的路径去做。

第三大主题是创新发展，因为华润雪花啤酒的品牌、营销都跟不上竞争的需要了，都需要创新。

五年发展战略、三大管理主题，每个战略举措都是一场变革，都是一场颠覆，这就是华润雪花啤酒变革的顶层设计和蓝图。

13.4　变革的具体阐述

这里要讲一下企业在实施巨大的变革之前应该做些什么。我觉得变革前期有一项工作特别重要，那就是统一思想、凝聚共识。

华润雪花啤酒这 3 年的会议特别多，除了党建、纪检的会议，其他会议都瞄准了我们的战略变革。即使党建、纪检的工作，最后的落脚点也是引领和支持公司战略变革，统一认识、达成共识，如果无法达成共识就无法统一意志。

达成共识有以下几个原则。

第一，顶层设计一定是非常强大的，不能有致命的错误，不能有与发展趋势相反的东西。也就是说，顶层设计是在公司内或行业内经过认真分析的，是经得起检验和挑战的，是很难从整体上去推翻的。不符合这一原则就不可能达成共识。

第二，有了强大的顶层设计后，要充分、深入地讨论，吸收所有管理团队的意见。每个战略的设计都需要这种讨论。这个过程既是对设计本身的优化，也有助于整个战略共识的达成。

第三，有了设计，达成了共识，还需要有团队的凝聚力。因此，我们每次开会都会通过各种方式和大家沟通交流，把公司的团队热情点燃。每个经理人都要承担起责任，发挥"火把"和"太阳"的作用，把大家凝聚在一起，只有凝心聚力，才能对战略的推动起到至关重要的作用。

第四，要让大家更多地参与。不仅要汲取大家的智慧，还要让大家打开脑洞，更多地去思考、去参与、去贡献，这样才能让每个人更有参与感、成就感、获得感和使命感。

只有点燃每个人的激情，才能让他们迸发出无穷的力量，否则队伍将越来越散、越来越没有战斗力，任何战略都谈不上了。

第五，做任何事情都要抓"牛鼻子"，都要抓重点。实施重大变革的企业一定要抓住战略的重点、抓住变革的核心。

华润雪花啤酒五年发展战略中最大的三个"牛鼻子"就是组织再造、品牌重塑、产能优化。这三点如果做好，就完成了 90% 的战略目标。做好这三点，华润雪花啤酒就会按照战略设计迈上新的台阶。

13.4.1 组织再造

第一，组织架构重塑。过去华润雪花啤酒的组织架构缺乏统一、科学的设计，三级管理体系不规范。本次变革重塑了公司总部和省级组织，对全部岗位进行了精兵简政，同时对一线组织进行了调整。

第二，流程制度再造。公司共计完成了 3905 项流程制度再造，改变了过去的管理方式。流程优化后，规范了每个部门、每个岗位所应尽的职责，以保证行动的一致性和管理的职能化。

第三，岗位优化。我们每年都在梳理岗位，不断优化人员。华润雪花啤酒与竞争对手在人均销量和人均效率上差距极大，一个重要原因是华润雪花啤酒的员工数量偏多、年龄偏大、收入偏低。

对此，华润雪花啤酒已经通过岗位优化基本解决了人多、钱少、效率低的顽疾。

这样的组织再造让我们与主要竞争对手站在了同一条起跑线上，给我们赢得了巨大的发展空间。

组织再造后，华润雪花啤酒就可以做两件事情了。

一是建设专业职级体系。建立"双通道"发展体系，使员工发展不仅有管理晋升通道，还有专业发展通道，真正实现管理和专业职能的同步发展。

二是制定有竞争力的薪酬福利体系。要让所有留下来的员工都有强烈的获得感。

华润雪花啤酒的组织再造和啤酒行业的残酷性有关，与主要对手竞争带来的压力有关。我们的岗位优化是出于竞争的需求，是被迫的，不做就没有出路，市场化竞争拼的就是实力和能力。

13.4.2　品牌重塑

这是关于竞争"武器"的战略举措。华润雪花啤酒的业务就像一个战场，我们需要强大的武器。

过去我们打仗，对方拿着国际品牌，我们拿着"雪花纯生"，导致我们在战场上很累，很累的原因是我们的武器不够精良。实际上，品牌就是我们的武器，品牌制胜，没有很好的品牌，是无法在竞争中取胜的。

华润雪花啤酒过去的品牌是"大一统"，缺少有内涵、有价值的品牌和品牌组合。除了"勇闯天涯"这个品牌一枝独秀，其他品牌的竞争力比较弱,很难与对手竞争。

反观主要竞争对手,都是很强的全球知名品牌。不是说全球品牌就比中国品牌好,而是因为全球品牌发展了百年以上,自带很高的品牌价值。同时,华润雪花啤酒过去的品牌主要集中在中档及以下,缺乏高档以上的品牌,在高档市场中缺乏竞争力。

因此,华润雪花啤酒品牌重塑的目的是铸造强大的武器,建立强大的品牌群,特别是高端品牌群。为此,我们设计并上市了4款新产品,针对这4款产品构建了淡啤酒和浓啤酒、年轻啤酒和成熟啤酒的组合,"勇闯天涯superX""马尔斯绿"是相对比较淡的、年轻的品牌,"匠心营造""雪花脸谱"是相对比较浓的、成熟的品牌。

13.4.3 产能优化

产能优化是非常艰难的。

我刚当上总经理的时候,一些地方政府的领导跟我说,淘汰冗余产能、关停低效工厂要谨慎,这是一件难度很大的事情。

我们对地方政府的良苦用心非常理解,对员工的诉求也感同身受,但华润雪花啤酒要发展,竞争压力在所难免,箭在弦上,不得不发。

到2019年年底,华润雪花啤酒已经关闭了20多家低效工厂。过程虽然非常艰难,但仅用了两年多的时间,华润雪花啤酒就树立了产能优化的行业标杆。我们在行业里不是最早进行产能优化的,但产能优化的速度之快和力度之大远远超过行业平均水平。

另外,产能优化不等于只关厂,还有扩建和建厂,这些是产能集中化升级的过程。例如，我们在安徽关掉了芜湖工厂和舒城工厂，又在蚌埠建设了拥有 80 万吨产能的工厂。安徽公司在 2016 年的盈利只有几千万元，但到了 2019 年就盈利几亿元，其中产能优化起到了非常大的支撑作用。

13.4.4 "引进来"战略

再给大家讲一下华润雪花啤酒变革的点睛之笔，那就是与喜力合作，这是变革的重要举措。

2017 年年初，我们重新制定了华润雪花啤酒的全球化战略。战略制定之后，我向时任华润集团董事长傅育宁汇报，得到了他的高度重视和认可。

这个全球化战略明确了华润雪花啤酒全球发展的第一路径为寻找全球啤酒企业并将其"引进来"，获取全球品牌权利，发展中国市场，再想办法"走出去"。

喜力项目历时一年多才谈下来，是当时华润集团历史上交易额最大、投资回报最高的一笔交易，也是最经典的交易之一。

在此之前还有两笔交易。

一笔是华润集团 2015 年把华润创业进行了拆分，把怡宝、万家、五丰全部从上市公司中拆分出去。如果没有这笔交易，后面的增值很难实现。这笔交易给华润啤酒创造了独立上市、体现价值的舞台。

另一笔是 2016 年百威英博把旗下公司 SABMiller 持有的雪花啤酒 49% 的股份卖给了华润啤酒。这笔交易对我们与喜力的合作有极大的促进作用，华润集团变成了上市公司的独立大股东，华润雪花啤酒拥有了公司股份腾笼换鸟的历史机遇。

2017年华润雪花啤酒开启战略变革，股价持续上涨，翻了一倍。此项合作显示了喜力坚定地看好中国市场、看好华润雪花啤酒的眼光，也彰显了华润雪花啤酒坚定变革、坚定以质量促发展的决心。这次合作对华润雪花啤酒的变革来说非常重要，使华润雪花啤酒在品牌竞争中的短板迅速得到弥补，有了与外资对手竞争的高端武器，有利于华润雪花啤酒构建并实施国际品牌与中国品牌组合发展的重大战略。

13.4.5　变革的下一步——大决战、赢未来

3年变革过去了，未来我们还有很多重大问题要解决，核心是"释放变革力量，谋取更快发展"。

如果说前3年是变革的3年，那么后3年就是发展的3年；如果说前3年是转折的3年，那么后3年就是增长的3年；如果说前3年是"大变革"，那么后3年就是"大发展"。

目前，在小径湾制定的5年战略已提前2年完成，华润雪花啤酒又制定了2020～2022年的新目标，力图在决战高端、质量发展上发起新冲击。这既显示了华润雪花啤酒引领行业发展的使命感，也显示了管理团队的责任担当。

我们的发展蓝图是抓住中国高质量发展的机遇，争做快消品行业的头部企业，希望把华润雪花啤酒带到全球啤酒行业头部企业的第一阵容，并成为盈利能力很强、效率很高的公司。

（本章源自2019年3月在"华润之道"卓越经理人培训班上的授课讲话）

| 第 14 章 |

组织发展的三座大山

14.1　三座大山之"惯性思维"

第一座大山为"惯性思维"。什么是惯性思维？

惯性思维，也称思维定式，就是按照积累的思维活动、经验教训和已有的思维规律，在反复使用中所形成的比较稳定的、定型化了的思维路线、方式、程序、模式，来进行思考的思维模式。

毋庸讳言，华润雪花啤酒的队伍中存在许多惯性思维，很多管理人员和一线人员都或多或少具有惯性思维和固有习惯，如：

——客户开发越多，销量越大。

——库存压得越多越好。

——新产品上市要有买赠活动。

——高档酒市场容量很小。

——听装酒卖得不怎么好。

——做覆盖就要搭赠。

辩证地看，惯性思维有很多是很有意义的，对我们迅速解决问题提供了很好的指导。毕竟很多惯性思维源自实践经历，也是对成功和失败的经验的总结。

但惯性思维有两面性，它也有缺点，某些时候缺点还很大。

一是市场变了。在不同的市场，尤其是新市场，如果还用老一套的打法，那肯定是文不对题、驴唇不对马嘴。

二是环境变了。同样的市场，环境不同、对手换了、基础不一样，我们要采取不同的措施。

三是人变了。面对不同的团队、不同的客户、不同的消费者，如果都采取同样的打法、相同的套路，效果必然大打折扣。

在环境不变的条件下，惯性思维使人能够应用已掌握的方法迅速解决问题。而在情境发生变化时，它会妨碍人采用新的方法。消极的思维定式是束缚创造性思维的枷锁。

华润雪花啤酒经历了多年的快速发展，积累了大量的实践经验，时间长了，这些经验容易变成我们的惯性思维。需要着重指出的是，华润雪花啤酒队伍所具有的那些惯性思维，大多建立在与国内品牌的竞争中，形成于主流酒操作的市场中，立足于跑马圈地的推动模式。

这些惯性思维对新时代的决战高端战略虽然有相当大的支撑作用，但无法起到决定作用。道理很简单，我们的对手是一流的国内品牌和强大的国际品牌，我们的市场是年轻一代、消费升级的市场，我们的增长更多地来自存量的结构提升，我们的发展模式已经转化为品牌引导、销售推动了。

为此，我们在接受自己有惯性思维的同时，也要清楚它的负面效应，需要正确认识惯性思维，发展其有利的一面，批判其落后的一面，尤其是对那些不合时、不识事、不随势的"习惯做法"要严肃清除，以移除决战高端战略的绊脚石。

大部分人都知道惯性思维有弊端，但到了具体业务上还是或多或少、不知不觉地受惯性思维的影响。惯性思维的问题已经很严重了，且公司各个团队都存在这一问题，危害不小。

一是影响我们认识事物的能力。面对新的消费者、新的消费场景、新的渠道模式，虽然我们有新的战略举措、新的发展模式、新的解决方法，但不少同事还是会进入惯性思维的死胡同。例如，我们做高端听装酒，很多人还是觉得听装酒容量不大，只能用听装卖主流酒，即使真的去做高端细分了，也是不自觉地按照做主流酒的经验去做高档酒。

二是固化我们解决问题的方法。在决战高端的战场上，我们是不是很自然地用上了过去的经验和方法？我们是不是一边宣传营销发展新理念，一边却使用之前的老一套营销方法？我们是不是宣贯了"五点一线"后又不自觉地回到了主流酒老路上？

穿旧鞋走新路，这就是惯性思维最可怕的地方。最近，我们通过调研发现，在听装酒操作、制高点突破、铸剑行动等重点工作中，思想不解放、认识不进步、做事三板斧、执行老套路等情况非常多。

强大的惯性或顽固性，不仅影响思维习惯，甚至逐渐深入潜意识，成为不自觉的、类似于本能的反应。要改变惯性思维是有一定难度的，首先需要有明确的认识，自觉进行；其次要有勇气和决心。

改变惯性思维的方法并不复杂，主要有三个。

一是改变自我认知。深刻地剖析自己的长处和短处，补足短板，加深自己对专业、业务、团队的理解，是每个雪花人应该具备的业务本领；清醒地洞察自己的业务目标和环境变化，把握行业趋势，合理利用资源和条件，是每个雪花人应具备的业务情商。

二是提升自身水平。改变是困难的，也是收获最大的。有勇气承认自己的缺点的人，是聪明的人；有勇气改正自己缺点的人，是有智慧的人。商业上每一步的成功都是提升自我的结果，个人的成长和进步也是这个道理。

三是加强自主学习。始终保持学习的本能和动力，始终保持对新事物的好奇和兴趣，始终保持对他人才华的欣赏，学习他人的优点，始终把学习当成生活的习惯，这就是自主学习的精髓。

改变不复杂，但改变的难度很大，这是因为惯性思维很顽固，要彻底消除惯性思维，需要祛除惯性思维的三大病根。

一是自大自满。有些人觉得自己懂得很多，经历不少，资格够老，把惯性思维当作成就和骄傲，自大自满，甚至自命不凡。这种人是活在自己世界里的"梦中人"。

二是故步自封。有些人觉得自己是领导和专家，是有经验的管理者，对新事物、新知识、新业务、新方法，藐视之；对外界的变化和趋势，忽视之；不爱学习，坐井观天，把惯性思维当成能力和才华。这种人既像鲁迅书中的孔乙己，也像契诃夫笔下的"套中人"。

三是因循守旧。世界变了，有些人还固守老一套，做新业务照葫芦画瓢，漠视创新和改变。这种人类似古代春闱年年落榜的"举子"，顶多算一个活在旧世界的"遗老遗少"。

华润雪花啤酒进入新时代、决战高端的战略已经谋定，"9+5"战略举措也已出台。战略也好，举措也罢，都要靠我们这支队伍去实施、去执行，我们必须承认自身存在的问题。我们队伍中以"习惯做法"推动战略落地的同事不是个例，我们队伍中怀着惯性思维"躲进小楼成一统"的同事不是个例，我们队伍中以惯性思维看事情、做业务的同事不在少数。如果我们不开展对惯性思维的批判和改造，决战高端就会失去团队能力的支撑和组织能力的保障。

华润雪花啤酒必须创建学习型组织，铸造成长型思维，积极开展学习反思的行动，根除自身固有思想的顽疾，提升自我成长、自我改造的能力。若非如此，就不能取得战略的成功。

认识自己，改造自己，要向惯性思维下手。

14.2　三座大山之"求大求全"

第二座大山为"求大求全"。何为求大求全？

"大"，即体积、面积、数量、力量、规模、程度等超过一般对象或所比较的对象，与"小"相对；"全"，指完备、齐备、完整、不缺少。

"大"的词组有"大道无形""大国""大学士""大官"等；"全"的组

词有"文武双全""智勇双全""忠孝两全"等。字是好字，大部分词的含义也是积极正面的。

14.2.1 认识

求大或求全，本身没毛病，而求大求全实际上是一个取舍问题，是既选择了"大"，又选择了"全"。

选择什么、舍弃什么，做人做事都是需要认真衡量的。

求大求全和聚焦主要矛盾不是一个山头的，想要前者，后者就很难聚焦；想要后者，就顾不上前者。因此，需要因时、因地、因势、因人而做出不同的选择，毛主席所说的"学会弹钢琴"和"统筹兼顾"指的就是这个取舍的能力。

求大求全，说明现在还不大不全，不大才求大，不全才求全，世间万事，总是如此演绎和进化。

求大求全和贪大求全、求全责备经常联系在一起，求大求全看起来很有道理，听起来很有逻辑，做起来很有声色，但换一个角度来看，做不到未必真的那么差，做到了也未必真的那么好。

14.2.2 历史

2003年前，华润雪花啤酒还没有做大。当时的公司连"总部"都谈不上，员工也很少。那个时候确实是既不"大"也不"全"：公司不大，规模不大；总部不全，部门不全，制度流程不全。此阶段我们采用各工厂业务推动、总部协调和统筹的模式，符合当时粗放发展的战略需求，也适应行业跑马圈地的竞争模式。

2005 年，华润雪花啤酒"坐二望一"。出于整合的需要，部门增多，人员增加，总部变大，管理的区域也大起来。管理制度从无到有，从有到全。此阶段我们采用总部统一管理、区域落地管理和地面推动结合的模式，公司快速发展，完成了转型期的任务，渡过了整合的难关，华润雪花啤酒变成全国领先。

2010 年，华润雪花啤酒年销量 900 多万吨，开始求大求全。规模一马当先，大品牌，大一统，都体现了一个"大"字。此时的公司管理部门最多、人员齐整、规章制度林立。类似"大"和"全"都是立足于全国整合快速发展建立的，有很强的现实紧迫性。此阶段虽加强了统一管理，但规范性、系统性、创造性都僵硬了些。

前两个阶段的"大"和"全"，恰逢其时，效果不错，第三阶段是不尽如人意的，应当总结其中的经验教训。我觉得教训主要有两点。一是转型较慢，未能及时向"强"进化。"大"是好事，但行业变化后，存量减少，消费升级，必然要转型，华润雪花啤酒转得慢了。二是轻重缓急和管理颗粒度把握不好。一些职能管得太死、太细，另一些职能又管得太粗、太宽。对公司重要的业务管得太少，对不重要的业务又管得太多。

可见，"不大不全""变大变全""求大求全"，都是不同战略期的管理需要，没有绝对意义上的好与坏。值得注意的是，在企业的发展历史上，最不好把握的是求大求全阶段。

14.2.3 怪圈

坦白讲，公司在"求大求全"时，容易进入一系列怪圈：既要业务增长，又要转型发展；既要质量增长，又要规模扩大；既要规范操作，又要灵活机动；既要高档酒，又要主流酒；既要销量，又要利润；既要关厂，又要建厂；既要减人，又要招人……管理制度和管理工具越来越全，越来越多。

"既要……又要……"这些怪圈的产生，肯定是管理需求导致的。例如，过去欠账多，现在要着手解决债务问题；重要的业务不规范，造成业务发展滞后，等等。这些都是从公司发展角度推进的。

这些怪圈虽令人不堪重负，但还能忍受。如果在"既要……又要……"后面再加一个"还要……"，那可真成管理噩梦了。

14.2.4　怎么办

问题来了：如何走出怪圈、避免噩梦？

1. 求大补强，求全择重

大有大的好处，但过分求大，就会造成管理失效；全有全的妙处，但刻意求全，眉毛胡子一把抓，就容易造成形式主义、官僚主义。

在求大的同时，把"强"补上来，才能成为真正的"大"，避免大而不强。从华润雪花啤酒的发展部署上看，公司规模依然够大，目前应以"强"为主。变大为"强"，才是更好的选择。

求全不是目的，而是要把"重"圈出来，在重点上下功夫，在实际工作中把重点业务、关键事项做精。

同时，要处理好矛盾关系，在"大"和"强"的选择上，优先选"强"；在"全"和"重"的选择上，优先选"重"。

2. 抓重点、抓"牛鼻子"

要解决这些问题,可以读毛主席的著作,在《矛盾论》《实践论》中,毛主席对事物的矛盾和矛盾的主要方面、唯物辩证法都有非常好的论述,值得大家细读并加以体会。

要避免进入恶性循环,我们就必须牢牢地把"抓重点、抓'牛鼻子'"作为一切战略、举措、业务等落地的武器。须知,支撑战略胜利的重点事项一般为3~5个,再多的事项其实都是次要的。例如,战略变革的前3年,有些市场持续增长,就是因为我们在几个关键事项上做得好。从全公司看,虽然战略要点有10项之多(也有求大求全的毛病),但决定公司命运的也就是产能优化、组织再造、品牌重塑这3个重点。

目前困扰华润雪花啤酒的问题有两个。一是大而全已成惯性思维。制度要全,目标要大,重点工作一大堆,层层加码一大片。长此以往,我们还谈什么决战高端、质量发展?二是重点工作不重点。好多工作都被称为重点工作,都是重点,就没有重点了。"聚焦"说了很多年,但聚集不聚、焦点不焦,仍然是突出的问题。

就像决战高端"五点一线"方法论,大家都在学,都在背,效果如何呢?掌握了这个方法论、在业务实践中去落地是一方面,把"五点一线"落实到某个具体市场上是另一方面。要想真正把"五点一线"落实好,需要抓"牛鼻子",聚焦最关键的一点,而不是每一点都去抓,不分先后,不去聚焦。如果眉毛胡子一把抓,就什么都抓不住。

14.2.5 向前看

"求大求全"的毛病我身上有,其他同事身上也不少,要改掉这种毛病，要全体动员，一起改进，这就需要解放思想、放下包袱、改变观念，身体力行地去实践，将"抓重点、抓'牛鼻子'"作为一切工作的中心，要把"抓重点、抓'牛鼻子'"当成战略和举措落地执行的抓手，从而决战高端、战胜敌人。

14.3 三座大山之"落地执行不力"

第三座大山为"落地执行不力"。

"落地执行"最怕的结果是落地无痕、落地无根；最理想的结果是落地有声、落地扎根。

执行力强的企业并不多。执行力不强，就会导致很多"疑难杂症"，很难治愈，愈后易复发，这成为一大管理难题。坊间与执行力相关的书籍汗牛充栋，理论方法各有千秋，然而"疗效"并不好，管理者无章可循。具体的"执行"问题有如下几例。

——战略一箩筐，束之高阁的不少，在推动落地的过程中，一地鸡毛的更多。

——管理工具宣贯了，后续却石沉大海。

——目标确定了，没有方案和计划去实施。

——项目开展后，都没落到点上。

——产品组合说了一年了，终端还是那几支。

——制高点确定了，没人去拓展。

落地无根，执行乏力，毫无疑问是华润雪花啤酒的一个大问题。决战高端的战略和举措已经全面实施，"五点一线"方法论也宣贯完毕，现在是我们强调、强化落地执行的时候了。

抓好落地执行是最关键的一步，也是最难的一步。执行力没有原理、规矩和标准，对不同的业务、团队和不同的时间，都不是一成不变的。执行力的好坏也没有统一的衡量尺度，横向难比，纵向不一。最可靠的是自己和自己比，用结果和业绩去衡量。每个管理者抓落地和执行都是各显神通，各有各的高招，无既定之规，更无放之四海皆有用的办法。在此我也是照猫画虎，按照通识逻辑讲一讲，以抛砖引玉。

第一个问题：落地执行不力体现在何处？我觉得有四个方面值得重视。一是"落地无源"，这个"源"指的是落地执行的业务蓝图。

任何战略的落地执行都不能没有规划和设想，不要想一出是一出、东一榔头西一棒槌，更不可朝令夕改、花样百出。

没有清晰的业务策略，缺乏实在的业务计划，目标不清晰，布阵杂乱，工具缺失，那还谈什么执行呢？好的落地和执行，一定有一整套策略、计划、措施来支撑整体目标和战略，否则执行就会成为无源之水、无根之木。

二是"落地无招"，此处的"招"，就是招数，是落地的动作分解。

任何战略的落地和执行，都要分解成小项目、小目标，分解成各个步骤，分解成基本动作。

落地行动太粗，一线无法理解和执行；落地行动太细，一线就会束手束脚。应该像打太极拳一样，招数要有三六九，式样要有一四七，否则就成了"迷踪拳"。

三是"落地无人"，当然不是说没有人去执行，而是说落地执行没有合适的人，没有合格的负责人。

落地执行需要"把信送给加西亚"的人，同样的事情有些人就执行得好，有些人使出吃奶的劲也办不好，人的能力、经验、性格、状态对落地执行有巨大的影响。

四是"落地无果"，没有结果的落地和执行就是形式主义，就是竹篮打水、水中捞月。

第二个问题：落地执行不好的根源在哪里？这个问题也需要说一说。

一是"落地无魂"。

任何战略的落实执行，都需要有"共识"，形成组织的意志和合力，形成团队思想和方向。如果团队和组织对事情的认识不一致，落地执行就缺少了"魂"。一家公司、一个组织、一个团队"魂不守舍"，何谈执行？更何谈上下贯通地执行？

因此，为了落地执行有力，下再大的功夫去群策群力，去解释沟通，去宣贯释疑，都是非常值得的，仅靠讲话、指示和文件是打不了胜仗的。

二是"落地无保"。

"落地无保"，顾名思义，就是没有保障机制。组织有保障吗？人才有储备吗？资源配备了吗？监督体系有没有？考核到位没有？

三是"落地无术"。

大军作战，没有战术，何谈胜利？在推动举措落地时，好的管理者一定会使用具体的方法论，方法论是保证队伍执行不跑偏的关键。

四是"落地无力"。

要注意落地的"最后一公里",这是降龙十八掌的第十八掌、足球射门的最后一脚。在实际工作中,最要紧的就是最后一点、最末一梢,很多事情往往功亏一篑,不是力度小了就是精度偏了。

第三个问题:如何做到执行到位?道路千万条,条条向北京,要想让执行扎根,就要有不达目的绝不收兵的决心。管理者没有改变团队执行力的紧迫感和意志力,就有可能导致"兵熊熊一个,将熊熊一窝"。

要大幅提升执行力,可以考虑以下四个方面。

第一,组织推动是基础。

很多战略落地得不理想,主要原因在于组织推动上有不足之处,没有集体共识,缺乏跟踪和评估,更无激励措施。战略变革的前3年华润雪花啤酒的几个大战略落地得很好,得益于我们改进了以前的不足。

对于一线的落地执行,大家要发挥"三个驱动轮"和"两个助推器"的驱动和助推作用,总结一套组织推动的办法和经验,掌握团队落地执行的方法论,如规划、启动、组织、评估、奖励等。

第二,将才实干是根本。

找好带头人是关键,用好人才,组建合适的队伍去负责落地执行,要把团队成员的士气激发出来,唤醒战斗力。

第三,PDCA循环管理(Plan-Do-Check-Action,即计划、执行、核查、行动)是保证。

要想落地更好、执行坚决,就要打造管理的闭环,说到底,就是希望每个落地方案和项目都有一套管理的办法。

第四，奖勤罚懒是关键。

要知道将士拼命在于"功"。落地执行要想有力，考核激励要跟上，要舍得奖，也要敢于罚，赏罚分明。论功行赏要公平，也要实在。管理者要为优秀的执行者升职加薪而"鼓"与"呼"，为软弱无力的执行者降职降薪而"痛"与"惜"。

第四个问题：落地执行的"敌人"是谁？答案很简单，一个叫"惯性思维"，一个叫"求全求大"。

有了惯性思维，落地执行时往往就会按照既定经验和套路走下去，即使在会议上提出新形势、新理念、新方法，做业务的时候也会不由自主地走样。有了求大求全，即使在PPT上做到了"聚焦"，实际干活也想着"高大全"。以"五点一线"方法论为例，有多少同事按照这个新方法去思考、规划、落地高档业务呢？又有多少同事去聚焦、去抓"牛鼻子"解决"五点一线"中的某个关键点呢？

当然，由于华润雪花啤酒队伍中整体还是老员工多，体力、学习力都存在力不从心的现象。但竞争对手的执行力就比华润雪花啤酒强吗？也不尽然。公司发展到今天，惯性思维、创造力都是大问题。要想真正把执行力提升上来，需要费很大的力气。

华润雪花啤酒经过前3年的变革，很多有利因素逐渐展现出来，行业竞争的动能向华润雪花啤酒积聚，员工队伍更精干了，大包袱卸下了，补强的业务开展起来了，战斗力也比之前强多了。那为何还在强调"落地执行"呢？其根本原因是华润雪花啤酒的竞争对手变了，主流市场变了，华润雪花啤酒在高档市场上落后得太多。在此大背景下，华润雪花啤酒落地执行的能力就不能和过去比，也不能和对手比，只能和自己的发展目标比。华润雪花啤酒要想实现更好、更快的发展，就需要再次提升全体员工的执行能力。

| 第 15 章 |

我看华润雪花人力资源的
昨天、今天与明天

15.1 回顾昨天：好队伍，好体系

在过去的发展过程中，整个华润雪花啤酒的人力资源系统取得了一定的工作成绩，也在相当程度上有力地支撑了华润雪花啤酒的战略部署和业务发展。人力资源系统作为华润雪花啤酒一个重要的专业管理系统，承担了相应的组织责任和义务。

如果将华润雪花啤酒人力资源系统的起点与当前的状况进行对比，我们会很容易发现华润雪花啤酒人力资源管理有了很大进步：实现了从粗放到精细、从不规范到规范、从混乱到统一的转变与发展。

在过去，华润雪花啤酒的组织管理比较粗放。例如，各级组织部门设

置不统一，甚至部门的设置根本经不起推敲；在并购和整合啤酒企业的过程中仍然沿用原企业粗放的人力资源管理方式；缺乏专业化的人力资源管理者。

我曾经参加过华润雪花啤酒历史上的第一次人力资源工作会，与大家讨论了公司人力资源管理的第一个工作指引，那时华润雪花啤酒人力资源管理的典型缺点可以总结为：不规范、太薄弱、不成体统。

后来，随着一批专业的人力资源管理者的陆续加入，华润雪花啤酒逐步建立了统一的人力资源管理体系，打造了一支强大的人力资源专业团队。特别是蒋文俊接管人力资源管理工作后，人力资源系统的发展与进步更快，主要在以下两个方面取得了突出成绩。

一是建立了一支好的队伍。华润雪花啤酒的队伍特别强大、成长很迅速，人力资源管理者的发展较快，很多年轻的干部也在迅速成长。究其根本，是在过去的发展过程中，华润雪花啤酒极其缺乏专业的人力资源管理者，而如今，其已经建立了一支敢做事、能做事的人力资源管理团队。

二是建立了一个好的体系。通过十几年的积累与发展，华润雪花啤酒陆续形成了人力资源管理的一系列体系和方法。例如，建立了统一的薪酬管理体系，有效地管控了华润雪花啤酒的工资总额，不断适应业务发展的需要；建立了统一的考评体系，从高层到一线实现了全员覆盖、全员考评，并对高层的考核做了统一规范，这些在整个华润集团都是做得比较优秀的。华润雪花啤酒还推行了工厂基层员工职业发展体系，尝试进行销售员工职业发展引导，并引导其他专业系统的职业发展。同时，组织实施了一些培训项目，如华润雪花啤酒领导力一期／二期、"未来之星"训练营等，这些活动做得有声有色。

除此之外，华润雪花啤酒在人力资源管理的专业建设方面也取得了突出成绩。例如，编写了专业的课程与手册，为新人加入后的快速学习和成长提供了规范化、便利化的引导。

可以说，在过往的发展过程中，华润雪花啤酒的人力资源系统取得了不错的成绩。站在今天这个节点，我们不禁要问：为什么要回顾人力资源系统发展的昨天？因为只有系统地回顾昨天、凝视过往，才能更好地立足当下、审视今天，才能更加清晰地看到不足、找到未来的方向。

15.2　审视今天：六大挑战

回顾昨天，华润雪花啤酒夯实了人力资源管理的基础，使人力资源队伍迅速成长，有效地支持了华润雪花啤酒的业务发展。审视今天，如果我们细致地观察与分析，就会发现人力资源管理的很多工作还有改善的空间，同时也面临着一些困难与挑战。

回顾公司的发展历史，华润雪花啤酒仍有一些没有做好或当时应该重视但没有重视的重大事项。例如，在5年前就应提出产能优化，进行组织重塑、高层管理人员退出机制建设、人才梯队建设、组织能力提升、员工专业能力培养等工作。

具体来讲，当今我们的人力资源系统在以下六个方面面临挑战。

15.2.1　组织方面

目前华润雪花啤酒的组织极其庞大、臃肿、效率低下，严重影响了公司的发展。

华润雪花啤酒成为全国领先的公司之后，区域公司多、工厂多、组织机构也多，且差异很大。与此同时，沟通效率低，组织之间有隔阂，靠组织推动的工作效率较差。例如，总部下达的政策与指令难以到达销售一线；总部布置的一些工作没有做到相应的检查与跟踪；没有好的沟通机制，导致各部门之间的互动性差；三级管理体系在很多地方纵向脱节、横向隔断，从总部到区域再到营销中心，与工厂严重错位；有些部门各自为战，管理不对称、战略执行差、问题暴露难……

综上所述，组织庞杂、效率低下的问题，需要华润雪花啤酒在未来很长一段时间内推动各个系统共同解决，而人力资源系统作为组织管理的专业部门，上述问题是其面临的首要挑战。

15.2.2　人员管理方面

目前华润雪花啤酒人员众多，且素质和能力与公司发展程度不匹配，很多人跟不上华润雪花啤酒发展的步伐。

在当前的人员管理工作中，华润雪花啤酒需要对一些中高层管理人员和业务一线人员进行合理的优化。对于组织在发展过程中到底需要配置多少人、实现多高的人效，人力资源系统应进行科学的计算，而不是靠业务部门的主观估算。例如，对于一名业务代表应该服务多少家终端，不同销售大区的看法和做法并不一致，我们也没有做出统一的规范。

总体来看，华润雪花啤酒的生产工厂有很多历史遗留问题，导致包袱很重，人员年龄普遍偏大、文化水平普遍偏低、能力素质普遍较差。虽然近年来这些方面有了较大改进，但仍有很大的改善空间。最近我去黔东南公司调研，发现其人员年龄结构较为合理，中层管理者基本是较为年轻的人，但仍有很大的改进空间，特别是随着未来智能制造时代的来临，人员的配置与优化至关重要。

对比来看，生产工厂这几年组织优化成效明显；营销中心的中高层管理人员配置改进不明显；总部做中基层员工定岗定编工作时，有的部门原有编制未满编，却仍然提出比原编制更多的人员需求。尤其是华润雪花啤酒高层管理人员有上千人，包袱很重。此外，高层管理人员年龄普遍偏大，在岗位上一待就是二三十年，年轻人看不到职业发展机会。

另外，公司还存在能力与岗位职责不匹配的问题，有的高层管理人员只起到了中层经理的作用。一家企业有这么多高层管理人员，容易使企业陷入困境。而在同行业外资企业中，总监已经是很高的管理职位了，其管理团队主要由经理等中层管理人员组成，这样的组织，其效率相对来说更高。

综合来看，华润雪花啤酒只有20多年的发展历史，本来应该是一家很年轻的企业，是一家快速增长的企业，但因为背着沉重的包袱，所以行动迟缓、进步较慢。

15.2.3　绩效考评方面

目前，华润雪花啤酒的绩效考评体系仍有很大的改善空间。

首先，目前绩效考评体系虽然很完整，但缺乏与战略和业务的联系。谈到绩效考评体系，我们应该在两件事上达成共识，即考评的起点在哪里、考评的目的是什么。

考评的目的是衡量目标实现与否，我们是为了实现目标而做考评的，没有目标的考评就是"无的放矢"。我们需要重新思考绩效考评体系的起点和主旨，在指标设定和考核评价方面都需要大力改善。

华润雪花啤酒目前的绩效考评体系中，总部考评的内容只有3项，无法有效评价不同类型市场的情况；在重点业务的推进与关注方面，如渠道改造、高档酒等，没有对区域公司进行科学的考核，而各区域公司的考评方案各不相同，大部分考评方案存在不平衡、没重点的问题。

归纳起来，绩效考评方面存在的问题就是考评与业务结合得不紧密。未来绩效考评体系的建立应基于战略、重点业务和重点管理举措。

其次，绩效考评体系的严肃性和应用性不足。典型表现之一是各级管理人员对绩效考评不上心。例如，年度绩效等级的评价应是有依据的，而不是根据主观意愿进行评价；很多部门考评结果没有设置"D"等级，一些部门不反馈考评结果，还有一些部门竟然实行"轮流坐庄"制……这些都是绩效考评严肃性不足的表现。绩效考评关系到员工的发展、公司的发展，在严肃性方面不得马虎。

除此之外，绩效考评体系还存在应用性不足的问题，我们应将考评结果作为提升员工能力及业绩、选人用人的依据。

15.2.4　中高层人员素质能力方面

目前，华润雪花啤酒中高层管理人员的能力和素质与组织发展需求不匹配。

一方面，华润雪花啤酒各组织之间的能力差距很大，组织之间也有隔阂，对"组织要到哪里去"缺少研究。我们之所以提出"三个驱动轮"的队伍建设，根本目的之一就是用组织的方式来提升组织的能力。每个组织被赋予的目标和使命不同，对管理方式、发展途径、个人能力也有不同的要求。

组织能力的提升是需要整体规划的。我们需要的不是一个或几个"能人"，"个人强不是真的强，团队强才是真的强"，我们需要的是组织整体的强。如果组织能力弱，想通过招聘几个"能人"解决问题，这是不现实的，这样做只能解决个别问题，而无法解决系统问题。

例如，华润雪花啤酒设备管理能力弱，"招几名设备管理高手"与"提高华润雪花啤酒设备管理能力"这两种应对方法是不一样的。再例如，华润雪花啤酒当前进行的营运变革需要彻底改变整体营运系统，而不是招聘两三名营运系统管理高手。组织能力要有计划地提高，一个接一个地提高。

另一方面，华润雪花啤酒中高层管理人员能力不足。过去，我们看一个人，通常看其业务能力，对其他能力关注得较少。事实上，组织管理能力、文化引领能力、团队管理能力才是中高层管理人员应该重点提升的。

有些中高层管理人员自己很能干，但带不好团队，不能激励和号召团队；有些技术能力很强，但缺乏战略思维；有些只看自己、不看对手，只看现在、不看未来，只看自己的公司、不看整个行业。职位越高，越需要组织管理能力、文化引领能力和团队管理能力。华润雪花啤酒的执委会成员、区域班子成员、销售大区总经理和工厂执行总经理等各级管理人员未来需要进行综合能力素质测评，找到短板，切实提升这3方面的能力。

15.2.5 共享方面

华润雪花啤酒人力资源系统的"共享"应当有更多的内涵。

目前华润雪花啤酒正在建设财务共享中心，未来还要筹建人力资源共享服务中心，这些举措我都是很支持、很赞成的。在我看来，"共享"应当有更多的内涵。我希望大家可以琢磨一下"人力"和"资源"分别代表什么。

我认为,"共享"主要指经验、知识、精神方面的分享。但现在我们连宣传和交流的平台"智享汇"都做不好,就是因为华润雪花啤酒没有思想碰撞,没有经验交流,没有做好平台建设。

在参加财务共享中心会议时,与会人员曾提出建设财务共享中心是不是为了减员的疑问,这个说法是不正确的,财务共享,究其根本是为了提升效率,是通过共享中心把这项工作重新优化,实现现代化的系统操作,关键是把过去常规性、价值低的工作转化成效率高、有高附加值的工作,而不是简单的减员。

15.2.6 企业文化方面

华润雪花啤酒有企业文化,但做得不够好。做好企业文化是我们的当务之急。

公司的发展、企业的进步单靠个人和组织是不行的,更多的是靠企业文化的引领。华润雪花啤酒现在是一家全国性公司,我们需要梳理和提炼企业文化,加强企业文化建设;未来我们会走出国门,成为一家国际化公司,届时跨境员工之间存在语言和文化差异,我们更需要靠企业文化建立共同的认知,从而推动公司的发展。

15.3 展望明天:未来的六大发展方向

展望明天,华润雪花啤酒拥有组织、人才、评价、素质和能力、文化、服务六大发展方向。

15.3.1 组织

一方面，华润雪花啤酒要对组织的结构、职责、能力、岗位、流程等进行梳理、优化、再造，建立高效的管理组织；另一方面，华润雪花啤酒要形成统一的组织模式，即"一个大组织，多个小团队"，"大事靠大组织，小事靠小团队"。越是重要、困难的事，越需要靠大组织来推动，如果"大事让小团队干、小事让大组织干"，就本末倒置了。未来，华润雪花啤酒要逐步建立"大组织、小团队"模式，以提高组织能力。

我们提倡一个组织，而不是多个组织；我们提倡一支队伍，而不是多支队伍。任何人干任何事都要在组织里，要充分体现组织的使命感和荣誉感，要进行组织优化，要赋予组织多种运转机制、多种配置方式，以推动公司业务的发展。

给大家举一个例子。在解放东北的战役中，东北野战军可以灵活、临时组成阻敌、增援、追逃、突击等不同性质的队伍，这说明只有采用多种组织形式才能解决不同的问题。在辽沈战役的关键时刻，我军打破了常规的建制和指挥关系，因此得以迅速包围和歼灭敌方，取得最终的胜利。

现在开展的产能优化、组织再造等战略重点有利于推进"大组织"的建设，因为"大组织"能使人心更坚定，能使人按照组织的目标行进。

"小团队"也是一个组织，如成立 5 人小组，师父带徒弟，可能就把问题解决了。前一段时间我看到几位将军回忆解放战争，其中一位将军说："我们之所以能战胜对手，有一个制胜法宝，就是'三三制'。""三三制"战术将一个班分成 3 个战斗小组，每个小组 3 人。一旦正面交锋就是勇者胜，3 人小团队在战斗中能实现互相保护，而大团队在一起作战时，最容易产生混乱，就容易被歼灭。因此，"小团队"也能解决关键问题，要灵活运用"大组织、小团队"组织模式。

15.3.2　人才

一是人才的选拔机制。

人才选拔机制要体现公平、公正、公开的原则，要采用公开竞聘的方式选拔人才，把华润雪花啤酒的人才选拔置于阳光之下。人才选拔要有标准，但我们现在要选拔销售大区总经理，却没有一个素质能力模型，虽然竞聘要求是公开的，但仍缺乏一些评价标准。因此目前的人才选拔机制还有很大的改善空间。

公开、公平、公正的选拔原则要求给各级管理人才和业务骨干设立标准。至于入选门槛，如资历、业绩、年龄、学历、工作年限，在人才选拔标准建立后，可以适当放低。选拔人才不只要看年龄、学历，还要看能力和业绩，但要有选拔标准和选拔机制作为保障。目前我们的组织选拔人才需要党委讨论通过，需要公示，我们的人才选拔有标准、有机制、有保障且公开。2017年上半年大范围的人才选拔靠竞聘，未来的人员淘汰与退出也要靠竞聘，竞聘是华润雪花啤酒人才管理的一大有力武器。

发掘和选拔人才时要注意以下几个关键问题。

第一，年轻化。啤酒的市场是年轻的，消费群体是年轻人，消费形态是新的，所以从明年开始必须大力推进人才队伍的年轻化建设。

第二，专业化。没有专业化的人才，就没有质量发展的保证。我们经常讲一把手很重要，其实是说一把手的才能很重要。"才"就是专业和能力，我们要大力提倡专业能力。

第三，市场化。为什么现在我们总是强调人才的市场化？那是因为我们有了更多的"钱"（员工薪酬），我们有资格谈市场化。市场化是指要对标市场化的品牌、市场化的薪酬和市场化的平台。我们要追求人才的市场化价值，这是我们的目标。

我们希望未来华润雪花啤酒的每个人都是有"身价"的，当然，这里的"身价"不只是以各种各样的测评结果来显示他们是人才，而是要把员工放在啤酒行业、消费品行业与他人对比来看。从华润雪花啤酒的企业性质上看，我们是肩负着重要使命和社会责任的央企，我们不仅要不断增强"四个意识"、提升政治素养，在此基础上，我们还要强调市场化。

第四，国际化。华润雪花啤酒现在正在和喜力合作，非常需要国际化人才。现在华润雪花啤酒的很多员工英语水平不高，也没有国际化思维。那么，国际化人才是不是一定要英语水平很高呢？我认为不一定。国际化人才有很高的英语水平固然很好，但更重要的是要拥有国际化视野、国际化思维、国际化经验。

除此之外，我们从明年开始要招募和培养管培生，主要目的不只是做好人才储备工作，更是明确公司未来的发展方向。

我们会招聘200~300位管培生，在发展的过程中可能会流失很多人，但我们希望留下来的管培生未来能够成为公司的核心高管，甚至是CEO。这些都是基于公司未来的发展考虑的。

二是人才梯队建设。

这也是一项很重要的工作，各个系统有无后备力量、有无培养计划，哪些系统需要进行梯队建设，都需要我们考虑。目前来看，销售系统暂时不需要进行人才梯队建设，因为销售经理较多，财务系统亦如此，但有些系统需要，如营运系统、信息化管理系统、国际化和"互联网+营销"系统亟须进行后备人才和梯队建设。

1. 老和少的转变

华润雪花啤酒年龄偏大的员工很多。在成立时间比较早的区域公司，员工老龄化问题更加严重。

因此，未来3年华润雪花啤酒要完成老与少的结构转变，这是我们的第一任务。与此同时，从华润雪花啤酒所处的行业特征与发展趋势来看，啤酒销售工作与消费人群息息相关，华润雪花啤酒要做一家紧跟"90后""00后"发展潮流的公司，但现状是什么呢？华润雪花啤酒的品牌、销售、职能、生产等各个系统的管理者的岁数都比较大，很难跟上发展趋势。

我也曾在执行委员会等多个场合提到过，我们需要建立经理人提前退出的一系列机制、方法与规划。未来几年，岁数比较大的员工要主动退出，我们唯有怀着"把自己干掉"的信念和意志，方可换来公司的年轻化。

我希望通过努力，能够使华润雪花啤酒员工的年龄结构，特别是老和少的结构，发生重大改变。

2. 管与专的转变

只要了解一下华润雪花啤酒现在的岗位设置情况，我们就会发现：管理岗太多了。应该大力提倡和支持专业岗位的发展，尽量减少管理岗。我们需要用共享、信息化等手段促进效率的大幅提升，需要用标准模式和方法来规范管理手段，在公司内推广管理方法。

我们还需要大力培养专业人员，因为公司的发展不能单纯地靠管理。"管"这个字很有讲究，管"坏"了不行，管"少"了也不行，管"差"了更不行，仅靠人的力量来"管"，代价太大。对华润雪花啤酒这么大的公司来说，很多人的能力、技能、经验、前瞻性都是不够的。因此，我们必须发展出更多的专家、专业技术骨干、专业人才。

3."总"与"分"的转变

未来我们要强力提升总部（以下简称"总"）的能力，增加共享内容，尽可能减少分公司（以下简称"分"）的职责和管理工作。只有这样才能让分支机构有更多的时间来面向市场、面向客户、面向消费者。

我们要把"总"做强，职能化、专业化和管理性的工作让总部去做，而把执行的工作往下放。总部要做大、做强、做优，区域公司要做一些专业化和协调性工作，业务一线的"两个轮子"（销售大区+生产工厂）要做实事。即总部做强，区域公司做桥梁，"两个轮子"做实战。这样才能为决战高端和质量发展提供支撑。因此，我们也期待"总"与"分"的转变在未来能够有更大的成效。

反观我们现在的架构，就比较官僚化。从CEO到基层业务员，中间有很多层级，每个层级的人很多时候都在重复地做同一件事。其实，我们做的事最终都要体现在业务员身上，体现在我们的经销商身上，体现在我们的终端店里，体现在我们的每道工序、每个普通员工身上。

那么这么多层级都在干什么呢？我们给业务员的支持力度有多大？我们目前的组织架构其实并不适应未来的发展。

三是人员淘汰机制。

对员工的能力和贡献要分"三六九等"，绩效和业绩要分A、B、C、D等级。我们要根据员工的能力水平和业绩表现做好人才盘点，建立人员淘汰机制，尤其是建立高层淘汰机制。如何淘汰工厂和销售系统的冗余人员，以及跟不上华润雪花啤酒发展步伐的人员，都需要人力资源系统出台相关制度。

公司高层管理人员也要"流动"起来，高层管理人员也需要缩编，这需要淘汰机制做保障。组织再造后，要进行人员选拔，但有那么多高层管理人员占着位子，年轻人就没有发展机会，因此需要淘汰机制先行。

未来，我们要在高层管理人员中推行轮岗制、聘任制，相关的规范、指引、制度也要做好配套。我们希望每个人都能在组织里做贡献，不愿意做贡献的人，组织不需要；愿意做贡献直到退休的，组织要给予关怀，我们对老干部的关怀政策也会进一步完善。

15.3.3　评价

公司要发展，就一定要把战略搞清楚，更要建立基于战略、重点业务、重点工作、重点举措的考评体系，这是我们未来组织和人员评价的核心基础。要真正地把评价结果做实、做严，要秉承公平、公正、公开的评价原则。

评价的结果要公开，我们可以以年会、表彰会、总结会等形式公开评价结果，同时形成相应的工作指引。我们未来要通过这些形式表彰优秀的区域总经理、优秀的营销中心总经理等优秀员工，让做得好的员工有荣誉感。同时，我们要加强宣传和推广，形成榜样的力量。我们在评价的公开性方面要想想办法，对评价结果的应用要有更严格的规定和规范。

15.3.4　素质和能力

学习是啤酒行业和企业特别需要的，我们要建立华润雪花啤酒学习的体系、机制、平台，并营造良好的学习氛围，一把手要带头学习。我们要建立线上与线下相结合的学习平台，线上进行启发式、分享式学习，线下进行实践和经验分享。

我希望我们这家公司到处都在培训、分享、交流，把公司变成学习交流的平台。如果员工去外地参加培训的费用较高，我们可以将讲师请到公司来讲课，让更多人参加。

我们要把公司打造成处处在学习、时时在学习的学习型组织，只有这样，团队才会有活力、有希望，员工在这样的组织中才会有所得、有所获、有所提高。我们要让学习变成一件快乐的事。

我们要建设好华润雪花啤酒学习与创新中心，建立高中基层的培训机制、学习体系和课程体系；加大岗位学习、专业学习的督导力度，让高中基层员工在组织中得到能力的提升；开设开拓式思维课程，促进员工对知识的学习，尤其是对前瞻性、未来性、世界性课程的学习、交流、分享，以使我们的组织走在时代前列。

我们要列好经理人的学习清单，指导他们学什么、怎么学。我们的学习要秉承"从业务中来，到业务中去"的理念，聚焦重大战略、重大举措。

15.3.5 企业文化

我们要提炼华润雪花啤酒的优秀企业文化，总结并宣传与企业文化相关的故事及案例，评选企业文化的代表人物和榜样，建立华润雪花啤酒企业文化管理体系，要有指引、有落地、有考核，使业务和考核体系变成企业文化的一部分。

"每一个人都不简单，每一瓶酒才放光彩"，这一企业文化伴随着公司一路的发展。我们的企业文化要与战略目标、举措、"雪花之路"形成统一体。待企业文化体系梳理好之后，用一份PPT就能明确展示企业文化是什么、企业文化与战略目标的关系是怎么样的。

从现状来看，有些部门连公司介绍都写不好，内容也不成体系，与华润雪花啤酒的行业地位极不相称。

因此，我们需要将企业文化提炼出来，整个组织要打造和凝聚向上的力量，因为向上、阳光是组织最需要的。四川区域公司就曾提出"我们的队伍向太阳"的口号，很有感染力，充分体现了向上的企业文化。企业文化建设要有思想，就像每场会议都要有主旨、每篇文章都要有主题、每个宣传栏都要有亮点一样。

我们要围绕"每一个人都不简单，每一瓶酒才放光彩"这一企业文化，使企业文化体系具备积极向上的力量。同时，我们要列出企业文化的负面清单，要明确什么样的文化是我们不要的，如"小团伙"。包括同学团伙、上下级团伙、老乡团伙等。在公司中更不能搞江湖义气，不能搞利益输送，这些都是绝对不能碰的高压线。

我们一直强调企业文化的重要性，企业文化重塑项目这两年也取得了一些成果，打下了坚实的基础。企业文化体系开始逐渐落地，但只有完全落地才能让企业文化真正开花结果。如果说企业文化重塑前期的工作是一棵棵禾苗的话，那么后面的工作就是一片田园。

华润雪花啤酒的企业文化到底有没有强大的力量来支持华润雪花啤酒的发展，就看今后3~5年的落地情况。员工接不接受企业文化？企业文化能不能增强全体员工的文化凝聚力、向心力、认同感？能不能把企业文化转化成业务力量、业务技能、业务动力，转化成我们这家公司强大的精神？我想这是我们在未来3~5年需要思考与落地的。为此，关于文化建设，我再提出几个切入点。

1. 人

华润雪花啤酒的企业文化是"每一个人都不简单，每一瓶酒才放光彩"，其中很重要的一个内涵是"尊重人"，充分看到人的价值，提供能让人发展的平台。如果企业文化在这些方面无法更多地落地和支持，没有给人以尊重，没给人提供发展的舞台，没有给人关心和温暖，那么，企业文化何以落地？比如我们举办的"我们的队伍向太阳"企业文化故事大赛，效果就不错，那是因为文化跟人在一起了，强调了员工的价值。

我们还要关心人和团队、组织的关系。人和团队、组织的关系很重要，在团队和组织中，要让员工得到关怀、关心、帮助、支持，而不是让员工身处一个到处耍官威、很冷漠、没有激情与斗志的团队中。人是"从众"的，一人为人，二人为从，三人为众，所以要正确地处理人与团队、组织的关系。

此外，要正确地处理人和岗位、专业、公司的关系。人是在岗位上工作的，我希望人在岗位上有专业，在专业上有贡献，在贡献上为自己和公司创造更多价值。

2. 人和环境的关系

这里提到的"环境"是指员工的办公环境、福利待遇等。华润雪花啤酒改变了过去办公环境很差、办公家具陈旧的情况，办公环境有了很大的改善，员工的满意度也有了很大的提升。我特别重视人在一个环境中的感觉，未来我们要在改善人与环境关系方面做出进一步努力。

3. 机制

这里提到的"机制"是指管理机制要公平，一切都能够放在阳光下。

前面谈到了"我们的队伍向太阳",这句话讲的就是每个人都向往"阳光"。职位的升与降、人的走与留、工资的多与少,一切都在阳光下,没有黑幕。

每个人都渴望阳光的文化,这就需要我们更加注重公平机制的建立和完善。其实,华润雪花啤酒在过往长期的发展中一直存在很多管理恶习。有些管理者订机票找秘书,写文件靠秘书打字,我认为这些人不仅是不合格的管理者,连合格的员工都称不上。

文化是什么?文化就是我们的价值观。物以类聚、人以群分,文化决定了我们选择什么人、不选择什么人,文化决定了我们和谁在一起、不和谁在一起。

15.3.6 服务

一是要建立专业的人力资源服务体系。

其实,涉及员工切身利益的工作都在人力资源部,人力资源服务因此显得尤为重要。直属领导怎么样、人力资源服务体系有无保障、公司文化氛围和工作环境如何、公司的发展怎么样等,都是员工关注的问题。

人力资源系统要做员工利益的保卫者、员工支持的提供者。工资福利发放、员工入/离职、员工档案管理、"五险一金"缴纳等都是与员工利益息息相关的工作,人力资源系统要建立专业化的服务体系、标准化的工作指引。

华润雪花啤酒的人力资源服务体系已经逐步完善,但体系的完整性、规范性、先进性和统一性都还有改善的空间。我希望人力资源服务体系完善后,能带动其他业务系统的体系逐渐完善。

这样一来，华润雪花啤酒整体的管理体系就能得到规范与加强。我们要把"17只老虎"（17家区域公司）变成一只"大老虎"，我认为人力资源服务体系完善的意义便在于此。

第一，共享。

没有共享就无法解决当前华润雪花啤酒内部存在的很多根本性问题。当然，共享不仅是人力资源的共享，还包括财务共享、信息共享等。共享能使华润雪花啤酒员工的能力得到全面的提升，这一点非常重要。

第二，转型。

当前华润雪花啤酒各个业务系统都在转型，人力资源系统和财务系统目前都在各自推进转型升级，我相信这会给营销中心、营运中心、生产中心提供动力，从而推动各个业务系统全面实现转型升级，进一步带动华润雪花啤酒的质量发展。

二是要建立强大的行政服务体系。

首先，办公环境、办公家具、办公用品等对公司发展的影响是间接的，但影响力是很大的。我们的办公环境要好，要定期对其进行维护，要使用现代化办工家具，而非"土豪式"家具，华润雪花啤酒的视觉识别系统要清晰，要充分彰显公司的实力，要让员工感觉舒适。

其次，我们要建立标准化的会议服务保障体系，要制定规范的会议管理制度，明确各级会议的流程和标准，如会议现场座牌的统一、视频会议流程的规范等，要逐步提升我们行政服务的标准化水平与满意度。

（本章源自2017年9月28日在华润雪花2017年人力行政系统会议上的讲话）

| 第 16 章 |

"三个驱动轮"：
组织能力推动业务高质量发展

中国进入新时代，华润雪花啤酒迈进新征程。在 2017 年，华润雪花啤酒下定决心推动一些过去一直说却没有做的事、一直想做却不敢做的事和已经做了却做不动的事。这是新的管理班子的使命所在和职责担当，要有责任、有担当地推动公司的变革——变革和转折是华润雪花啤酒的重要主题。

因此，我们提出了 3 个管理主题：业务增长、转型升级、创新发展。华润雪花啤酒就此翻开了变革的新篇章。在这场变革中，华润雪花啤酒的每个人、每个组织、每个分公司都需要承担重要使命，一起经历华润雪花啤酒未来 3~5 年的巨大转变。

在华润雪花啤酒工作期间，我一直在思考一个问题：为什么华润雪花啤酒很多区域的很多市场，会因为领导者的变化而产生重要的变化，而有些市场，即使领导者发生了变化，也没随之变化？为什么华润雪花啤酒有些地方做得很好，有些地方做得不好？为什么很多高层管理者很努力，但是组织绩效并不很好？

我们过去通常会讲，是竞争的原因，对手很强大，我们已经很努力了，等等。华润雪花啤酒过去有个很不好的传统，那就是喜欢讲故事，讲了一年又一年，就是没啥业绩。

其实，我并不认为我们应该有那么多故事可讲、那么多原因可说、那么多托词和借口可言。全国哪个地方不是市场很复杂、竞争对手很强？那为什么有的地方业绩很好，有的地方业绩却不好？好的业绩又是怎么来的？

我发现了一个重要的问题，就是在组织中，不同区域之间的差异太大。

很多业务中出现的一些问题，经常是常识性错误，而这些错误是完全可以避免的。

另外，我们的业务单元之间没有交流，没有分享，更无法群策群力。我们的业务发展靠的不是一个"大组织"，而是更多地依靠领导者的个人能力、个体经验和眼界——这是非常危险的！我们应该发挥团队中每个成员的个人力量，但我们更应该依靠组织的力量，即组织强才是真正的强。

因此，我提出要加强"三个驱动轮"建设，"三个驱动轮"实际上是在提出建设"三三二二"队伍的基础上，更加突出"三轮驱动"。华润雪花啤酒的业务要想做好，"三三二二"队伍能力建设无比重要。

第一个"三"是"三级一把手"。"三级一把手"指的是区域公司总经理、省级市场营销中心总经理和地级市场销售大区总经理。如果"三级一把手"不强，队伍不可能强，业务也不可能强，组织能力更不可能强。

一将无能，累死三军。如果"三级一把手"弱，士兵再会打仗、市场再好，都拿不下来。目前，华润雪花啤酒各个单位的"三级一把手"队伍差异依然非常大，能力上也参差不齐，更重要的是这些"三级一把手"没有将每个人的智慧和能力凝结成集体的智慧和能力。未来，希望能够整体提升"三级一把手"队伍的水平。

第二个"三"是"三个驱动轮"。只有"三级一把手"强是远远不够的。如果华润雪花啤酒是初创型或发展型企业，或者处于行业整合和竞争的初期，有很强的"三级一把手"，还是能够杀出一条血路、夺取阵地的。但是现在的行业竞争环境不是这样的，个人英雄主义重要，但是未必能成事。

"三个驱动轮"中的"三"指的是销售管理、销售财务和营运管理，这个"三"是推动华润雪花啤酒整体业务的驱动轮。"三个驱动轮"不是辅助支持的部门，不是只做PPT的部门，也不是只会收集数据和通报结果的部门，而是重要的业务管理部门。

首先，"三个驱动轮"的能力要强。

华润雪花啤酒的业务能力就体现在我们的"三个驱动轮"上。如果"三个驱动轮"中的每个人都强，那组织一定强。

我历来推崇个人能力。我在多个场合的多次讲话当中，都强调希望华润雪花啤酒的每个人都能成为行业中的顶尖人才；我鼓励大家提出真知灼见，我希望华润雪花啤酒每个人都是很牛、很厉害的，都可以去做论坛、做讲演、做专家。

但是，相比推崇个人能力，我更强调组织能力。"三个驱动轮"的整体能力，就是我们销售业务组织能力的突出体现。"三个驱动轮"发展不平衡、作用发挥不充分、推动执行力不足，组织的导向就不清晰，战略推动落地效果就差。

我们曾经做过一个关于战略执行的测评项目，参与测评的干部们平均分才3.9分，这是很可怕的，因为公司所有的业务战略主要靠他们去实现"三个驱动轮"的落地。

当然这个3.9分可能有一些原因。例如，可能我们过去的战略没那么清晰，或者制定的战略落地可行性差，这是有可能的。但是，在华润雪花啤酒，"三个驱动轮"队伍应该是在业务战略方面最厉害的，应该是最懂得怎么推动业务战略的。

其次，"三个驱动轮"系统管理不规范、不完整、不全面、千差万别，是困扰华润雪花啤酒发展的重要问题。

"三个驱动轮"培养项目的首要任务，是先搞清楚"三个驱动轮"该管什么。我希望大家把各项职责都分条列点，总结出自己一共有几项工作，将每项工作划分为N个模块，每个模块都有各自的工作方法、标准和管理方式。

我希望一年之后，"三个驱动轮"可以各出一本书，这3本书应该是17个区域公司、30多个营销中心经验的结晶，是集华润雪花啤酒业务经验之大成，代表华润雪花啤酒的最高水平，成为"三个驱动轮"组织能力核心的宝典，贯彻在业务当中。

后面两个"二",第一个"二"是指"两个助推器":销售市场和销售人力资源。说它们是助推器,意思是有了它们,公司能飞得更高一点,但只有它们还飞不起来,必须有"三个驱动轮"驱动才能飞起来。如果说"三个驱动轮"的作用是驱动公司飞起来,那么"两个助推器"的作用就是锦上添花,让公司飞得更快更高。

第二个"二"是指营销的"两支队伍":华润雪花啤酒业务队伍和经销商队伍。

"三三二二"队伍是我经过长期的考虑提出的,希望通过几年时间,解决业务方面的根本性组织能力问题。其中,培养"三个驱动轮"的组织能力,是"三三二二"队伍能力提升的基础。

"三个驱动轮"建设好了,解决了销售能力的问题,保证了华润雪花啤酒组织的基本能力,才能有时间腾出手去发展第一个"三"和后面两个"二"。

16.1　培养和发展高素质人才是首要任务

要做好"三个驱动轮"组织能力提升的工作,关键是培养和发展高素质人才。这是打造"三个驱动轮"首要的、核心的第一任务。

个人强,组织才能强;组织强,个人必须强。这可不是车轱辘话。一个超强的组织,员工能力却很弱,这可能吗?不可能。因此,要提升"三个驱动轮"组织能力,就要先把"三个驱动轮"中每个人的能力都提升上来。人是最根本的。

通过多年的观察,我觉得"三个驱动轮"队伍还是有不少问题。

第一个也是最主要的一个问题是，缺乏经验，缺乏能力的提升。

"三个驱动轮"的干部必须是业务出身、实战出身。"三个驱动轮"队伍组建以后，我们发现一个问题：缺乏合适的干部。很多人都是刚刚上任，新手很多，能力参差不齐，至少在"三个驱动轮"的专业能力上不都是很强的。

第二个问题是，我们没有形成完整的梯队和完整的人才计划。

现在，很多营销中心的"三个驱动轮"队伍都找了很多新手，找了很多做 Excel 表格强的、做 PPT 强的人，还找了很多从前没干过营销的人，没有形成"三个驱动轮"的人才构架和培养规划。

在组建"三个驱动轮"队伍的过程中，我多次强调：要选最好的、最强的人。为什么呢？原因很简单，外面的部队有很多支，多支部队同时作战，即使有一支部队打了败仗也不妨碍其他的部队打胜仗。但是如果"三个驱动轮"这支队伍打了败仗，外面的所有部队都会打败仗。

第三个问题是，有了人，有了枪，但角色定位不明确、职责不清晰。

"三个驱动轮"的人除了"忙"之外，还处于"茫"的状态。一是忙得要命，天天加班；二是不知道做什么，不知道往何处走。根本原因是角色没有定好位，职责没有捋清楚。

在我看来，"三个驱动轮"是军政运作的核心和中枢。所以，如果"三个驱动轮"成了一个助手、一个提包的、一个做记录的、一个读写文件的、一个录数据的、一个发通知的，那是不行的。

业务战略落地，应该是在一把手的领导下，由"三个驱动轮"来统筹发号施令，由"三个驱动轮"形成方案、形成制度、形成项目、形成方法、形成模式。

一个营销中心，东一榔头，西一棒子，晕头转向地忙一年，到最后自己都不知道干了哪些重大的项目，那怎么行呢？管理一个队伍，计划一个年度要干什么事，一定要先有框架性结构：队伍往哪里走，怎么走，有哪几个重大突破口。如果大家天天像个战士一样，这里捅一下，那里来一刀，就意味着"三个驱动轮"的角色任务执行不到位。

同时，"三个驱动轮"应该是销售大区的伙伴，既不应该是一个求销售大区办事的部门，也不应该是让销售大区求着批政策的部门。

"三个驱动轮"应该是业务的管理者、监督者、推动者和评价者，既是管理者，也是服务者，是业务的核心，是华润雪花啤酒这支部队的参谋官、财务官和营运官。

"三个驱动轮"现在的情况是队伍缺少人、没经验、业务做得不到位，这是亟待解决的问题，也是"三个驱动轮"的关键问题。

16.2 锻造组织能力才是胜利之本

华润雪花啤酒过去的业务管理有两个误区。

第一个误区是靠人。这个人不行了，换个人吧。不去换思路、换方法，靠换个人就行了？如果没这个人该怎么办？这绝对有问题，人很重要，但不能全靠人。

第二个误区是靠经验。"广东有啥好经验，山东有啥好方法，要不你们也试一下。"过去我们经常是这样管理全国市场的，这也是一个误区。

经验很重要，但经验一定要转化成组织的能力才有用。我过去在贵州的时候提过这样的观点：个人的经验和能力要变成团队的经验和能力，团队的经验和能力要变成公司的经验和能力，公司的经验和能力要变成公司对内管理和对外竞争的模式。

由于我们过去有这两个误区，所以华润雪花啤酒很怕员工走，很怕员工跟别人交流，很怕他们把我们的经验"泄露"出去。我们走路不敢快走，出门不敢见人，见人不敢大声说话。因为我们唯恐我们的人跑到对手那里去，唯恐我们的方法让别人偷去。我 2017 年在很多场合都讲过，所有的一把手、所有的管理者都要关注自己的团队和组织能力的建设，要发挥组织的力量。

2017 年我们做了很多大事，都是靠组织的力量做成的，这些做事的人是从外面请来的吗？不是。人还是那些人，他们原来都很尽力，也都很强。但是既然还是这些人，那为什么以前做不了这些事，现在就能做得了呢？因为组织的能力发生了变化。所以，靠人不行，靠经验也不行。

除了上述两个误区，还有两个偏差。

第一个偏差是靠领导。靠领导是我们过去一个重要的工作方式：基层员工找经理，经理找大区经理，大区经理找营销总经理，营销总经理找区域总经理，区域总经理找总部……靠领导这个逻辑是不行的。

领导是很重要，但不能凡事都靠领导，领导也是人，也是有局限性的。华润雪花啤酒的发展不应该靠某位领导，更不应该靠我，而要靠一个强大的团队和组织能力。

第二个偏差是靠销售大区。一个销售大区做好了就意气风发，做不好就灰溜溜的。我们有没有反思过：有多少人帮过销售大区？有多少人给销售大区做过参谋？有多少人帮他们管控？我们很多销售大区处于"游击队"的状态。

我们需要反思，当销售大区业务出现问题的时候，"三个驱动轮"有没有研究问题？有没有开专题会议去解决？

对于做得好的销售大区，有没有总结他们的经验变成所有人的经验？对于做得不好的销售大区，有没有集思广益去诊断原因？其他销售大区有没有一块去帮做得不好的销售大区把工作做好？这些工作才能体现组织的能力。我们之前过于依靠销售大区，导致销售大区做好了也不总结形成组织经验，做不好也不能吸取教训。

这两个误区和两个偏差告诉我们，锻造组织能力才是胜利之本。只有建立强大的组织能力，才能解决个人能力参差不齐的问题。我们要强调个人的经验和能力向组织的经验和能力转化，这是在"三个驱动轮"人才培养过程中打造组织能力的重要途径。

所以，"三个驱动轮"的每一个人都要尽可能多地分享你的个人能力和经验，要把一个人的能力转化成150个人的能力，再把150个人的能力转化成全国营销中心这几十个部门的能力，这才是最重要的。

组织能力如此重要，总而言之一句话：没有强大的组织能力，我们就没有更美好的未来。

那么，什么是组织能力？

首先，有良好的组织架构和明确的职责，这是组织能力的第一个要素，要有组织、有任务、有人。

其次，有管理方法、运作机制、推动模式、业务标准。这一系列规范的形成和不断完善，是组织具备一定能力的第二个要素。建立"三个驱动轮"管理业务的机制和推动业务发展的模式，形成重大项目的运作机制，制定业务管理、监控、评价、审批的流程和标准，是组织能力的第二个要素。

再次，有蓬勃的团队士气、昂扬的斗志。我们要建立一支队伍，大家拥有同样的梦想和追求，这样的团队精神是组织能力的第三个要素。我们要的是一支士气高涨的队伍，也是一支开放、包容、学习的队伍。

以前我们不开会，团队之间很少交流，很少互相学习。其实，交流和学习非常重要，这是一种组织能力。大家在会上共商大计、坦诚相待，这是华润雪花啤酒团队重要的竞争能力。所以，"在一起"很重要，华润雪花啤酒这样的大公司必须强调这一点。

最后，有创新力、挑战力、再生能力。创新挑战、优化效率、不断地积累经验，是我们组织能力最好的体现。我们不断地挑战，一年做完了，下一年还要挑战自己。以新的方式求变，以新的设想尝试，以新的经验分享，组织就会形成再生的能力，组织会越来越强大。

最近我在看综艺节目《演员的诞生》，知道了一个词叫"飙戏"。人，遇强则强，遇弱则弱，就像演员飙戏一样。我在北京时经常去看话剧，舞台上，话剧演员之间的碰撞、演技的爆发非常强烈。我感受到，话剧演员的每次演出都不一样，会随着对手的变化而变化，这就是飙戏。

我们的组织也应该有这样的东西，要有办法唤醒大家的斗志，开启大家的智慧，碰撞大家的思想。"三个驱动轮"每个班都有几十名成员，也要像飙戏一样，不断地改变、创造、挑战和学习。这是让组织再生的力量，是一种自我觉醒、自我提高的力量，是组织能力最难做到的、最强大的力量。

我觉得组织能力的 4 个要素都很重要：要有人，有机制，有士气，还要能再生，这样的组织才是一个好的组织，才能打胜仗。

锻造组织能力，上述 4 个要素缺一不可、相辅相成，只有这样才能形成强大的组织。

（本章源自 2018 年 1 月 5 日在华润雪花"三个驱动轮"首期培训会议上的讲话）

| 第 17 章 |

提升团队销售能力的"侯八条"

销售能力是从市场销售发展的角度,对销售工作各个方面的整体操作水平进行评估,并同竞争对手进行比较,最终确定的销售方面的综合技能。而销售能力指引是根据当前市场状况和实际操作的基础资料做出的销售能力的回顾分析,并对存在的问题和障碍进行研究,确定销售发展的基本方向和行动计划,以指导销售能力的全面提升。

"侯八条"是大家通俗的叫法,实际上是指评价销售水平的8个能力因素,销售工作的基本能力应该主要包括以下8个能力因素:促销、生动化、配送能力、渠道发展、销售管理执行、分销模式、销售队伍和销售组织。这就是"侯八条"。

从总体上讲,华润雪花啤酒的销售能力经过过去几年的整合和改进,已经处于行业的较高水平,至少不输于国内一些大的啤酒集团。但对比国内一些具有"洋"背景的消费品公司或啤酒公司，在销售能力的提升和研究上还存在一些差距。

"侯八条"为华润雪花啤酒提供了一个销售管理改进的思路，也可以作为销售管理提升的一个模型。它把过去华润雪花啤酒说得比较多的销售系统方面的种种问题，用一个比较容易理解的说法加以概括。

销售能力指引是一项长期的工作，不是搞突击，也不是搞形式，而是要通过华润雪花啤酒的5年战略规划踏踏实实地实现。华润雪花啤酒的目标实际上就是一句话："通过全面提升销售能力，实施华润雪花啤酒销售能力的战略转变，力争在销售管理水平上超过竞争对手，最终实现华润雪花啤酒的战略目标。"

做任何事情的首要因素一定是人，销售系统由于工作对象比较复杂，大多是户外工作，管理难度大，又是产品交付的最后环节，是消费者感受企业、产品或品牌的最重要的一环，销售人员的素质就显得更加重要。

合格的销售人员应具备的基本素质可以概括为"职业化+知识化"，包括下面几个方面。

1. 良好的职业精神：敬业、务实、勤奋、进取，喜欢迎接市场挑战。
2. 良好的协商作战的团队精神：避免个人英雄主义。
3. 良好的学习能力：具备丰富的产品、行业、营销、管理、服务等方面的知识。
4. 快速反应市场现状的能力。
5. 良好的职业道德和生活作风。
6. 自我审视能力。

销售人员应该成为产品服务的工程师、客户经营的管理顾问、市场秩序和营销网络的管理者。因此，销售人员应该具备以下几个特质：充满自信、强烈的事业心、永不言败、竞争意识、思虑周全、超强的领导欲、多谋善断、知人善任、表达流畅和不断创新。同时，销售人员应当具备良好的职业道德素质。

以上这些引用的大多是书本上的理论，我总结一下，实际上主要有5条。

1. 吃苦耐劳。

2. 不服输、不怕输。

3. 敢于挑战，敢于挑战市场，敢于挑战困难，甚至敢于挑战权威（包括上级）。

4. 勇于创新、善于学习。

5. 有激情、想发展、不断进取。

当然，销售队伍也有两个管理尺度。

（1）年轻化。特别是一线销售队伍一定不要老龄化，这跟我们卖的产品有关系。20～30岁最好，可以天天跑店，超过一定年龄的要注意，不是水平问题，主要是体力跟不上。

（2）淘汰制。要建立淘汰机制，保持队伍中有新鲜的血液。一线销售工作做久了，生理和心理上的疲惫感都会很强烈，必须进行淘汰，为队伍输入新的力量。

对于分销模式，我的理解是，分销模式是企业生产出产品后，产品从渠道各个环节到达消费者手中的整个过程中的流通方式、管理方式。它比传统的渠道模式更丰富、更完整。抓住销售能力中最重要的分销模式，就可以带动销售能力的整体提升。分销模式的不同决定了销售组织、销售队伍、销售管理方式和业务执行的不同，不同分销模式的要求也不一样。例如，过去华润雪花啤酒的模式是传统批发商管理，那队伍就不会很大，管理内容集中在批发这个环节，走访比较随意。因此，销售能力中最核心的内容还是分销模式。

深度分销的指导思想是基于对绩效考核体系、销售培训机制、分销模式图、分销环节流程设计、销售队伍设置、销售业务管理方式、模式改革的驾驭和设计及销售管理工具这八方面的研究。这也是我们华润雪花啤酒自己创造出来的一个指导思想，主要是想解决这样一个问题，那就是谈到深度分销，大家的理解都有偏差，实际上对深度分销到底是什么还是没有搞清楚。我们结合八方面，根据过去的销售经验创建了这样一个模型，叫"八爪鱼"（见图17-1），实际上是指八个模块，也是"侯八条"的另一种说法，就是想把深度分销诠释清楚。

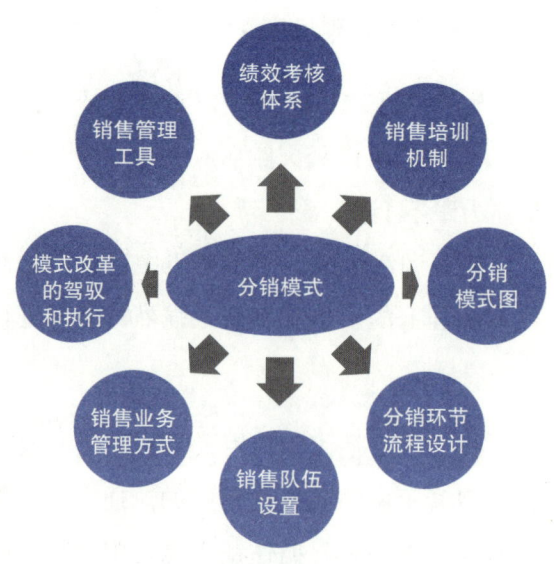

图 17-1　分销模式管理工具：八爪鱼

实际上这个模型不是只用来诠释深度分销的，它是一个分销模式管理工具，是一个适合华润雪花啤酒分销模式发展的管理工具，对其他分销模式同样适用。

未来分销模式的发展趋势可以概括为：面向终端管理、减少中间渠道环节、强化整体网络控制和规范化的销售管理。

这种发展趋势会对企业产生比较大的影响，对华润雪花啤酒的意义是比较大的。首先，我们无法回避竞争对手的存在和目前消费品行业的模仿效应，这迫使我们必须面对这种变化，即所谓的"敌不变我变，敌变我快变"。其次，它对我们的变革意识和创新能力提出了挑战，因为分销模式的变化会导致风险，这就考验我们能不能认识到变化，如何平稳地变化，同时规避风险，这些都需要创新。最后，随着竞争的日益残酷，分销模式的变化会给我们带来投入上的压力，如何投入，如何争取最大的回报是关键。

在未来，我觉得华润雪花啤酒的分销模式的发展要遵循四个原则：一是尊重现有模式，它是我们成功的基础，也是我们经验的基础，不能乱否定；二是根据区域的现实状况去发展，千万别搞统一模式，这不现实，也不会成功；三是发展多种模式，别在一种模式上拴死，更不要生搬硬套外界的模式；四是注重经验的积累和交流，我们在这方面有许多优势。

华润雪花啤酒将遵循这样的发展程序：现有分销模式检讨→确立分销模式→制定标准规范→试点执行。一步步来，不能眉毛胡子一把抓。

| 第 18 章 |

我命由我不由天

18.1 "两个风火轮"的由来

2019年爆火的电影《哪吒之魔童降世》,令我的感触比较深。很久以来,我一直在思考:在决战高端的战略确定之后,我们的组织和能力如何提升呢? 2019年走访几个营销中心时,我也在想:要不要对高端夜场队伍和高端餐饮队伍进行培训?

华润雪花啤酒的业务队伍有很多好的经验值得挖掘,也落地了一些高端产品,创造了新的经验和方法。所以应该有一个学习交流平台,让大家一起思考、一起总结、一起创造、一起实践、一起成功,所以就有了启动共同学习项目的念头和决心,但项目的名字我一直没想好。

有一天晚上我去看《哪吒之魔童降世》这部电影,看完感觉哪吒身上有一种精神:不屈服于命运,不屈服于身边的人给他的先天设计,也不屈服于对手给他下的定义，他要自己决定自己的命运。"我命由我不由天"这句话准确地体现了这种精神。

同时，我对哪吒的两件法宝非常感兴趣，第一件是太乙真人给他的"两个风火轮"。在我们从小到大的记忆中，"风火轮"给了我们无穷的想象，小时候的我们也想有一对风火轮，能让我们走得更快、更远。第二件是"混天绫"。我们一直希望有"混天绫"一样的东西，能够让我们手执彩练当空舞，展现自己的风采。而我们决战高端的两支队伍，一支是高端销售队伍，另一支是渠道营销队伍，正好与哪吒身上的这两件宝物有很强的对照关系。

如果我们的高端销售队伍能够拥有"两个风火轮"，那么我们就能在高端业务道路上走得更稳、更好、更快，决战高端的目标就能更快地实现。

如果我们的渠道营销有像哪吒这样一条"混天绫"，能长能短、四处飞扬，我们的渠道营销活动就能随心而动、随心而变，而且非常美。

因此，在观影后回家的路上，我就给华润啤酒学习与创新中心发信息说要成立两个培训班，名字就叫"两个风火轮"和"混天绫"。而华润啤酒学习与创新中心把"两个风火轮"阐释得非常好，设计了"疾风""淬火""轮攻"3个非常有战斗精神的模块，非常适合参加培训的学员。

导师制是我后来提醒华润啤酒学习与创新中心设立的，过去的"三个驱动轮"和"三级一把手"项目都没有引入导师。但在"两个风火轮"培训班中我想引入导师，因为我觉得中层管理者在发展过程中身边非常需要有一个能与之交流分享，能指导他、帮助他的人。

导师能够从管理的经验、人生的经验和业务的实践中给大家一些指导。导师作为过来人，有很多心得和经历，能够给大家带来很大的帮助。所以我们想用这样的形式帮助参加培训的学员更好地学习、总结和创造。

18.2 "两个风火轮"的意义

"两个风火轮"的意义总结起来，其实就是3句话：培养高端销售人才，总结高端销售经验，建设高端销售能力。这3句话是我当时构思项目的初衷。之所以提出这3句话，是因为在决战高端的战略确定以后，有3件事困扰着我们。

第一件事，我们需要建立高端组织。没有组织的个人是单打独斗的，无法取得长久的胜利。华润雪花啤酒在过去的发展中并没有建立高端组织，现在也只成立了部分高端组织。

有组织才有位置，才能有公司为大家提供资源、发展平台、做事机制及未来提升的舞台。我们的高端销售组织经过一段时间的建设，目前已经初步形成。

第二件事，我们需要人才。有了组织之后就要考虑"人"的问题。关于"人"，我在"五点一线"方法论中多次明确指出：我们缺少有经验的高端销售人才。

目前，我们的高端销售人才还没有配备整齐，我们正在大力招聘和培养高端销售人才。而参加这2个培训班的学员未来就是我们人才队伍中一支重要的力量，是公司最重要的有生力量，也是高端决战战略的核心力量。

第三件事，我们需要能力。有了组织、有了人，还要思考组织和人有没有相应的能力，这个问题很重要。为什么外界说华润雪花啤酒做不了高端？是因为以前华润雪花啤酒的高档酒做得一般，做高端的时间不长，也没有很多让别人觉得做得很牛的地方，所以外界对我们的高端能力不太放心。

其实，我也觉得咱们做高端的能力一般。虽然过去很长一段时间我们都在做高端，但是做得不够好、不够快、不够高、成效不大、效率较低。从这个角度来讲，我们的高端能力是不够的，跟对手相比，差距很大。

当然，"我命由我不由天"，高端销售能力是可以通过组织和人的学习提升的，是能够通过我们的双手、双脚，通过我们的智慧，通过我们业务的具体推进，以及通过每场"战役"的发起、每场活动的展开、每个项目的落地、每个终端的抢占、每个客户的合作、每个产品的动销迅速弥补的。随着我们在高端市场上取得越来越大的成功、越来越多的胜利，我们的高端销售能力会逐渐变强，越来越强。

"两个风火轮"培训班的目的就是培养高端人才、总结高端销售经验，提升高端销售能力。这一目的是基于公司战略、目前的状况和对未来目标的设计确定的。

当然，我也希望培训班的学员通过学习，能够真正实现以下目标：总结一套高端销售的方法，做出一批高端份额较大的市场，培养一批高端人才。

其实，前面的"三级一把手""三个驱动轮"项目，也都秉承着同一个理念——"从业务中来，到业务中去"。这是华润雪花啤酒业务学习和实践的一大法宝。

希望学员来到这里，总结一套方法，然后将其带回业务实践，实践之后再带回学习项目中，最终形成群体智慧、群体经验。相信通过"两个风火轮"项目的学习，学员会对"从业务中来，到业务中去"这句话有更深刻的感触，也希望学员在培训结业以后经验有所提升，能力有所提高，视野有所开阔，决心变得更大，能够在未来3～5年实现决战高端的战略目标。

18.3 "两个风火轮"的角色

参加"两个风火轮"培训班的中层管理者在决战高端战略中承担了重要的角色，承担了重大的任务，也应该被赋予重要的使命。

从管理角度来讲，高端夜场和高端餐饮场所的中层管理者至少有以下几种身份。

第一，中层管理者是公司战略的落地者。战略要落地，靠谁落地呢？战略最终要落实到每个项目、每个业务、每片市场上，靠的是中层管理者。

我跟"三级一把手"的销售大区总经理说，他们就像解放战争中野战军的各个纵队，每个纵队都承担着总攻和副攻的任务，所以每个纵队的能力都要非常强。

那么，"两个风火轮"培训班的学员就是这个纵队中担负某一战场任务的团、营、连，决定了战争的进程和胜负，战略是在这些人的手里真正实现的。

第二，中层管理者是公司业务策略的执行者。从总部到区域公司，再到每个营销中心,有很多策略,中层管理者才是真正把这些策略落实到每项业务上的执行者。

没有战略就没有策略,但如果只有策略,没有中层管理者把策略转化为业务行动、重点工作、重点任务,这些策略就是纸上谈兵。想把纸上谈兵变成实际的"战场",想把一个个美好的愿景都实现,是要靠一线执行的,中层管理者才是真正的执行者。

第三,中层管理者也是重点业务的实践者。雪花啤酒现在的业务有很多,如"勇闯天涯superX"、"星银"上市、"制高点计划"等,这些业务都在中层管理者手里,中层管理者才是真正的业务实践者。

第四,中层管理者不仅承担了自己的任务,还要带领团队完成团队任务。中层管理者和一线员工天天在一起战斗、在一起生活。如果中层管理者能把小团队带好,把小团队领导好、建设好,就能把一个个小团队变成一个个"战斗队",就能塑造一支能打仗、能打胜仗的前线队伍。

第五,中层管理者也是华润雪花啤酒新时代企业文化的践行者。践行者的重要性在于:华润雪花啤酒的一线员工能从中层管理者身上看到企业文化。从这个角度来讲,中层管理者就是企业文化的第一道战线、第一个宣传员、第一台播种机。

第六,中层管理者还有一个角色:业务方法论的创造者。

华润雪花啤酒很多做业务的方法都来自一线,我们说"从业务中来,到业务中去"。这个业务是谁负责的?就是中层管理者,所以中层管理者才是方法论的创造者。例如,怎么去谈店、怎么把产品组合起来、怎么加强覆盖、怎么做陈列和地堆、怎么做动销等,都由中层管理者负责。

优秀的中层管理者是我们业务实践方法论的主要创作者，只有一线的管理者才能想出很多接地气的方法。因此，中层管理者要时刻在实践中找方法、找思路，只有找到方法和思路，才有希望，才能胜利。

18.4 "两个风火轮"的使命

在谈"两个风火轮"的使命之前，我们先看一下目前的形势是什么样的。

华润雪花啤酒2017年展开了新一轮变革，直到2020年才真正进入决战高端的元年。变革的第一个3年解决了华润雪花啤酒的重大历史问题，甩掉了沉重的包袱，积累了丰富的决战资源，具备了更多决战条件。如果没有第一个3年的艰辛努力，华润雪花啤酒就不可能在2020年发起总攻。

2020年决战高端战略实施之后，我们遇到了新冠疫情，原来整个决战高端的战略部署发生了重大的变化。公司的管理团队根据形势的发展提出"做行业的逆行者"，提出"下决心、出重手、强执行、铸明天"的总方针，坚持策略不变、投入不变、方向不变。

经过3个月的努力，华润雪花啤酒取得了非常重要的突破，并且在风险中寻找机会。通过开展疫情之后的"大会战"，我们用6个月的时间改变了决战高端的势能和动能，促进了华润雪花啤酒竞争动能和势能新一轮的形成与发展，走上了决战高端的康庄大道。而且2020年以来，我们前进的步伐比以前更快。

因此，对"两个风火轮"来说，应该抓住窗口期，真正实现高端夜场和高端餐饮场所的弯道超车，获取更多制高点，实现更高的高端销售份额。通过"饱和式攻击",即通过高度聚焦资源集约和科技赋能,在关键领域形成压倒性优势,促进华润雪花啤酒在餐饮场所和夜场高端势能的大幅提升,以获取压倒性优势,从而顺利地实现华润雪花啤酒决战高端的目标。这就是大家的使命。

在 2020 年的"大会战"中,我们要在高端上彻底实现翻转(包括销量翻转、份额翻转、主销产品翻转、价格细分市场翻转等)。总之,一定要把"翻转"两个字当作目标,只有这样,我们才能开展下一步工作。而"执行"则是我们的热词和关键词,也是当下的一个重要任务。

(本章源自 2020 年 5 月 18 日在"两个风火轮"人才培养项目开学典礼上的讲话)

| 第 19 章 |

谁持彩练当空舞

这篇文章是《我命由我不由天》的姊妹篇。主要针对的是"混天绫"培训班中的渠道营销中层骨干,主要把渠道营销是什么进行了更细致的阐述,为高端战略的渠道营销队伍建设和业务实践提供了基础性指导。

事实上,当我看到"混天绫"人才培养项目的学员构成后,深有感触。近3年华润雪花啤酒陆续启动了"决战高端"系列人才培养项目,"三级一把手"的学员主要是X世代("50后""60后");"两个风火轮"项目的学员中有很多来自Y世代("70后""80后""95前"),学员队伍类型是"X+Y";而"混天绫"项目中,X世代的学员完全没有,Z世代("95后")学员开始出现,学员队伍类型变成了"Y+Z"。至此,由"三级一把手""两个风火轮""一条混天绫"组成的"三二一"人才培养项目彰显了华润雪花高端人才梯队建设如长江后浪推前浪、滚滚向前不可挡的发展之势。

对于我们的渠道营销生力军，我有一句寄语："谁持彩练当空舞，唯有渠道营销人。"我用这个主题因为大家是真正给华润雪花啤酒的营销、品牌和产品抹上最浓重、最绚丽、最灵动的一笔的一批人。

19.1　决战高端在加速

2019年10月，我们齐聚华润学习与创新中心（雄安校区），召开了华润雪花啤酒战略研讨会。我发表了主题为"决战高端、质量发展"的讲话，完整阐述了华润雪花啤酒未来3年的战略，提出了"9+5"战略举措，正式拉开了我们决战高端的序幕，也开启了我们决战高端第二个阶段的征途（2017～2019年为第一阶段：布局；2020～2022年为第二阶段：决战；2023～2025年为第三阶段：决胜）。

通过过去3年的努力，我们获得了进一步决战高端的条件和资格，通过甩掉包袱、关闭工厂、减员增效、品牌建设、渠道改造、营运变革等一系列举措，华润雪花啤酒有了更大的能量、更多的资源、更强的动力来发起一场能够颠覆行业竞争格局，确立华润雪花啤酒未来发展历史方位的决战。因此，2020～2022年3年战略的确定，为华润雪花啤酒未来3年铸造新的辉煌描绘了蓝图：在高端市场上，大家通过持之以恒的努力，使华润雪花啤酒的高端酒销量翻一番、利润翻一番、市值翻一番，以实现华润雪花啤酒的第二次翻番，使华润雪花啤酒成为啤酒行业"两超多强"的头部企业和领军企业。这是我们的梦想。从前3年和后3年来看，前3年的目标已然实现，后3年的理想让我们更加激动。在后3年战略中，渠道营销是一支重要的力量，是我们决战高端的新增生力军，可以说是"责任重大，使命光荣"。

为什么说"决战高端在加速"呢？因为从2019年10月到2020年5月短短七八个月的落地推动时间（期间还有两三个月受到新冠疫情的影响）内，我们欣喜地看到华润雪花啤酒展露出了在决战高端上战略的正确性、执行的坚决性和业绩的领先性。通过半年的努力，"五点一线"快速落地，"4+4"快速发展，业务持续向好。就在我们所有的战役都已启动、所有力量均持续出击的时候，一场突如其来的疫情影响了华润雪花啤酒战略发展的劲头。但是，华润雪花啤酒全体将士不畏艰难，确定了"下决心、出重手、强执行、铸明天"的12字战略方针，坚持华润啤酒的4个自信——战略自信、品牌自信、团队自信、文化自信，坚持策略不变、投入不变、方向不变，成功实现弯道超车。疫情期间，华润雪花啤酒发动了持续3个月的全国"大会战"，成效令对手刮目相看。2020年1~4月全公司的利润增长在行业里是最好的，跑赢了其他所有啤酒企业。我们通过"饱和式攻击"驱动行业的动能向华润雪花啤酒集聚，使我们决战高端的战略势能发生质的变化，进一步确保华润雪花啤酒在2020年年底能够形成高端发展的增长性趋势，从而保证华润雪花啤酒在2021年的决战高端上能够形成压倒性优势。所以我们说"决战高端在加速"。

同时，我们也看到，"4+4"产品有了很好的销量，喜力"星银"出现了缺货，"雪花纯生""马尔斯绿"销售速度明显加快，"勇闯天涯superX""小蓝瓶"今年开启了小宇宙式的爆发……次高端以上产品都出现了迅猛的增长趋势，这种趋势对华润雪花啤酒来说是非常重要的。

众所周知，我们是决战高端赛道里的新人，我们真正的高端发力其实从2020年才开始，我们的对手要早十几年，且高端产品体量是我们的3倍之多。但是我们通过努力，在这么短的时间内就呈现出了如此良好的态势，特别是通过团队智慧，内部涌现出了大量的管理思维和方法指引，这在华润雪花啤酒的历史上是很少有的，这一切都表明华润雪花啤酒走在正确的大路上，摆脱了过去以主流酒和低价促销为特色的竞争老路，走上了高质量增长的康庄大道。

另外，我们也很快形成了华润雪花啤酒的大客户管理模式，开启了"铸剑行动"，在有质量增长的道路上获得了腾飞的"翅膀"。我们通过各个区域公司的实践，利用"从业务中来，到业务中去"这一大法宝，萃取了"五点一线"方法论，让华润雪花啤酒的队伍有了决战高端的能力，有了决战高端的着力点，有了打败对手的武器，有了打开高端市场大门的把手。因此，我们有了"决战高端在加速"的判断，这个加速来自全体华润雪花啤酒员工的努力，也来自各位渠道营销人的贡献，这些努力和贡献使华润雪花啤酒具备了再上一个台阶的能力和基础。

19.2　高端能力补短板

华润雪花啤酒高端业务起步比较晚、时间比较短、和对手差距比较大、能力比较弱。当我们需要构建高端销售能力时，我们发现外界也不知道"高端销售能力"究竟是什么。我们的对手说华润雪花啤酒没有高端销售能力，但是，当问他们什么是高端销售能力时，他们也不知道。这和华润雪花啤酒20年前遇到的问题一样，当时华润雪花啤酒打算做全国品牌，大家都说我们做不了全国品牌，不会做全国品牌，但是大家都不知道全国品牌究竟是什么。因此，这次我们必须搞清楚高端销售能力是什么。

我认为高端销售能力是一个综合能力，所谓综合能力是基于自我发展路径、历史经验、优劣势分析，通过学习、总结、创造、实践建立的一种能够让队伍和业务达到历史新高点所需要的主要能力。换言之，高端销售能力就是华润雪花啤酒实现高档酒销量翻倍所需要的核心能力。我将高端销售能力概括为以下几项。

第一项能力是好的品牌和产品。我把这项能力放在第一位，称之为"打仗靠勇敢，胜利靠武器"，只有"勇敢+武器"才会无往不胜。我们雪花人很努力、很能干，但是手持镰刀、长矛是战胜不了手持火枪的对手的。为此，我把品牌和产品当作高端销售能力的第一能力。过去3年，我们构建了"4+4"品牌群，使华润雪花啤酒有了决战高端的武器。

第二项能力是组织的能力和人的能力。光有人没有组织是打不了胜仗的；但如果个人能力很差，组织再好也只能打败仗。好的组织和强的个人加起来，才是我们需要的高端销售组织和高端销售人才。我们所在的团队，一个部门、一个销售大区、一个营销中心、一家区域公司，都是我们的组织。各级组织从上到下要有很好的文化氛围、很好的目标和团队精神、很好的培训和交流学习、很好的组织推动工具，这样才能成为一个好组织。

第三项能力是渠道。虽然我们一直重视渠道建设，但华润雪花啤酒过去的渠道较少、能力较弱、资源不够，所以我们提出要做大做强经销商，建立高端酒的大客户渠道模式。华润雪花啤酒必须有两支队伍作战，一支是业务队伍，另一支是渠道客户队伍，即经销商队伍。如果我们建强、建大了高档酒的渠道客户队伍，他们也会更有资源、更有实力、更有控制力，能够对制高点终端进行控制和管理。好比野战军作战，他们必须有很好的终端、很好的资源、很强大的资金，以及很强的操作能力、管理能力和物流配送能力，有强大的后方支持，才能打大胜仗。

第四项能力是制高点终端资源，就是我们在中国市场要拥有众多销售高端酒的场所。别人说华润雪花啤酒拥有的区域优势市场最多，这是我们的优势，但不是决战高端的重要优势。我们决战高端的重要优势是在中国市场拥有更多餐饮制高点、更多关键客户制高点、更多高端夜场制高点。我们想要的制高点能力是让更多食品街、排档街、美食街、酒吧区以销售雪花的啤酒品牌为主。如果连这都做不到，谈何高端能力呢？很多人说，华润雪花啤酒有四川、辽宁、安徽、贵州这么好的优势市场，未来的高端潜力很大，可以期待。但我不认为这是我们很强的优势，这是小优势，而不是大优势。我们的大优势是：不管是在雪花的强势地区还是在雪花的弱势地区，制高点卖的啤酒大多是雪花的，大多是雪花的高档酒，这才是高端的终端销售能力。

第五项能力是品牌建设能力，包括品牌的建立、业务的操作等，落脚点是我们的执行能力。我们要把消费者分群，吸引消费者，让消费者喜欢我们的品牌，爱上我们的品牌。电影《赎罪》中有句经典台词："……find you，love you，marry you……"这是男主人公对女主人公说的话。我把它献给渠道营销的同事，我们也要有这样的能力，通过不断努力，让我们的产品占据高端市场，让人们发现它，找到它，爱上它，"娶"了它。

知道了什么是高端销售能力，并不代表我们就拥有了这项能力。因此，我把高端销售能力概括为上述五项能力后，迅速推出了"五点一线"方法论。我认为"五点一线"是提升我们高端销售能力的方法论，是帮助我们打败对手的方法论，是让我们的高端产品销量翻番的方法论。因此，高端能力补短板，"五点一线"是关键。未来3年，华润雪花啤酒要实现"五点一线"强执行、高端能力大发展。

说到高端能力短板，"最短的板"是渠道营销，为什么呢？一是经验不够，我们虽然做过"勇闯天涯"的品牌活动，但是我们的活动促销色彩浓，而品牌性、体验性、价值感较差。当我们做渠道营销时，发现自己没有经验，连能做渠道营销的人才都很少，所以说我们的渠道营销能力是"最短的板"。二是"渠道营销"这个词我们刚提出来没多久，大家对渠道营销的认识、对方法的总结、对经验的萃取还比较少，相关实践案例也比较少。三是在我们的队伍中，销售部和市场部能干的女员工很多，但渠道营销队伍中的女员工不够。我们的队伍中要扩大优秀女员工的比例，这样才能使我们的渠道营销队伍强大起来。总体上，目前我们的渠道营销队伍还不够成熟，人才还不够卓越，"大家"还比较少。从这个角度来讲，渠道营销是"最短的板"。

19.3　渠道营销是什么

2019年我第一次提出"渠道营销"，当时很多人没有听过这个词，也不知道这个词的含义，更不知道这个词背后要做的工作，因为在华润雪花啤酒历史上就没有这个营销词语。其实，渠道营销在快消品行业由来已久，是一个很老的词，只不过对华润雪花啤酒队伍来说是一个非常新的词。后来经过讨论，大家逐渐把"渠道营销"当作一个重要的管理名词、一项重要的管理工作，"渠道营销"成为华润雪花啤酒的热词、关键词。通过实地的市场走访，我对渠道营销又有了一些理解，我们要建立华润雪花啤酒自己的渠道营销新定义。我们重新定义"渠道营销"的根本目的是明确渠道营销的工作、方向、内容，要在实际运用中赋予华润雪花啤酒对"渠道营销"的独到理解，而不是把其变成一具学术性词语。

1. 定义

我们可以从渠道营销的英文表述"trade marketing"来更好地理解它

的定义。"trade"既包含渠道客户，也包含终端，在这里我们把渠道客户放一边，仅将其定义为终端。那么，街、区、店就是华润雪花啤酒的"trade"，或者描述为"消费者喝酒的地方"。关于"marketing"，这个单词的含义很广泛，包括消费者、消费洞察、产品设计开发、品牌定位、形象策略、媒介分析购买、促销活动、公关活动等。那么"trade marketing"就是场所中的"marketing"，只要是街、区、店里的"marketing"就是"trade marketing"。市场部的"marketing"实际上是"trade 外"的"marketing"。界限很清楚，描述很简单，在店内做营销就是"trade marketing"，所以"trade 外"和"trade 内"是不同的。从这个角度理解"渠道营销"就相对容易了。渠道营销就是在店里做市场工作。好的高光陈列可以与消费者对话，好的品牌和产品会说话，好的渠道营销要让消费者眼前一亮，能为消费者提供体验式、沉浸式、交互式消费场景。

2. 内容

渠道营销的内容有很多，与传统的终端促销、推广有联系也有区别。例如，终端活动、消费者体验、辅助销售物料、高光陈列、在店内做广告、在线上做互动、在节日期间做推广、搞派对，这些都是渠道营销的内容。

3. 分类

我们要从以下几个维度对渠道营销进行分类并加以理解。

①根据工作内容分为一般性渠道营销和复杂性渠道营销。一般性的陈列需要渠道营销人员去做吗？我认为渠道营销人员只负责重要的陈列、复杂的陈列、设计性的陈列、创造性的陈列。对于一般性的陈列，渠道营销人员只负责设计和制作，让销售业务人员去执行就可以了。活动也是这

样,一般性活动交给销售人员去做,渠道营销要做体验式活动。

②根据适用性分为普适性渠道营销和针对性渠道营销,普适性渠道营销,让销售业务人员去做,能够覆盖80%的店就可以了,渠道营销人员只负责检查。而他们的重点工作在于做针对性渠道营销。值得注意的是,全国连锁店、著名的品牌特色餐厅、街区是需要渠道营销人员重点去做的。

③根据活动类型分为高级渠道营销、中级渠道营销和初级渠道营销。要在不同的店、不同的市场使用不同的套餐,套餐是解决差异和效率问题的最好方法。

④根据场所分为Top20、Top50等不同的场所。

⑤品牌上以主推品牌为主。我们现在做活动往往没有终端画像。例如,某家店明明适合主推"勇闯天涯superX",非要去做"马尔斯绿"或"匠心营造",那肯定是效果不好的,所以要比照终端画像让品牌活动落地。

⑥从管理上可划分为全国统一的、区域统一的,以及业务部门自己创造的。

⑦从主导权来说,有以我为主和以他为主之分。我们不要认为所有的渠道营销都是靠自己主导的,还有很多渠道营销是由别人主导的。他主导我跟随,他创造我制造,他搞他的活动我宣传我的品牌,别人主导的活动,我们要积极参与。共赢是渠道营销的重要理念,要创造双方共赢的机会。

4. 两个区分

渠道营销工作不只是渠道营销队伍要做的事情,销售队伍也有渠道营销工作,销售本来就有让"marketing"落地的职责,所以我们要正确地对待两个部门之间的关系。

一是渠道营销与市场部的区分。市场部负责品牌标识落地过程中的一系列规范的、大型的非店内活动，包括广义的消费者推广、户外媒体发布、产品组合、包装设计等工作。渠道营销专门负责店内陈列规范、割箱标准设计、店内的各种活动、店内的推广谈判、关键人员管理、店内广告，以及店招设计等工作。

二是渠道营销与销售业务部的区分。销售业务部负责经销商选择、终端拓展、产品组合、库存管理、销量目标制定、服务与售后等工作，店内的谈判也主要由销售业务部负责。同时，销售业务部还要负责一般性的陈列、一般性活动的落地、一般性辅助销售物料的发放和使用。

渠道营销要有"一个支持团队"和"两支队伍"。首先需要一个强大的外部支持团队，要有外部的执行公司、制作公司、设计公司，要有多个服务团队才能把渠道营销做好。渠道营销方案确定了，外部服务团队就可以马上去落地、去执行。其次需要管理好"两支队伍"，一是品牌形象大使队伍，二是制高点关键人队伍。让促销员成为品牌大使，让品牌大使成为高级品牌大使，让高级品牌大使成为制高点内的品牌"代言人"。还要建立一支与大家关系特别紧密的关键人队伍，队伍中的人可能是终端老板、店长、领班、优秀服务员等。

19.4　建设一支强大的渠道营销队伍

要建设一支强大的渠道营销队伍，首先，要建立渠道营销组织。现在各地都在建立组织，组织的样式各有不同，总部营销中心项目组也在整体研究，随后会统一渠道营销组织。

其次，要建立人才队伍。当务之急是招聘、培养渠道营销人员。同时，我们要把社会上一些优秀的人才挖过来，构建渠道营销的"四梁八柱"。

再次，要形成渠道营销的基本工作方法。对于某个活怎么干，要形成渠道营销的职责、流程、模式、机制等一整套体系化管理措施，要有一套便于执行的工作方法、业务开展方法、活动和项目开展方法。

最后，要形成无数个创造性的实践案例。创造性的实践案例就像后浪一样，奋勇向前、奔腾而来，溅起千万朵浪花。在这千万朵浪花中，没有任何两朵是一样的。要让渠道营销落地成花，像花一样展现出渠道营销的创造性实践、创造性案例、创造性活动，只有这样才能形成华润雪花啤酒独有的渠道营销能力。

渠道营销是店内消费者与品牌或产品亲密接触的关键一环，是消费者选择某个品牌的最后一关，是消费者爱上某个品牌的临门一脚。让啤酒成为主角，让消费者得到好的体验，成为我们的忠实消费者，是渠道营销的重要任务。

"谁持彩练当空舞，唯有渠道营销人。"希望上述讲解能够让大家真正地了解渠道营销，从事渠道营销，做好渠道营销，也希望大家能够喜欢渠道营销、爱上渠道营销。希望大家能够做渠道营销中最好的管理者，只有这样，渠道营销才能够在我们决战高端的发展中实现真正的"彩练当空舞"。

（本章源自 2020 年 5 月 25 日在"混天绫"人才培养项目开学典礼上的讲话）

04 我们的队伍向太阳

打造一支有文化的队伍

第20章

我们是一支有文化的队伍

　　我们是一支有文化的队伍，华润雪花啤酒是一家有着优秀企业文化的公司。为什么这么说呢？在华润雪花啤酒20多年的发展历史中，各家区域公司、各个管理组织、各个发展阶段都形成了很好的企业文化。企业文化是推动华润雪花啤酒在过去三四个战略阶段取得胜利的最重要的内部因素。

　　我过去经常思考：华润雪花啤酒到底有没有企业文化？有一部分人说有，也有一部分人说没有。

　　说华润雪花啤酒有企业文化，是因为我们真正形成了一些文化，如"五湖四海""业绩文化""每一个人都不简单，每一瓶酒才放光彩"等；说华润雪花啤酒没有企业文化，是因为我们从来没有系统地整理过，也从来没有说过我们的企业文化有哪些内涵。

大家想想，在过去的 20 多年中，有哪些组织、哪些负责人讲过我们的企业文化有哪些内涵？如果有，也一定是区域公司提出的，在整体的华润雪花啤酒公司层面，还真没有人系统地说过。

我们当然是有企业文化的——华润雪花啤酒最初是一家单一的啤酒工厂，从在东北起步，到走向全国；从一个小品牌，到目前全球单品牌销量领先。在这一过程中，如果没有企业文化的推动，怎么可能有华润雪花啤酒的今天？因此，我们说华润雪花啤酒一定是有企业文化的，这些企业文化，是在华润雪花啤酒全国各地的管理人员、几万名员工的工作、努力奋斗中形成的。

这些企业文化也许是分散的、片段式的，有的是口语化的，也有的甚至有强烈的组织特点、强烈的个人特色、强烈的领导者个人意愿。但不管怎样，它们在华润雪花啤酒的发展历史中发挥了很重要的作用。因此，我们说华润雪花啤酒是有企业文化的。

那我们有什么企业文化呢？几年前，我们在做整理工作时，整理了一份关于企业文化的厚厚的 PPT，其中有几个企业文化理念是我们很熟悉的，也是这么多年来我们始终坚持的。

20.1 "五湖四海"文化理念

"五湖四海"是我们最重要的文化理念。"五湖四海"代表华润雪花啤酒这个组织中的人来自各个领域、各个系统、各个区域，有各种背景。

华润雪花啤酒不是一个封闭的组织，而是一个无限开放的组织，华润雪花啤酒这个群体是非常开放的群体，吸纳了全国各个领域的人，只要你有能力，追求发展，就能加入我们。

有些人说华润雪花啤酒是东北的，以前大家确实都这么说。但当我们走向全国，走到今天时，我们发现，华润雪花啤酒的员工不仅有东北的，也有西南的、华东的、华中的、西北的，这是由"五湖四海"文化决定的。

与"五湖四海"文化相悖的是"圈子"文化。"圈子"文化是一个组织中最恶劣的文化，因为它会排斥圈子以外的东西。对于"圈子"文化，我们要坚决抵制。

正是"五湖四海"文化支持华润雪花啤酒走到了今天，让华润雪花啤酒有了这么大的规模。"五湖四海"的另一个意思是我们的员工可以走向五湖四海，走向全国各地，这是华润雪花啤酒在过去20多年的发展中形成的非常深厚的积淀——大家来自五湖四海，带着共同的目标走向五湖四海。

20.2 "打起背包就出发"文化理念

"打起背包就出发"这个文化理念主要是对高层管理人员提出的，对中层也适用。

"打起背包就出发"实际上是服从组织安排的一种做法、一种习惯。组织一声令下，人们就按照组织的要求，冲向新的战场，接受新的任务，对组织没有怨言、没有要求，只为了实现组织的共同目标。我们看到现在有很多华润雪花啤酒的人离开最初所在的地方已经七八年、十几二十年了。

"打起背包就出发"这个文化理念支撑着华润雪花啤酒去并购整合,开拓"白区"市场(指没有华润雪花啤酒工厂的区域),建立优势区域,这是非常重要的。如果没有这个文化理念,我们的人才管理和高管队伍建设都是不可能成功的。

20.3 "学习和反思"文化理念

"学习和反思"是华润雪花啤酒的优良传统。

为什么说"学习和反思"是文化理念呢?对于"学习和反思",我们过往提及得并不多。但是,我认为它恰恰是我们组织能够战胜对手的最重要的因素之一。

华润雪花啤酒是怎么成长起来的?当然是靠资本,但是光有资本,华润雪花啤酒走不到今天。之所以能够走到今天,是因为华润雪花啤酒这个组织有强大的学习能力。我们在生产、采购、销售、财务等方面的很多知识其实是我们从竞争对手那里学习的。例如,华润雪花啤酒的标准、制度、管理模式、最佳实践方式等,最初是没有的,是一步一步学习、摸索出来的。

我们始终秉承谦虚好学的态度,保持强烈的学习意愿,这才是华润雪花啤酒的法宝。华润雪花啤酒每并购一家企业,管理水平就提升一个层次。保持学习意愿是华润雪花啤酒这支队伍最强的一项能力,如果我们丢掉学习的文化理念,华润雪花啤酒就不会有今天的成绩。

我们很多高层管理人员进入华润雪花啤酒前做过啤酒吗?没有。做过销售吗?也没有。做过生产的人也不多。大家都是在学习中成长起来的。

一旦我们不学习了，以为自己已经很不错了，对别人讲的管理理念、营销思路、生产创新不感兴趣了，就不会再进步了。对新的观念无动于衷、听不进去、聊不起来的人，我们组织中还存在，而这些人一定是学习能力比较差的人。

除了学习，还要反思，华润雪花啤酒的人很善于反思，我们各个区域公司都在倡导员工反思，总部也倡导员工反思。怎么反思？就是不断地寻找自己与竞争对手之间、与目标之间的差距，不断地改善自己的不足之处。

学习和反思是我们不断进步的两大动力。凡是觉得自己不用回顾、不用检讨、不用反思的人，一定会陷入很大的困境。一个人没有反思能力，没有否定自己的能力，也没有否定过去的勇气，就没有发现当下危机的能力，没有能力预见失败，以后怎么可能会好？

所以，"学习和反思"是华润雪花啤酒一个非常重要的文化理念。

20.4 "业绩"文化理念

"业绩"是华润雪花啤酒评价一个人、一个组织的标准。

"业绩"从公司成立之初就伴随着我们，没有业绩就没有华润雪花啤酒的今天。我们来到华润雪花啤酒，来到这个组织和队伍就是追求业绩的。公司从起步到今天，如果不是为了追求业绩，怎么可能做好？华润雪花啤酒做得好，主要原因就是追求业绩。

华润雪花啤酒过去在华润集团大家庭里默默无闻，正是好的业绩证明了我们的价值——华润雪花啤酒目前市值达到1200亿元（2018年数据）。

华润雪花啤酒这支队伍是靠业绩生存下来的，像打仗一样，是靠自己打出来的地盘。我们不断地用业绩证明了自己。

讲业绩是华润雪花啤酒特别重要的一个文化理念。大家在一起比一比，你的指标完成得怎么样？我干了什么？因为讲业绩，所以有排名，华润雪花啤酒内部形成了很浓厚的比学、比做、比成绩的氛围。

业绩是华润雪花啤酒评价员工的第一标准，资历、能力、经验、职位都必须为业绩让步，薪资调整、职务晋升都要看业绩。华润集团也推崇业绩文化，华润雪花啤酒的业绩文化讲了很多，也践行了很多，未来我们要把"业绩"文化扎实地落地。

20.5 "创业"文化理念

"创业"是华润雪花啤酒做事业的态度，因为华润雪花啤酒就是靠创业走到今天的。

创业的精神是敢于尝试、敢于突破、敢于斗争。几年前还有人批评华润雪花啤酒的领导层"创业者的情怀太浓"。事实上，华润雪花啤酒有创业者的情怀是好事，这样创业精神才能在华润雪花啤酒扎根。

什么是创业？到一个地方，凭着创业的态度，带着创业的理想，具备创业的能力，创造一片天地，这是创业。创业和守业不一样，守业是去一个地方，保证这个地方不出事儿，业绩平稳，不得罪人，混两年，上一小级台阶。守业不是华润雪花啤酒的文化，华润雪花啤酒要的是能创业的人，不是能守业的人。

我们现在做高档酒，做"勇闯天涯superX"，做信息化，不会的就去学，要用创业的精神去干，用创业的态度去开拓。我们不能守业，也不能废业。我们在开拓一项新业务、成就一番事业的同时，也成就了一群人。

非常重要的是，当你即将离开一个岗位，赶赴新的战场时，要把你来的那天和走的那天做一个比较：你改变了什么？企业获得了什么？你是否无愧于自己，无愧于组织和同事？

群众的眼睛是雪亮的，如果你没做出什么成绩，却一直强调你有多么努力，是没用的。你对自己的看法和群众对你的看法肯定是不一样的，群众看到的更多的是你的成就。

"创业"是我们很看重的文化理念。

20.6 "创新"文化理念

"创新"文化理念是华润雪花啤酒发展的核心基因。

在管理采购上，从一开始有采购指引到建立采购的统一组织，再到形成全国统一采购名录，我们如今建立了一套完整的、统一的采购体系，以前华润雪花啤酒从来没这样做过。

在法律上，之前华润雪花啤酒从来没有重视过法律领域，全国各地都有纠纷，如今，我们一步步建立了法律组织和体系，一直走到今天。

在营销上，我们进行了渠道改造，推出了"勇闯天涯"啤酒品牌等，创造了很多东西。华润雪花啤酒的创新能力非常强大。如果我们不创新了，公司就快完了。

华润雪花啤酒有一些做得比较成功的事，如消费者质量体系、财务系统的"275行"等，都是在创新的文化理念下产生的。我们做的很多东西都是其他企业没法模仿的，我们既走其他企业正在走的大路，也"不走寻常路"。我们做的东西基于实实在在的业务需求，追求实用性。我们创建的多种管理模式都与一线业务紧密结合，虚的东西很少，这都是创新带来的。

创新是推动我们发展的核心基因，不创新就没有出路。我们曾经有一段时间创新能力不足，不敢创新，不久就发现自己逐渐被边缘化了，被时代落下了。

我希望创新能够成为华润雪花啤酒的机制，每个人都能创新，每个部门都有创新的能力。

20.7 "阳光向上"文化理念

"阳光向上"是华润雪花啤酒的文化理念，也是华润雪花啤酒想营造的组织氛围。

我们公司是一家阳光向上的、特别有凝聚力、特别团结的企业。一家企业之所以成功，肯定是因为有一群人在一起非常积极地做事，非常坦诚地交流，一定是因为有无数员工愿意学习和勤奋地付出。

我们理想的组织氛围，是阳光向上、沟通顺畅、群策群力。我们推崇的组织氛围是大家可以畅所欲言，可以批评，可以否定；对于领导说的话，大家可以反对、可以"抗上"。"抗上"在华润雪花啤酒是很常见的。如果一个人敢于"抗上"，一定是因为他认为自己站在真理的一边，否则他不敢"抗上"。我认为，"抗上"是为了沟通、汇报、提出建议，因此一个组织要给予"抗上"很好的平台和渠道。

我们曾看到华为公司竟然专门组织会议对任正非提出批评。一家公司竟然专门开一次会来找一把手的问题,这在全世界都很少见。有这种精神的公司极具创造性和独立性,市场会留住这样的公司。

再说说"每一个人都不简单,每一瓶酒才放光彩"。这句话很重要,也是雪花啤酒企业文化的第一句口号。这句话最初出现在广告公司的提案中。我觉得这句话特别好,真正厘清了人与企业的关系,解决了人的问题,文化最终要解决人的问题。这句话提出 20 多年了,很多工厂都用它做标语,但其实没有多少人真正研究过它。这句话的深刻内涵需要我们后续逐步挖掘。

20.8 如何重塑华润雪花啤酒的企业文化

华润雪花啤酒走进新时代,需要铸造更加优秀的企业文化。重塑华润雪花啤酒的企业文化,首先要看当前的企业文化存在什么问题,然后要思考如何管理企业文化。

华润雪花啤酒目前的企业文化确实存在不少问题。

首先,偌大的企业没有系统的企业文化。现在的企业文化都是在各个组织、各个地区、各个人心里的,很散乱,而且主次不分(没有主文化体系和次文化体系)。华润雪花啤酒的企业文化有很多,需要细致地整理和系统地提炼,形成体系。

其次,企业文化落地风险大。如果我们想推广的企业文化没有得到大家的一致同意,没有完整的系统,一些好的企业文化就会很快消失。在过去，区域总经理换人后，一个区域的文化也跟着换了，换了人就像换了天，换了文化就换了作风，这是很危险的，这不是一家有好的企业文化的公司。

最后，如果好的企业文化没有固定下来，人们就很容易放弃它，或者很容易不自觉地歪曲企业文化，不自觉地走向企业文化的另一面。每个人理解的企业文化是不一样的，很散乱，很容易被颠覆，很容易变化，这个突出问题要解决。

如何重塑企业文化呢？

企业文化不是一把手的个人文化。在过去，企业文化在很大程度上受一把手的影响。这种情况其实在全世界都很普遍。很多人说企业文化就是一把手的文化，但是我认为企业文化更应该是组织的文化，是员工的文化。

企业文化应该是以事业驱动的，与公司未来的发展相关。企业文化应该来自大多数人，而不是少数人。一把手的个性可以赋予企业文化重要的基因，但企业文化更多情况下是在企业发展过程中自然形成的，是组织长期积淀而来的，是群体智慧的结晶。

我们要建设企业文化的管理体系，要把企业文化建设当作一项业务去做，当作一个专业去做，当作一套制度体系去做，像管钱、管人、管物、管产品一样去管理企业文化。

企业文化是一家公司无形的资产、无形的资源、无形的核心动力。企业文化不是摸不着、看不见的，我们会议室后面摆放的展架、会议开始时播放的短片、员工身上的工装和他们的笑脸，都反映了公司的企业文化。

文化是看得见的——一个顾客走进一家公司，公司里的员工谁也不搭理他，一看这家公司的企业文化就很差。文化的有和无、好和坏，只要看公司的人、公司的办公室，就一目了然了。

因此，企业文化体现在公司的各个角落、各个细节中。企业文化应能支持企业的发展、支持战略、支持组织、支持人。再进一步，企业文化决定了战略的实施情况，决定了组织的沟通方式，决定了人的发展方向。也就是说，企业文化要能推动战略、组织和人的发展，支持华润雪花啤酒未来远大目标的实现。

我之前写过一篇题为《没有灵魂的队伍是打不了胜仗的》的文章，以此作为标题是因为华润雪花啤酒需要一支有灵魂的队伍，需要打胜仗，现在这句话依然适用。

我们面临的压力会越来越大，因为我们现在进入了一个高层次、多维度的竞争层面，竞争的复杂性和激烈程度比以往更高。华润雪花啤酒有一支有理想、有目标、有激情的队伍，重塑企业文化就是为了让我们变成一支有灵魂的队伍，去争取更大的胜利。

（本章源自2018年4月13日在企业文化重塑项目启动暨研讨会上的讲话）

| 第 21 章 |

把学习和反思当成我们的工作习惯

从 2017 年到现在的一年半时间里，华润雪花啤酒处于快速转型和发展期，公司、组织、个人都面临一些前所未有的挑战。重大战略举措的推进、业务经营思路的转变、企业文化的梳理都可能遇到方方面面的问题。

这段时间虽然取得了一些成绩，但我们知道，远大的目标不是轻轻松松就能实现的，而是要不断地反思和学习。此次反思会希望集中华润雪花啤酒团队的智慧，对公司存在的问题进行全方位的梳理，不断矫正方向，解决遗留的问题，移开前进路上的绊脚石，切实保障公司的发展。希望各位参会人员能够冷静、客观地反映问题，不谈成绩，只谈问题。

"把学习和反思当成我们的工作习惯"，这是我们过去经常提的一句话。将其作为今天会议的主题，是希望借此机会重新发扬华润雪花啤酒学习和反思的优秀文化，我们不仅要查找公司的问题，更要在组织与企业文化中培养学习和反思的习惯，重新焕发学习和反思的精神，助推公司实现有质量的增长。

21.1 在学习中成长，在反思中进步

"学习和反思"是支持华润雪花啤酒从区域走向全国，实现全国销量领先的重要文化理念。

首先，华润雪花啤酒是在学习中成长的。

我们起家时很多人没有啤酒酿造、管理、销售的经验，华润雪花啤酒的一系列成功之道、竞争优势都是在学习中日积月累、总结形成的。我们不断地向竞争对手、合作伙伴、快消品兄弟公司学习。

从创建公司到走向全国，公司组织如何设计、战略和策略如何制定、从总部到区域如何推动战略落实、采购如何统一、渠道如何改造、产品如何组合等，靠的都是内部和外部的互相学习。正是不断地学习才铸造了华润雪花啤酒今天的成功。

以前，华润雪花啤酒也召开过很多次关于学习的会议，我们学习系统论，学习品牌前沿知识，也学习解放战争的战略战术。

没有学习就没有华润雪花啤酒的今天，华润雪花啤酒是在学习中成长的。

其次，华润雪花啤酒是在反思中进步的。

反思文化在华润雪花啤酒发展的各个阶段都是企业进步的原动力和助推器。

雪花人能够保持谦虚，自我反思，不断查找问题与不足。例如，针对质量管理，找毛病、找问题，反思缺点和短板；提出精制酒销量翻倍并做大中高档酒的目标是自我反思进步的结果。反思是推动公司发展的主要文化理念。

当我们实现全国销量领先时，王群总经理说华润雪花啤酒只是取得了参与行业竞争的资格。这体现了雪花人不满足、不骄傲、求发展的精神。反思文化在华润雪花啤酒高层管理人员中有很多很好的实例，在各区域公司中也有很多很好的体现。反思文化已经渗透到各个区域、各个队伍中。

我们之所以能有 1000 万吨的年销量，实现全国销量领先，是因为我们有反思文化。反思文化是我们成长和发展的重要推动力，华润雪花啤酒是在反思中进步的。

最后，华润雪花啤酒发展的最大威胁，是不坚持学习和反思。

回顾过去，虽然我们有学习和反思的文化，但也有走弯路的时候，特别是在雪花啤酒实现全球单品牌销量领先后，或多或少地出现了自满自足的现象。不少高管认为自己很不错，比对手强。我们在过往的发展中没有及时运用反思思维，总觉得自己走在别人前面，过一段时间再回头看，发现自己已经落后于行业的发展了。

曾几何时，我们不仅没有向外部学习，连内部学习都没有，也不进行反思，这对我们事业的发展特别有害。具体来说，总结少，分享少；对竞争对手了解少，对国际形势了解少；不坚持学习和反思，更没有组织机制来保障学习和反思的文化；逐渐故步自封。长此以往，我们将面临很大的困难。

因此，我们必须强调：华润雪花啤酒要在学习中成长，在反思中进步，学习和反思是支持华润雪花啤酒发展的主要文化理念。

21.2　学习和反思，是华润雪花啤酒持续进步的两大法宝

首先，学习是第一位的，没有学习就谈不上反思。

学习能开阔雪花人的视野，丰富雪花人的专业知识，积累雪花人的实践经验，增强雪花人的创新意识。我们要始终抱着行业小学生的心态，抱着学习的态度。

"勇闯天涯 superX"上市，离不开我们的学习和反思。过去我们没有流量思维，没有 IP 意识，缺少对粉丝经济的研究，但只要我们去学习、去实践，就会有很多收获。从"勇闯天涯 superX"的上市推广情况可以看出，学习是第一位的。

其次，反思是学习的最好方式。

反思和学习不同，学习是不断吸收、丰富、开拓；反思是将学到的东西进一步总结、提炼、升华，是对学习成果和实践效果的检验，是学习成果和实践经验的结合与重新融合，是推动我们前进的助推器。反思具备从实践中来到实践中去、实事求是的特点。

有时候，光学习无法摸到其中的门道，反思则能给我们带来更多的体验。反思是自己和自己对照，是和竞争对手对比，参考榜样找自己的短板，是在执行结果和目标实现之间找差距。因此，反思是学习的更深、更高层次，是思考和探索的过程。

最后，学习的敌人是自我满足，反思的敌人是盲目自大。

我们不学习是因为自我满足，如果不满足肯定会学习。自满是学习的敌人，固执、自大是反思的敌人。在学习和反思的过程中不要迷信权威。权威和专业应成为学习与反思的引领者而不是敌人。

只要我们自己不满足、不自大，就能把学习和反思落实到业务中，推动公司健康发展。学习是反思的基础，反思是学习的源泉。只有掌握这两大法宝，组织才能有更强健的机体。

21.3　学习和反思，是华润雪花啤酒保持健康的一剂良药

组织是否强大、能否进步，在于我们学习多少、反思多少。学习少、反思少的组织不可能健康地发展；反之，如果保持学习并有反思精神，组织将越来越有活力，将更有能力承担更大的责任。学习与反思是治疗组织疾病的良药，也是保障组织健康发展的营养剂。

那么，学习什么，反思什么？

首先，自主学习、互相学习。

现在我们做绩效考评，签署战略业绩合同，每次执委会汇报区域业绩，公开公司的所有数据，就是要互相学习，看到自己的不足和别人的进步。我们提倡互相学习，谁做得好就多向谁学习；发现了自己的不足，就向组织中做得好的人学习。如果没有自主学习和互相学习的精神，就很难有进步和成长。

其次，向竞争对手学习。

竞争对手在很多方面比我们好，比我们强，我们要积极对标，通过对标找到问题与差距。华润雪花啤酒现在对标得少，今后需要改变。任何组织和个人都需要对标，对比的目标可以是国内外的优秀公司，也可以是同行业的竞争对手。

最后，要反思自己。

我们经常琢磨别人，总觉得别人做得不好，却不进行自我反思。公司、组织和个人都应该自我反思，只有自我反思才能真正让自己进步。当然，我们也可以通过向标杆学习来促进组织内部的反思。

21.4　学习和反思，要更好地在华润雪花啤酒落地

学习和反思要遵循 3 条原则。

第一，对事不对人。所有反思和批评都对事不对人。

第二，谏言不空谈。我们不要做空留历史名声的"谏议大夫"，我们要提出正确的意见和看法。

第三，处理好大局和局部的关系。分清哪些是公司大局问题，哪些是局部问题。

这些都是在落实反思精神的过程中需要遵守的原则。

要让学习和反思有保障，应做好以下几点。

第一，拥有善于学习和反思的一把手。一把手要勇于承认自己的不足，认为同事、上级、下属都是有价值的人；要能看到问题，听取意见，善于

吸收组织中的各种言论，有领导力。在组织中，如果一把手不爱学习，不听取意见，这个组织不可能有学习和反思的精神。

第二，营造良好的组织氛围。开放、坦诚的组织交流氛围非常重要，如果组织氛围压抑，大家就很难有交流的意愿。只有在良好的组织氛围中，人们才能思维活跃、不紧张，在反思的过程中勇于表达自己的想法。

第三，建立良好的学习和反思机制。例如，每两年举办一次反思会，在季度会议中增加反思议题，促使员工形成做每件事都反思的习惯。此外，要将学习和反思作为企业文化的核心内容。我们要形成相应的工作机制、会议机制、项目反思机制。

第四，学习和反思需要"保护伞"。不允许任何组织、个人对学习和反思"打棒子""抓辫子"，不能秋后算账，不能为难别人。要让组织和个人都坚信，我们倡导公开、坦诚的交流，倡导有意见当面沟通，而不是背后发牢骚。

反思不能蜻蜓点水，要坐下来认认真真地把问题说透。公司、组织和个人都要敢于承认错误；要勇于指出不切合公司实际、可行性不高的决策；要敢于否定自己，否定自己是自信的表现；要敢于挑战，生而无畏，敢于挑战自己的领导、组织和机制，正确地看待权力、威信、官位，不盲从。

用反思的眼光看待问题不仅不会妨碍工作的执行，反而有助于工作的执行。

21.5 让学习和反思成为华润雪花啤酒的核心组织能力与文化

从 2017 年开始，华润雪花啤酒在外部环境发生变化的大背景下，立足于战略，开展大决战，希望在未来的竞争格局中占有优势地位。我们在过去的一年半里，在三大管理主题、十大战略举措的推动下，开展了一系列创新的、具有战略性和前瞻性的工作。

对业务增长、战略目标的实现而言，最大的保障是我们的组织队伍和企业文化。在企业文化中，最大的财富是学习和反思精神，要让其成为华润雪花啤酒企业文化的核心基因。要持续开展内部学习、内部专家授课、内部工作坊，用"从业务中来，到业务中去"的理念推进业务发展。每走一步都要反思，反思是否存在问题，反思公司面临的环境，反思发展中的新变化和新问题，这才是我们有质量的发展的重要支撑。

希望我们在下半年掀起一轮反思热潮，促进反思成果落地，进一步夯实学习和反思在华润雪花啤酒企业文化中的意义。

只要具备学习和反思精神，我们的队伍就会成为行业的勇猛之师。希望大家把学习和反思当作自己的工作习惯，只有这样，华润雪花啤酒的事业才能无往不胜。

（本章源自 2018 年 7 月 18 日在公司反思会上的讲话）

第 22 章

CEO 眼中的企业学习

一个企业的发展离不开持续的学习和培训,作为管理者,我们应如何看待学习和培训的重要性?这是一个至关重要的议题,它决定了我们能否获得必要的支持,能否分配更多的资源。对于 CEO 而言,企业学习的根本目的在于推动公司发展,助力战略实施,实现公司的长远目标。这种学习不仅是为了员工个人知识与能力的增长,而且服务于公司的全局目标,助推战略规划的有效落地,以及关键业务的顺利执行。

企业所处的经济周期和社会周期不同,亦将经历不同的发展阶段和战略调整。这些阶段可能包括起步成长、转型升级、快速扩张、渡过困境,甚至是必要的战略收缩等。在这些关键阶段,学习成为企业持续发展的核心动力和支柱,它可以赋能人才、组织和企业整体,帮助其顺利穿越各个周期,实现每个发展阶段的关键目标。因此,企业的学习活动必须紧密结合公司的战略方向,依托公司的核心举措、管理实践以及重大项目和重点工作。只有这样，学习才能为企业带来真正的价值，支撑其在不断变化的市场环境中保持竞争力和创新力。

今天之所以强调企业学习与企业战略紧密结合的重要性，是因为企业的学习和培训工作容易陷入一个误区，即过分关注知识、能力和学习技术的积累，而忽视了这些学习活动是否真正支持了企业的战略目标。虽然这种学习在某种程度上是重要的，但它并不应成为焦点。每个组织都必须清晰的认识到自己的使命，任何无法对公司战略、重点项目和工作产生实质性支持的培训，本质上都是"耍流氓"。

当然，个人学习也很重要，虽然组织可以为个人成长提供帮助和赋能，但最终来看，个人成为人才的关键责任在于员工自身。企业培养人才的核心目的，在于通过人才的成长和贡献，推进企业的战略目标达成。这一点必须被明确置于优先考虑的位置。

22.1　华润啤酒的企业学习为什么存在

纵观华润啤酒的发展历程，在相当长的一段时期内，公司其实并没有规模性、系统性的培训活动。当时的管理层尽管最初认为培训的效益有限，但后来也尝试开展了一些基础的培训项目，这些尝试虽然对公司管理水平的提升有一定的帮助，但对强化华润啤酒的核心竞争力和战略发展贡献不大，因此并未持续开展培训。后来，在华润集团领导力模型的指引下，华润啤酒开展了几期领导力培训项目，遗憾的是，这些努力并没有显著地促进公司发展，甚至有了"洒洒水、走过场"的苗头。

从 2017 年开始，华润啤酒的学习活动、人才培养工作发生了显著的变化。这一改变源于管理团队对公司新战略发展阶段的深刻洞察。我们认识到，华润啤酒要想克服前方的挑战，实现战略的胜利，必须将持续学习作为公司的一项长期战略。持续学习虽未被直接纳入公司的十大战略之中，但是自 2017 年 4 月我们在小径湾举行的第一次战略研讨会开始，我们就通过行动学习的方式，为公司未来五年的发展制定新的规划了。

自那时起，我们开展了众多培训项目并取得了显著成绩，比如华润啤酒学习与创新中心获得了公司各层级各部门的认可，连续四年获集团评优第一名，学习项目类型丰富，专业人才培养数量激增……在过去"3+3+2"的八年内，学习为公司发展提供了很大的支持，这源于我们坚持以价值创造为目标开展培训与学习，所有的学习手段和活动都必须服务于这个目标。

22.2 华润啤酒的企业学习是怎样的

我们期待华润啤酒的企业学习朝着专业化、开放式、智慧型的方向发展，构建自己的发展蓝图、不断创新学习体系。

首先，我们必须建立一个专业的学习组织。这个组织就是华润啤酒学习与创新中心。我是在华润啤酒内部第一个建立这样的培训中心的区域公司总经理，早在 2013 年，我就在四川区域公司建立了华润啤酒内部的第一个培训中心。其实培训中心的名称并不重要，重要的是我们要拥有专业的培训管理组织、培训管理人才和培训师。这里所说的"专业"，不仅是专注于企业学习发展领域，更重要的是具备对学习、业务、管理和专业知识的深刻理解，要"懂学习、懂管理、懂专业，能教人、能管项目、能萃取"。这是一个至关重要的标准，缺乏这个标准，培训和学习是难以成功的。

其次，我们必须构建一个持续完善、不断创新、与时俱进的学习体系，紧密跟随公司战略的发展。如同搭建房屋一样，通过持续推进项目和课程的实施，逐步构筑起学习体系。该体系包括从基础学习到专业学习，从共创解决疑难问题到探索新问题的解决方案，从战略解码到通用技能，为从 CEO 到一线员工的全体人员提供一整套的学习项目、平台、内容和课程。这样的学习体系至关重要，我认为我们现在已经实现了对其的初步构建。

再次，建立一套与学习相关的管理制度和机制也至关重要，它能够保障我们的组织和学习体系更高效地运作。项目管理的体系化操作、学员进出的明确规则、组织运作的机制模式，以及学习成果的展示和应用等保障机制，都是提升学习效果不可或缺的重要内容。

除此之外，在培训和学习的过程中需要输出更多的实践经验、模式和方法，输出形式可以是一系列的管理制度或操作指引。有积累、有萃取、有输出、有应用，这至关重要。培训和学习后的输出是组织和所有员工通过学习和实践留下的宝贵财富，是华润啤酒重要的知识资产，所以从这个角度来讲，学习与创新中心是组织智慧的挖掘者、公司资产的增值者。

智慧的提炼至关重要，试想一个公司如果经过十年、二十年的发展，却没有形成自己的特色、打法、思想或独特能力，那么这个公司大概率是不能做到可持续发展和在竞争中保持优势的。因此，我就经验的提炼和智慧的管理对学习与创新中心提出了很多要求，我们不能像沙滩上的脚印一样，海浪一过，荡然无存。

最后，在我看来，学习不仅是一项活动，更应该转化成一种文化和氛围，成为组织 DNA 的一部分。学习文化不仅是一种习惯，而且深植于我们组织的基因中，成为我们固有的特征，无时无刻不发挥着创造性的作用。这种学习文化最终将成为我们的鲜明风格。

22.3　华润啤酒的企业学习应当坚持什么样的理念？

今天我们探讨了企业学习的重要性，随后交流了我个人对企业学习的理解和期望，刚刚又强调了我们的学习文化，我们认识到华润啤酒的学习文化需要具备自己的学习理念和氛围，这是至关重要的。因为理念即是旗帜，理念指引发展方向，理念决定了我们学习的内容、方式与方法。我们的学习路径不必与其他公司相同，我们鼓励以开放的心态向他人学习，向外部学习，关键是要有华润啤酒人才培养和企业学习的鲜明特点。关于华润啤酒的学习理念，我早在几年前就讲过，时至今日，这些理念仍然代表了我心目中理想的学习的样子。

第一条理念是"学习推动成长，反思促进发展"。 这一理念最初是我在 2018 年 7 月于西安召开的华润雪花啤酒业务反思会议中即兴发言提出的，目的在于强调"进步"的重要性。这句话不仅是对华润啤酒学习特色的总结，而且突显了学习与反思两个关键要素的重要性。在华润啤酒的历史中，学习一直是一个重要的文化因子。纵观华润啤酒的"历史四问"，会不会做啤酒，会不会做全国品牌，会不会做高端，会不会做白酒，即可发现，学习一直是我们不断进步和成长的基础。与此同时，反思作为学习过程中不可或缺的一部分，帮助我们反思业务，更反思自己，通过总结经验教训来促进个人和组织的发展。反思文化确保了学习不仅仅停留在表面，而是能够深入实际行动，真正实现能力的提升和缺陷的修正。

没有反思的学习，很容易变成一种形式上的学习。形式上的学习只能增强一个人的能力，而无法纠正一个人的错误，无法纠正错误、纠正不足的学习，就不是真正意义上的学习。如果将学习能力比喻为加法，那么反思能力可以视为乘法，它能够为一个人、一个组织的成长带来质的飞跃。将学习、反思与实践紧密结合的方法，不仅是华润啤酒学习文化的核心，而且是推动企业持续发展的关键动力。

与此同时，在"学习推动成长，反思促进发展"的基础上，我们延伸出了另外一个重要的理念——"把学习和反思当作我们的工作习惯"。持续的学习和反思不仅是提升个人和组织能力的关键，也是企业文化的重要组成部分。华润啤酒之所以能够总结出一系列重要的成长经验，就是通过学习和反思的方式来实现的。

第二条理念是"从业务中来，到业务中去"。这一理念是2013年3月成立四川区域培训中心时我提出来的，它强调了学习与业务实践的紧密联系，所有的学习活动都应该围绕业务需求而来，奔向解决业务实际问题而去。那为什么从业务中来呢？因为要想把理论和实践相结合，最重要的是实践而不是理论。实践出真知，理论离开了实践，就不是一个好理论，被实践认定失败的理论，就应该坚决彻底地把它抛弃。实践不仅是验证理论的唯一的方式，而且是纠正理论的唯一的方式。理论是需要实践的，外部理论和优秀做法我们可以学，但要在实践中学，在实践中才能验证它是好还是坏，才能把它打碎重塑并形成自己的特色与方法论。华润啤酒30年的发展历程证明了"实践导向"学习方法的有效性。华润啤酒从实践中提炼的经验和能力，远远超过了外部理论的支持。这种自主的学习和实践方式是华润啤酒区别于其他企业的重要特征，也是推动华润啤酒朝着学习型组织发展的成功要素之一。

什么是学习型组织？通过持续不断地学习和适应，来面对快速变化的外部环境和内部需求，这种鼓励创新和知识共享，促进员工个人成长与组织目标一致性的组织形态，我们称为"学习型组织"。

为什么要成为学习型组织，肯定是源于我们业务和实践的需要。如果某天我们不再从事当前的业务，也没有问题要解决了，那就没有必要再刻意追求成为学习型组织了；因为企业转型为学习型组织并非源于对学习的盲目追求，而是业务需求和实践的必然结果。所以，"从业务中来，到业务中去"这条理念是辩证逻辑的高度体现，它不仅指学习要与业务需求紧密结合，而且要求建立基于学习的优良文化。这条理念不仅表述了理论与实践的关系，也叙述了员工成长与工作之间的关系，更阐述了组织与其使命之间的关系。

第三条理念是"把个人的经验和能力变成组织的经验和能力，把组织的经验和能力变成公司的管理模式和竞争能力"。这条理念是我在任贵州区域公司总经理时提出来的，强调了个人学习和成长的重要性，并充分说明了个人能力通过实践和提炼，逐步转化为组织的能力，最终形成公司的核心竞争力的过程。它阐述了员工个体、组织和公司之间的关系，如果组织不能有效利用个人的才华和实践经验，不能将其经验和能力转化为具体成果，比如公司的核心经营能力或管理模式，那么随着管理团队更新换代，公司的核心竞争力将逐渐衰弱。

所以，要清楚地认知个人的经验和能力、组织的经验和能力以及公司的管理模式和竞争能力之间的逻辑关系，这条理念不仅触及人与组织之间的关系问题，而且触及能力、方法、理念和模式的来源问题。这些元素源自华润啤酒的每一位员工，当所有员工将各自的知识和经验集合起来时，便能形成强大的组织能力，这是企业通过内部途径提炼能力的重要方法。许多企业选择通过外部咨询公司寻求解决方案，虽然这也是解决问题的一种方式，但最佳方法仍然是依靠自身的努力和实践。很多高层领导和管理者可能不完全理解这一点，他们宁愿依赖外部的力量，也不愿吸收组织内部的经验和能力，不愿吸取每一位员工的实践经验。这种做法会导致他们的进步有限，自身能力也难以得到有效的提升。因此，学习型组织强调整个组织的学习能力，而不仅仅是组织内个别成员的学习能力。

"每一个人都不简单，每一瓶酒才放光彩"，这是大家耳熟能详的一句话，也是我们华润啤酒的企业文化。不论是学习型组织的建设还是人才的培养和业务的赋能，目标都是解决人的成长与业务增长的问题，核心在于价值创造，个人的成长与进步是企业发展的关键。通过企业学习的方式，既促进了个人的优秀，也为企业的持续发展奠定了坚实的基础。

（本章源自 2024 年 3 月 6 日在华润啤酒第四届学习者大会上的讲话）

| 第 23 章 |

打死也要说

"打死也不说"还是"打死也要说"？这是个问题。

前几天，老范（华润啤酒管理团队成员）跑来找我，说他最近郁闷了，因为很多同事都不怎么反映情况和问题，开会、研究业务时都闷着头。回到市场后，大家也像消失了一样，很少进行电话交流或反馈情况。老范说，在大家的沉默中，他察觉到了一丝怪异和恐惧。

我告诉老范，沟通，目前是我们的一个大问题。特别是对不同的意见，大家普遍不说或很少说，这已经严重影响了我们事业的发展。我用一句话概括此现象："打死也不说！"

其实，企业文化决定了企业内部人员之间沟通的方式、程度和效果。当企业文化不支持大家畅所欲言时，"打死也不说"能明哲保身，好的不说，坏的也不说，说了也许会得罪人，也许会得罪领导，也许会被"穿小鞋"。

所以，对于不同的意见、见解，大家"打死也不说"，责任不在于大家，而在于公司。能不能创造一个让大家敢说话的环境，能不能鼓励大家说话、说真话，能不能让敢于说话、敢于表达不同意见的人不吃亏，能不能让"争论"成为我们公司的管理文化，能不能把"打死也不说"变成"打死也要说"，这才是我们要努力解决的问题。

有人说，"打死也不说"是因为"要尊重上级领导的话，不要越级反映问题"，是因为要逐级汇报，要听话。

逐级汇报在很多时候是必要的，但是有问题不说，有意见不提，或者逐级提了意见后发现未被采纳就自动放弃，不再向更高层的领导和组织反映，这就很不值得推崇了。如果其中还掺杂了对上级领导的盲从，那就很值得警惕了。

这种不分黑白的盲从听话，貌似合理（领导不喜欢你向上反映，领导喜欢听话的人），实际上对自己、对领导、对事业很有害。领导的话不一定全是对的，领导也有没掌握信息、不熟悉情况、不精通业务的时候。领导说得正确的话，要听；觉得领导说的话不正确，要反映、要分辩、要抗争。反映无效的，还可以向更高层的领导和组织反映。

作为领导，也必须心胸开阔、光明磊落，有坦诚交换意见的习惯，以全方位的沟通来修正自己的认识和决策。在一个组织里，看一个领导的境界有多高、能力有多强，要看他能不能听进去不同的意见。同样，看一个下属有无独立的见解、有无发展的潜力和素质，也要看他是不是敢于讲真话、办实事、不唯上。一个等级森严、鸦雀无声的团队，不会是一个能战斗的团队，也不是一个好团队。

也有人认为："说了也白说。"不是大家不提意见，是提了后，上级没什么反应，也没什么效果。你说你的，他做他的，等于没说。这种情况虽然很可悲，但至少没给个人造成麻烦，只是对事业有害。既然说了也白说，那谁还会去说呢？久而久之，大家也就懒得说了，最后就"打死也不说"了，长此以往，把大家的事业给耽误了。言路堵塞，正确的声音听不到，再强悍的领导也独木难支，再美好的事业也只能化为个人英雄主义的陪葬品。

还有一种情况是"不说还好，说了要遭殃"。有意见不说还好，说了后果很严重。你说的意见很容易被上升为与领导意见不合，上升为挑战领导权威。给个"小鞋"穿算好的了，直接给你安上一个"动摇军心"的"罪名"也不是不可能。说与不说关系到养家糊口和升迁涨薪，一般人谁也受不了这种"罪名"，干脆闭口不言，"打死也不说"。

正常反映问题，却战战兢兢，如履薄冰；越级建言献策，却搞得像小偷进房一样；投诉一件事情，写封建议信，也东张西望，唯恐被谁看见。此种情况最为恶劣，可以归结为"暴政当道"，所谓"苛政猛于虎"，长此以往，公司有"秦一世""秦二世"，但肯定是没有"秦三世"了。

其实，"打死也不说"只是表面现象，其背后一定有更大、更危险的潜流。潜流之一是"当面打死也不说，背后胡乱说"。这两点肯定是一体的。只要是当面不说的，背后肯定说；只要是背后乱说的，当面肯定不说。表面死水一潭，水面下暗流涌动。

想想看，为什么公司里有那么多"小道消息"？为什么有那么多的"说法"和"猜测"（不排除少数"聪明人"以揣摩领导意图为"专业"）？

在沟通机制不健全、员工"打死也不说"的公司，其实每个人说得一点都不少，只是说的事情未必是真的，提意见未必是为了解决问题，说的场合不在办公室、会议室，而是在那些八卦场合中。细想一下，这其实很正常，因为当正面沟通基本失效或无法当面沟通时，"小道消息"迅速代替"官方发布"成为主体。这对一个企业来说是很可怕的。

潜流之二是"貌似打死也不说，实际上私下说"。如果大家平时都沉默寡言，那私下的沟通就会成为主流。私下的沟通本来在管理中是很必要的，但前提是建立在正常沟通渠道顺畅的基础上。如果工作期间沟通太少，私下的交流就很容易变质、变味。时间一长，这种交流方式将成为大家主要的交流方式。

为此，我们必须彻底改掉"打死也不说"的习惯，提倡无边界、无障碍的沟通。我们要尽快把"打死也不说"变成"打死也要说"。

要实现"打死也要说"，首先要保证沟通无边界，即沟通范围要达到无边界。不同专业之间、不同部门之间、不同公司之间都要沟通。不能画地为牢，只在自己的圈子里实现顺畅沟通，更不要"老虎的屁股摸不得"，不容许别人对自己的系统（或部门／公司）提意见，丢不掉"家丑不能外扬"的旧观念。

要明白，大家是一个整体，在同一家公司，利益是共同的。只有进行无边界的沟通，才能从不同视角、不同方面兼收并蓄，才能让我们的管理思维更开放，让我们的管理内容更周密。

无边界的沟通还有很重要的一点是打破等级，沟通不仅是上下级之间的沟通，还有平级之间的沟通，以及沟通的"越级无上下限"。

"逐级管理，逐级沟通，反映问题无上下限"是华润雪花啤酒一个很重要的企业文化特征。华润雪花啤酒的管理是逐级进行的，沟通也是逐级进行的，但是如果逐级反映问题无效，可以向上级的上级沟通反映，如果还是无效，也可以越过多个上级领导，直接与公司的最高级领导沟通。

要实现"打死也要说"，必须提倡无障碍沟通。沟通无罪，沟通无对错。来说好事的，当然没问题；来提反对意见的，一定要按照沟通无对错的原则来对待。之所以设置这个原则，是因为不同的意见、见解更有沟通的价值，反对的意见对我们的事业发展有益，往往更值得倾听。言者无罪，是很重要的沟通原则。

要实现"打死也要说"，还需要制度和工具的保证。公司的会议、报表、信息系统、办公自动化系统、总经理信箱等，都是管理中很重要的沟通制度和工具。班组会议、联络站周会、销售大区例会等要充分开展起来，建立沟通的机制，搭建沟通的平台。

此前我参加华润集团的啤酒预算汇报会，会上集团几位大领导提到了华润雪花啤酒的两种核心文化——"激情"和"抗上"，希望我们继续保持和发扬这两种文化。其中的"抗上"实质上就是华润雪花啤酒的一种沟通文化。"抗上"都成为企业的文化了，我们还有什么不可以沟通、不可以说的呢？

沟通，往小了说，决定了我们做事情的成败；往大了说，是华润啤酒简单、坦诚等相关文化行为规范的重要表现，关乎事业的成败和企业的兴亡。

（本章源自2012年内部刊物《啤酒报》上的内容）

第 24 章

成就最好的自己

"新年第一课"自 2018 年至今已经是第 3 年了，已然成为华润雪花啤酒学习培训的重要品牌。其实，每年的"新年第一课"对我来说都是压力。

压力在于，在一元复始、万象更新之际，新年课程如何能够对我们的业务、公司的发展和每个人的成长都有帮助，这确实需要我用心设计与精心准备。

今年的"新年第一课"，我们还要讲战略、组织、业务吗？我思考后决定这次要讲一个过去从来没有讲过的话题——成就最好的自己。

为什么要讲这个话题呢？2020 年元旦那天，我看到四川区域总经理刘刚在朋友圈发了一句话："锤炼更好的自己。"对此我有很多感触，并联想到身边的很多同事，每个人都在努力成就更好的自己。

每个人都希望自己过得更好，希望自己身体更好、家庭更好、工作更好、生活更好。正如习近平总书记强调的："幸福都是奋斗出来的。"我们每个人都追求美好的生活、美好的未来，这一切都需要我们努力奋斗。只有成就更好的自己，方能成就更好的家庭、更好的组织、更好的企业。

希望通过"成就最好的自己"这一课，让我们对自己、对业务、对团队、对公司都有更多的思考。

24.1 艰苦时代出英雄，伟大时代出人物

艰苦的时代造就英雄豪杰，伟大的时代成就伟大人物。

从艰苦时代到伟大时代的过程非常锻炼人。身处啤酒行业"大决战"之中，作为华润雪花啤酒的一员，我们每个人都有机会成为英雄、成为人物。

那么，艰苦时代所出的"英雄"是什么样的呢？是啤酒行业的群体英雄、每个业务领域的专业英雄，还是各个团队中的个人英雄？伟大时代所出的"人物"又是什么样的呢？是行业人物、公司人物还是专业人物？

华润雪花啤酒正走在实现伟大梦想的道路上，其间势必出现无数英雄和人物。我们会成为华润雪花啤酒新时代的英雄吗？我们会成为华润雪花啤酒大发展中的人物吗？这些问题值得我们每个人用心思考。

24.2 华润雪花啤酒的新时代、新梦想、新征途

华润雪花啤酒正处于新时代，正走在实现新目标、新梦想的新征程上。

在 2020～2022 年的三年战略（"决战高端、质量发展"）实施过程中，华润雪花啤酒需要出一批英雄、一批人物。

只有涌现出一批英雄、一批人物，我们才能实现华润雪花啤酒三年之后的光荣梦想，才能真正打败竞争对手，才能真正创造华润雪花啤酒发展的奇迹。

过去我们经常讲公司、组织、团队，现在再进一步讲讲个人。团队发展、组织能力重要不重要？非常重要，但我认为在座的各位更重要。

因为无论组织和团队取得了多么大的成就，多么优秀，都是由人造就的。因此，华润雪花啤酒的成功归根到底是一群人的成功，是人在起决定性的作用。

我多次强调"团队英雄是英雄，个人英雄也是英雄"。华润雪花啤酒以前有句话叫"个人强不算强，团队强才是强"，但站在新时代的今天，我们必须将这句话改为"个人强是强，团队强更是强"。

华润雪花啤酒以前的文化不推崇个人英雄主义，但现在时势不同了，华润雪花啤酒需要团队英雄，也需要个人英雄。

形势催人奋进，时势造就英雄，身处华润雪花啤酒的新时代，我们这群人能不能成为英雄、成为人物？这个问题值得我们思考。未来三年是考验我们能不能成为英雄和人物的三年。如果我们实现了"决战高端、质量发展"的目标，我们这群人就是一群顶天立地的人，一群敢于亮剑的人，一群战无不胜的人，一群胸怀理想、拥有梦想、不断进取、创造奇迹的人。

回顾华润雪花啤酒的发展历史，我们会发现华润雪花啤酒的成功是一群人的成功，而一群人的成功建立在这群人中的每个人都成功的基础之上。当我们说到个人英雄主义，讲到个人成为英雄的时候，华润雪花啤酒最希望看到的是，在座的各位"三级一把手"先取得成功，成为英雄，成为人物。

因为"三级一把手"是排头兵、领头雁。如果在座的各位都取得了成功，成了英雄或人物，你们带领的每个团队就都可能成为成功的团队。如果在座的各位不能取得成功，不能成为英雄或人物，那你们的团队又如何成为成功的团队？因此，在座的各位责任重大、使命光荣。

回望华润雪花啤酒过去这三年，我相信组织中的每个人都无愧于过往的拼搏。这三年来，我们一直在努力，一直在付出，取得了很多值得骄傲的成就。骄傲源于我们都是奋斗者，我们成就了自己，也成就了团队，更成就了我们的企业。

新时代是奋斗者的时代，展望未来三年，时代呼唤英雄和人物，华润雪花啤酒需要英雄和人物。我们要成为英雄，成为人物，成为一个对组织贡献很大的人，成为一个团队中的太阳。

24.3 做最好的自己，成就卓越的企业

卓越的企业需要优秀的干部，优秀的干部来自更好的自己。要想做最好的自己，我觉得要做到以下七点。

1. 做一个有智慧的人：认识自己，补齐短板

"有智慧"看似题目很大，其实落脚点很小。看一个人有没有智慧，最重要的一条标准，就是看他能不能认识自己。对别人很了解，早把别人看透了，这种人很聪明；了解别人，也了解世界，这种人很精明。但这些都

不是智慧，真正有智慧的人是能认识自己的人，所谓"人贵有自知之明"，就是这个道理。

要成为最好的自己，就一定要认识自己。"认识自己"有两层含义。一是认识到自己的性格、作风、专业、知识面都有什么优点和缺点。二是看清自己的位置。位置就是定位。自己在组织、团队、人群、朋友圈、家庭里是什么样的定位？对此我们需要有清醒的认识。

很多人对自己没有清晰的定位，而定位不清晰会导致自己很被动、很不适应。第二层含义上的"认识自己"比第一层含义上的"认识自己"更难做到。

有智慧的人在讲"自知之明"时，实际上包含两个方面：自己怎么看自己、别人怎么看自己。当前，我们团队中有些人其实不太了解别人怎么看自己，自己看自己和别人看自己之间存在重大的偏差。如果这个偏差超出一定范围，这个人就很难取得成功。

2. 做一个有情怀的人：胸怀宽广，梦想远大

关于"有情怀"，我主要讲两个方面。

一是有胸怀。胸怀是指能够容人、容事、容一切。我们经常讲，一个人如果没有宽广的胸怀，就去看看大海，"海纳百川"为胸怀。

我跟一些同事交流过这个话题。当一个人对你的态度不好时，你很生气、很痛苦，这就是没有胸怀。当你的胸怀很宽广的时候，你就会谅解别人。真正胸怀宽广的人会宽恕别人，因为宽恕别人就是宽恕自己。而当你不再记恨别人时，实际上最大的受益者是你自己。

二是有梦想。我们对公司是有愿景的，对公司的团队是有长期设想的，

对业务发展是有较高的目标的。而当我们把这些愿景、设想、目标融合在一起后，就拥有了远大的梦想。

当然，我们推崇的是阳光的梦想，是做事、创业的梦想，是发展自我和团队的梦想，是让自己爱情美满、家庭幸福、生活快乐、事业进步的梦想，绝不是结党营私、溜须拍马的梦想。要想成就更好的自己，一定要有阳光的梦想。

中国人中国梦，雪花人雪花梦。我们每位负责人都应该对自己负责的区域公司有梦想，对自己负责的营销中心、销售大区有梦想。

我曾经讲过，梦想要靠自己、靠奋斗去实现。当我们回首往事的时候，我们会为当年设定了这个梦想而骄傲，更会为自己实现了这个梦想而自豪，这才叫有情怀。

3. 做一个有能力的人：学习、反思，积累能量

如果一个人没有能力，那么不仅组织看不上他，团队看不上他，领导看不上他，而且就连下属也看不上他。

有能力的人在这个世界永远站在 C 位，没有能力的人就算因投机而站在 C 位，也不可能一直站在这个位置，所以大家一定要成为有能力的人。而能力需要靠自己努力、靠组织支持，更要靠实践和学习来提升。从提升能力的角度来讲，我首先强调的一个要素是"学习"。一个人的智商可能由先天决定，但能力可以通过学习来提升。

想成长、成才，唯有不断地学习，时至今日我也保持着每天读书学习的习惯。学习是每时每刻都要进行的，要学习我们身边的人，学习领导、下属、同事和对手。我们不仅要把学习当成自己的工作习惯，还要把学习

当成自己的人生习惯。

可以说,学习是华润雪花啤酒最重要的法宝。

提升能力的另一个要素是反思,这一点也很重要。一个人如果没有反思能力,就会一直觉得自己很优秀,从而看不到自己的缺点;一直觉得自己的组织很优秀,从而看不到组织的缺点。虽然华润雪花啤酒这几年发展得不错、势头较好,设定的目标也很高,但是我们天天都在找自己的问题和不足。

当我们把自己的成绩说得像天一样大的时候,更应该把自己的不足说得比天还大。说成绩是为了激发做事的热情,说不足则是为了提醒自己应该更好地做事,做更大的事。

"从业务中来,到业务中去"是提升能力的重要途径和方法,秉承"学习与反思是我们的工作习惯"的想法可以促使我们成为更有能力的管理者。

4. 做一个有成就的人:干事创业,历练自我

什么是有成就的人?其实就是能做大事的人。我们推崇能做事、敢做事、做成事、做大事,我们推崇进步巨大、成绩卓越、创造奇迹。回顾华润雪花啤酒过去的三年,我们取得了让团队称赞、让自己引以为豪的成就。人有大梦想,做事有大成就,自己骄傲,团队的成员也会自豪。

如果一个人在上一个三年、这一个三年、下一个三年里都没有成就,公司和团队中的每一个人都会瞧不起他。但最让人瞧不起的是那些自己没有成就,却认为自己非常有成就的人。

我们要成为真正有成就的人,在做事、创业中历练自己、成就自己。

5. 做一个有能量的人：阳光正直，与人为善

有能量的人往往是阳光、正直、善良的人，拥有正确的价值取向。有能量的人能够激发和点燃团队、领导、下属、同事、朋友。有能量的人拥有的是正能量，就像一团火一样，能够温暖他人。有能量的人是能够为一大群人照亮前进之路的"小太阳"。有能量的人是与人为善的人，别人愿意跟他在一起。我们要努力成为有能量的人。

6. 做一个有情趣的人：享受生活，快乐工作

要成就更好的自己，就要做一个懂生活的人。我们不能只会工作，不懂生活，为什么呢？因为和有情趣、懂生活的人在一起会很舒服。我们不仅要会工作，还要会生活，要有自己的爱好，如读书、品尝美食、看风景、跑步、下棋。

试想一个人天天忙于工作，没啥业余爱好，每天加班熬夜到凌晨，从团队的角度来看，不一定是好事。大家要把工作和生活分开，而分开的目的就是要快乐地工作。如果工作让你不快乐，那我奉劝你赶紧跳槽，因为这份工作并不适合你。对每个人来说，唯有工作快乐、快乐工作，才能让他迸发出更多能量，激发更多智慧。

因此，只有享受生活、快乐工作，才能成就更好的自己，让自己更好地面对挑战。

7. 做一个有操守的人：为人干净，注重小节，耻于世俗

做一个有操守的人很重要。

第一，为人一定要干净，不要违规违纪。

第二，要注重小节。注重小节是很难做到的一件事，因为所谓的小节，

是我们从小到大养成的习惯，可能包括爱说脏话、爱戏弄他人、吃饭需要有人陪、讲究排场等。

小节上有问题虽然不会出大事，但会让人看不起。一个人对小节的管理是非常重要的。人们看一个人的大德很难，但看小节很准，如果在小节上有问题，就会给别人留下很差的印象。

第三，要耻于世俗。这里的世俗是指社会上的不良风气，如江湖习气、逐利者心态、老大心态等。

江湖习气在社会中很常见，如喜欢走关系、递条子、结交兄弟，走到哪里都一堆人围着，只提拔自己的兄弟、老乡、同学等。雪花啤酒是干事业的，不是混江湖的，不需要江湖习气。

逐利者心态是指无论什么时候都把自己的利益看得很重，注重自己的得失，这就是小家子气，是非常不好的。

关于老大心态，其实很多人都有老大心态。例如，让谁下楼谁马上就得下楼，开会时必须有人给他端杯子……我们要持续转变这种老大心态。对于官僚做派、官僚作风等世俗的东西，我们要坚决摒弃。它们会阻碍我们成就更好的自己，会让我们成为丑陋的人，不可能让我们成为华润雪花啤酒新时代的英雄或人物。

以上就是我所说的成就更好的自己的七点，要做到有智慧、有情怀、有能力、有成就、有能量、有情趣、有操守，很难。

对此，我想在每个"有"字之前加一个"更"字，即成为更有智慧、更有情怀、更有能力、更有成就、更有能量、更有情趣、更有操守的人。唯有一点一滴地不断进步，才能成就更好的自己。

"三级一把手"人才培养项目实施了六期，目的是让我们成为更好的自己。华润雪花啤酒的事业需要我们所有人去成就，而只有成就更好的自己，才能成就我们的事业。

我们聚是一团烈火，大家要像火种一样点亮周围，用无数团火形成一团烈火，唯有这样才能温暖、激励、带领、成就更好的团队。当然，在这个过程中，每个人都能成就自己。

在业务艰难的时候，在面对坎坷的时候，我们就是一束光，能够照亮队伍前进的方向。在这束光的照射下，更多的雪花人会凝聚在一起，整装向前，向着胜利的方向大步前进。

我相信华润雪花啤酒的未来需要更好的我们，我们也终将成为更好的自己。

（本章源自 2020 年 1 月 4 日的"新年第一课"讲话）

| 第 25 章 |

成就最好的团队

今天是第四次"新年第一课","新年第一课"已经成为华润雪花啤酒团队学习培训的一个品牌。

回想去年此时,我们在华润学习与创新中心(雄安校区)学习2020年的"新年第一课"——"成就最好的自己"。那时,华润雪花啤酒开启了第二个三年新战略,每个人都在那个节点踏上了新的征程。每位同事都在征程中奋勇向前,争做先进模范,去奋斗,去创造,去成就更好的自己。

回顾2020年,我们在疫情防控期间勇做"行业逆行者",取得了喜人的成绩,华润雪花啤酒的势和能发生了重要的变化。我们的每一位管理者、我们的团队、我们的公司,都发生了很大的变化。

我们已经成长为一支能打仗、能打胜仗的团队,我们有信心也有决心在未来两年内取得"决战高端"的胜利。此时此刻,我觉得"团队"对我们每个人来说尤为重要。希望大家能够从今天开始，真正地把"团队"装在自己心里。

大家都知道：一个人是英雄，一个团队更是英雄。我们每个人在成长的过程中，都通过奋斗来提高自己的能力，取得个人的进步，才有了今天的成绩。但是，要知道我们的成绩都是与我们的领导、同事、下属共同奋斗得来的，我们都是团队的一分子。因此，在讲今天的主题——"成就最好的团队"之前，让我们先看一下什么是团队。

25.1 什么是团队

关于团队的定义，我比较认可管理学家斯蒂芬·罗宾斯的观点，即团队是由两个或两个以上相互作用、相互依赖的个体，为了特定的目标，按照一定的规则结合在一起而形成的组织。

在这个定义中有几个关键点。第一个关键点是"两个或两个以上个体"。两个人叫"哥俩好"，三个人叫"三人行"，都不是我们心目中的"团队"。"团队"定义中的第一要素是要有一群人。

第二个关键点是"相互作用、相互依赖"。团队中的每个个体都相互作用、相互依赖、相互支持、相互帮助，所以"相互"两个字对团队特别重要。

第三个关键点是"特定的目标"。这群人不是随便组合在一起的，大家是为了同一个目标、同一项事业而来的。

团队是有规则、有制度、有约束、有自身运作规律的，人们按照一定的规则结合在一起。有目标、原则、流程和体系，才能称为"团队"。

通过这样的关键点梳理，我们对"团队"通俗的释义是：要有一群人，要有一把手，要有"四梁八柱"（骨干力量），要有共同的目标，共同组成一个完整的组织，这才叫"一个团队"。

要将共同的目标和共同的事业作为引领团队发展的第一动力。团队必须按照一定的规则行动，去争取共同目标的实现。因此，团队存在的价值和意义在于"干活"而非"享受"。特别是对华润雪花啤酒的团队来说，更多的是要落实战略，推动实践业务，夺取高端业务的胜利。

简言之，团队就是"为了一个共同的目标，在一起干活的一群人"。

在现实中，有些人成功了，有些人失败了；有些团队成功了，有些团队失败了。个人成功与否是个人的事，只关乎他自己，而团队成功与否影响的是团队、组织、公司、事业。没有哪个团队会说，我们组建团队的初衷是聚在一起，共同努力，为了团队的失败。真正的团队目标一定是胜利。

所以，团队的共同利益就是团队的成功。一个团队的人在一起，要把事情干成，让团队中的每个人为此自豪、骄傲。

因此，成功是团队最重要的一个目标。

25.2　团队成功的原因

团队成功的原因很多，我总结了四个方面。

第一，团队的两个"牛鼻子"。

两个"牛鼻子"分别是好的一把手和好的"四梁八柱"。在一个团队中，谁是"主心骨"？毫无疑问，就是团队的一把手，一把手是一个团队的核心和灵魂。如果有人说"这个团队很成功，但是领导者失败了"，这是不可能的。一个好的一把手对一个团队的重要性不言而喻。

但是，一个团队中只有好的一把手，却没有好的"四梁八柱"，也是不行的。一个好的团队，靠的绝不是一个人的成功，而是一群人的成功。由一把手和好的"四梁八柱"组成的"1+N"的组织结构是一个团队的核心力量。

第二，团队的工作风格。

团队的工作风格是团队成功的基本要素之一。从华润雪花啤酒的发展历程来看，学习、反思、共创是我们推崇的3种工作风格。团队在日常工作和实践中要勤于学习、勇于反思、善于共创，这才是好的工作风格。好的工作风格是团队成功非常重要的支持条件。

如果一个团队的工作风格是骄傲自大、短视、封闭、"一言堂"、压抑、不共创，就会离成功越来越远。只有善于学习，不断总结自己的问题，总结自己的经验，把所有人团结在一起，能共创、能分享的团队，才是一个好团队。

第三，团队的精神风貌。

团队的精神风貌就是我们通常说的团队的精气神。一个团队的精气神如何？是激情万丈还是垂头丧气？是斗志昂扬还是迷茫无助？从团队一把手身上就能看出来，从团队成员身上也能看出来。

电视剧《亮剑》中李云龙的队伍，无论是新一团还是独立团，他们身上都有一种很鲜明的精神风貌，我称之为"亮剑"精神。"亮剑"精神就是一种很好的团队精神。这种团队精神一定是由团队的"四梁八柱"与一把手共同形成的，也一定是团队的成员都认可和遵循的，是团队的血液和基因。拥有这种精神的团队在竞争中将所向披靡。

我相信，在观看华润雪花啤酒的抗疫纪录片时，大家都能感受到武汉销售大区团队昂扬的斗志、勇敢的精神和战胜困难的决心，这些都使我们感到震撼。这部纪录片反映了武汉销售大区一把手（武汉销售大区原总经理吴成干）的精神风貌，反映了武汉销售大区团队的精神风貌。

上次在华润学习与创新中心（雄安校区）举行"华润之道"卓越经理人培训班第17期毕业典礼的时候，华润集团的一位独立董事跟我说，雪花啤酒学员的精神风貌跟别的专业学院的学员不一样，雪花啤酒的每位学员都有很有激情，斗志昂扬。

大家身上体现出来的精气神正展现了华润雪花啤酒团队的精神风貌：有斗志、有激情、爱学习、肯奋进。

第四，团队的文化氛围。

文化氛围和工作风格是不一样的，工作风格是指大家怎么做事，而文化氛围是指每个人在团队中感受的精神，是指团队的整体环境。一个团队的文化氛围好不好，就看这个团队是不是很包容、很公平、很公正、很阳光、很正气。不公平、不公正、只认兄弟，这不是团队，而是帮派。

一个真正优秀的团队，会包容每位新来的员工，会包容每个团队成员的缺点，会为每个团队成员的成功而骄傲，会因每个团队成员的失误、团队的失败而奋进、反思，在遭遇困难的时候互相帮助，在取得胜利的时候共同庆祝。这才是好的团队文化氛围。

此外，在好的团队文化氛围中，团队成员应该是彼此坦诚相待的，不用彼此猜忌、钩心斗角，否则团队根本无法前进，团队的目标也很难达成。因此，团队的文化氛围很重要。

在团队中，我们要牵住两个"牛鼻子"，让团队保持踏实勇为、勤奋学习的工作风格，让团队激情万丈、充满斗志，让团队海纳百川、公平公正、阳光向前。

25.3 团队的敌人

团队的敌人是谁？根据这么多年的个人发展心得和公司发展历程，我认为对团队，尤其是对优秀的团队来说，真正的敌人有以下几个。

第一，不公平、不公正。

一个好的团队，应遵守公平和公正原则，所以团队最大的敌人是不公平、不公正。如果一个团队的赏罚机制是不公平、不公正的，提拔干部时有一些"潜规则"，比如有个人的观点、利己的思想，那这个团队就不可能是好团队。身处这样的团队，团队成员早晚都会离去。

第二，不和。

不和是指团队不和谐，团队成员之间闹矛盾、互相争斗、互相打击，比如一把手打击下属、同级别员工相互争斗，甚至下级恶意举报上级。人际不和、事业不和、风格不和、利益不和等都是团队的敌人，长此以往，团队很容易分裂。

第三，没有选好一把手和"四梁八柱"。

一个团队如果选错了一把手，就犯了大错；选对了一把手，但如果这位一把手不善于培养和发展团队的"四梁八柱"，身边没有好帮手，那么即使他个人能力很强，这个团队的能力也不会太强。

第四，没有明确的目标。

华润雪花啤酒过去经常讲"把目标定在山尖上"，如果团队连清晰的目标都没有，或者有了清晰的目标，但团队总是在摇摆，那么它肯定不是优秀的团队。

第五，讲人情。

如果一个团队讲人情、讲脸面，总是一团和气，它就不是真正的团队。一个真正有使命、有目标、有规则的团队，不能讲太多的人情。我们很多一把手在管理团队的过程中，就是太有人情，太在意人情世故了。

历史上有很多成功的团队，如《三国演义》中的"刘关张"团队。刘备是一位特别好的一把手，他始终有崇高的目标，始终依靠"四梁八柱"，否则不会有"三顾茅庐"这样的求贤佳话流传百世。此外，他制定了很好的团队规则，从"刘关张"团队"创业"前期和中期来看，刘备是一位比较合格的团队一把手，他的团队也取得了成功。但是他的问题出在哪里呢？就是他当了"皇帝"之后，对团队的管理失之于宽，造成团队分崩离析，最后没有实现"兴复汉室"的目标。

我们再看《西游记》。唐僧师徒是一支很成功的团队，大家性格互补。任何一个好的团队都有一个很重要的特点，那就是互补，而唐僧师徒团队更是将这一特点发挥到极致：有能打妖精的，有能挑担子的，有能开玩笑的，整个团队很活泼，大家各有所长。每个困难时刻，团队中的"四梁八柱"都发挥了重大作用，但是唐僧始终掌控着西天取经的方向和团队规则。孙悟空破坏了规则，他就念"紧箍咒"。最终，这个团队取得了真经。唐僧师徒是成功团队的一个典型案例。

再看刘邦和项羽，这两个人分别带领各自的团队展开竞争，最终项羽落败。项羽为什么会失败？太依靠一把手，没能充分发挥"四梁八柱"的能力。此外，项羽始终没有一个崇高的目标，他的目标是什么？是推翻暴秦、称霸诸侯。这一目标与刘邦的目标完全不一样，刘邦的目标是夺取天下。

另外，刘邦和项羽各自团队的规则也不一样。刘邦奉行"共利"规则：只要能够帮助团队打天下，无论出身背景，他都会给予封赏。项羽则更依赖个人权威，他虽勇猛善战，但对部下封赏吝啬且猜忌多疑。两个团队的规则完全不同，风格也完全不一样，刘邦善于用人，项羽不善于用人。这两个团队的结局可以为我们提供很多借鉴。

我们的职责就是打造优秀的团队，我们一定要知道，优秀的团队究竟优秀在哪里。

25.4 团队中的四个关系

正确地处理团队中的几个关系，对一个团队的成长发展有帮助，可以使团队实现从普通到卓越的目标。

第一，个人和团队之间的关系。

一把手很弱，只依靠团队，那这个一把手就是南郭先生，滥竽充数。一把手很强，而团队不行，这是个人英雄主义。

如果个人对团队的贡献和团队对个人的回馈处于失衡状态，个人总觉得自己对团队的贡献很大，团队对自己的回馈很少，两者之间的关系就有问题。

将个人凌驾于团队之上也是不对的。例如，个人把团队看得很小，把自己看得很大；个人不愿意与团队分享自己的能力和经验。我们每个人都是团队的一分子，我们的才华要贡献给团队，我们的教训要分享给团队，我们要向团队中的每位成员学习，我们要在团队里做出应有的贡献。我们不能将自己凌驾于团队之上、脱离团队、欺骗团队，也不能在团队中做碌碌无为的人。

我们每位销售大区总经理都带领着市场一线团队，也身处华润雪花啤酒"三级一把手"这个团队中，每个人都要学会处理个人和团队之间的关系，摆正自己的位置。

第二，一把手和团队之间的关系。

大家知道，一把手和团队之间的关系往往非常密切。

首先，一把手强，团队才能强；一把手成功，团队才能成功，这是根本性的逻辑。因此，如果一把手很弱，团队很强，那说明一把手选错人了，要赶紧调整。就像三国时期的赵云一样，不能再跟着公孙瓒了，要赶紧跳槽换团队。

一把手成功，团队才能成功。如果一把手没有做出过业绩，干什么事都失败，试想这个团队能成功吗？一直打败仗的将军无法管理好一个团队。

其次，一把手担负着带领团队取得成功的责任，一把手个人的成功不能代表团队的成功。因此，一把手强，团队也应该强。如果一把手很强，团队很弱，那这个一把手就不是真的强。

第三，一把手和团队成员之间的关系。

一把手也是团队中的成员，不能凌驾于团队之上。一把手与其他成员之间的关系是平等的，只是角色不一样、责任不一样而已。一把手要感恩团队，无论是成功还是失败，一把手都应该对团队表示感谢。一把手最主要的支持来自团队，发展也来自团队，成功更在于团队。

一把手和团队成员之间的关系关键在以下几点。

其一，好的一把手应该是好的领导者、好的伙伴、好的支持者、好的引导者。一把手要和团队中的每个人建立融洽的关系，了解每个人，善待每个人，知人善任。

我为什么要讲一把手和团队成员之间的关系？了解清楚团队中的每个成员，把团队中的每个成员都放在最合适的位置上，是一把手的首要责任。如果这件事没做好，反倒天天请客吃饭喝酒，那是不行的。因为大家加入团队不是为了吃饭喝酒，而是为了发展事业的。

因此，一把手一定要知人善任，把人放到合适的位置上，让其成长、发展，进而带动团队成长、发展，这是一把手的责任所在。

其二，好的一把手应有同理心。一把手要了解团队成员、支持团队成员、帮助团队成员、引导团队成员，及时对其进行提醒、帮助，引领团队成员的发展。

其三，一把手要对员工好，要解决员工的困难，要对员工有人文关怀。

其四，判断一个一把手好不好，最关键的依据是四个字——"揽责推功"。

责任来了，肯定是一把手的事，绝对不会说是张三的事、李四的事，否则显得一把手没水平、品质低下，因此，一个好的一把手一定会自己承担责任，这样团队成员才会跟着他加油干。

揽责很重要，推功也很重要。功劳有了，评优总是评选自己，总是说自己厉害，把所有的功劳、奖励都给自己，那你还要别人干什么呢？这样你就成了光杆司令了。所以，有了功劳，首先要把功劳推给真正有功的团队成员，奖罚分明。只有让团队发光，一把手才有光。

"揽责推功"说起来容易做起来很难，但是好的一把手一般都能做到。

第四，团队成员之间的关系。

团队成员之间的关系很简单，就是伙伴、同伴的关系，大家互相支持、互相珍惜、互相分享、互相帮助，有能力的时候拉一把，成功的时候推一把。

有的团队成员之间互相看不起，这是非常不好的。团队成员之间要互相欣赏、互相支持、互相协作，能力、才华、经验、知识要互补，这样才有利于维系关系。

25.5　好团队的特征

第一，有好的一把手。

没有好的一把手，其他方面再好也形不成好团队。一个组织需要一个能使其获得很大能力提升的一把手。这个一把手必须有才能和远见，这样他才能看得更远，才能使团队走得更远。如果一把手看得很远，但才能有限，不能带领团队实现目标，那他就不是好的一把手。因此，有才能无远见不行，有远见无才能也不行。

有了才能和远见，还要有胸怀，容不下人的人是带不好团队的，是绝对不可以当一把手的。

第二，有好的"四梁八柱"。

"四梁八柱"是指团队中的骨干。有了好的一把手和若干好的骨干，团队的"1+N"结构就形成了，有了"1+N"结构，"团队之屋"坚实的架构就搭建起来了。团队的"四梁八柱"要有专业性。一把手要为团队配备足够专业的人、有能力的人、有创造力的人。

另外，团队的"四梁八柱"还要有比较高的情商。有些人不善于处理自己与领导之间的关系，不善于处理自己与同事之间的关系，很难成为团队骨干。

第三，有好的目标。

在一个团队中，好的目标是激励团队前进的灯塔。如果没有这个灯塔，团队就会失去方向，不知道向哪里行进，变得迷茫。一个好的目标一定是组织共同的目标，而不是某个人的目标。如果这个目标实现了，是群体的光荣，而不是某个人的光荣。

因此，"决战高端"将是华润雪花啤酒这一群人、这家公司的历史使命和共同的荣耀。好的目标是大家的、是远大的。如果某位新员工加入华润雪花啤酒后，发现我们的目标不是立志做行业第一名，而是做行业第三名、第四名,那这位新员工可能会立马跳槽,找一家立志做行业第一名的公司。

如果团队的目标不远大,团队成员的成长就会很慢,提升就会很少,发展就会很有限。

第四,有好的氛围。

如果一个团队氛围很好、公平公正,大家相处得很融洽,团队成员就愿意在组织里待下去。有的团队成员想辞职、想跳槽、想换岗位,为什么?就是不愿意待在这个团队里,不愿意待在这个业务部里,不愿意待在这个销售大区里,不愿意待在这个营销中心里,不愿意待在这个区域公司里,不愿意待在华润雪花啤酒里。

大家为什么不愿意在团队里待下去?因为氛围太差。氛围太差,实际上就是一把手太差。氛围不好,直接责任人是一把手,其他责任人是"赵高"式的人物,还有"李斯"这样的权臣……这种团队没有发展前途。对一个好团队来说,好的氛围很重要。

第五,有好的机制。

团队要想发展,机制是保障。我们做任何事情都是有机制和规则的。例如,我们的职务晋升、绩效激励等,一定是有章法可遵循、有规则须遵守的。"决战高端"也一样,在《营销发展新理念》和"五点一线"方法论的指引下,充分对标"高端策论25"。我们的业务发展只有以机制为保障,方能走在正确的道路上。

第六,有好的业绩。

好团队一定要求有好的业绩。这一点很容易理解,如果一个拥有一群英雄的团队在上述五个方面都做得特别好，但最终的业绩一塌糊涂，那这群英雄就变成一群"狗熊"了。

业绩以结果为导向。如果一个团队的业绩很差，这个团队就不是一个好团队，不是一把手选错了，就是骨干有问题，或者是团队的目标选错了，又或者是团队的氛围差、执行力弱，抑或是团队没有好的机制做保障。

在上述六个特征中，我把"一把手"和"业绩"分别放在一头一尾，其实是想说明好的一把手和好的业绩是最核心的评价标准。团队要想取得成功，一把手关系重大；团队发展得好坏，业绩是重要的评判标准。

25.6　如何成就最好的团队

今年"新年第一课"的主题是"成就最好的团队"，前面与大家分享了团队的定义、团队成功的原因、团队的敌人、团队中的四个关系、好团队的特征。接下来向大家讲解如何成就最好的团队。在此之前，让我们先翻开华润雪花啤酒的历史篇章，看一下华润雪花啤酒在发展历程中是怎么看待团队的。

以前，华润雪花啤酒的人经常讲团队，虽然团队中也有小问题，但是总体来说还是好的。因为华润雪花啤酒的1000万吨年销量、1000多亿元的品牌价值、单一品牌全国销量领先乃至全球销量领先并非浪得虚名，这是华润雪花啤酒以前的团队在残酷的市场竞争中赢得的，所以华润雪花啤酒拥有一个好团队。

那么，华润雪花啤酒以前的团队有什么特点？我认为有以下四个特点。

第一，五湖四海。

华润雪花啤酒的团队成员来自五湖四海。大家都知道，华润雪花啤酒的两任CEO都是从市场上招聘并在公司成长起来的。而其他同事更是来自五湖四海。

第二，学习和反思。

华润雪花啤酒团队的工作风格就是学习和反思，"学习推动成长，反思促进发展"和"从业务中来，到业务中去"是我们"决战高端"的两大法宝。将学习和反思作为我们的工作习惯，就是华润雪花啤酒团队的工作风格。

第三，拥有"抗上"基因。

华润雪花啤酒的精神内核有两点：一是一定要做第一，一定要做强；二是拥有"抗上"基因。"抗上"指的是什么？就是我们永远对别人说得不对、做得不对的事情进行抵抗和反抗；永远对他人错误的观点、错误的做法、错误的策略进行抵抗和反抗；永远对外界所有不正确的指示或精神进行抵抗和反抗。

其实，这种"抗上"文化在华润雪花啤酒很长一段历史中是存在的，因为我们所处的行业竞争非常激烈、残酷，市场演变也很快。我们的团队始终遵循市场规律，并且在竞争中不断总结经验，因为没有任何一条经验是适用于所有情况的。

"抗上"的本质是对所有权威的东西都要去质疑，对所有的经验、政策都要通过业务实践和业绩表现去检验。简言之，"抗上"就是告诉大家不要对领导言听计从，对于上级的观点，我们完全可以论证，我们要大胆怀疑，小心求证，全力实践。

第四，个人强不是强，团队强才是强。

华润雪花啤酒在过去的发展过程中，派了很多团队在各个省区市工作，这是在告诉大家，一定要重视团队建设，别总是自己一杆枪、一匹马独自驰骋于战场。

华润雪花啤酒进入新的发展阶段之后，我们把"个人强不是强，团队强才是强"改为了"个人强是强，团队强更是强"。

回顾完历史，我再讲讲自己如何看团队中的责任与功劳。

（1）打造团队的第一责任人永远是团队的一把手

除了一把手，没有人能够通过组织体系准确地描述每位团队成员，也没有人能够用组织的画像准确地定位团队的业务、问题、要素。打造团队要靠一把手，如果团队不行，只能说明一把手能力不足。

（2）团队失败的第一责任人是团队的一把手

这一点需要我们时刻谨记。例如，一个营销中心没做好，毫无疑问，第一个被问责的就是这个营销中心的总经理，区域公司、销售大区亦然。

在过去三年的发展过程中，我们每年都有十几个销售大区总经理被淘汰。华润雪花啤酒的企业文化决定了团队失败的第一责任人是一把手，销售大区失败（业绩差、能力弱、内部分裂等）的第一责任人就是销售大区总经理。

（3）团队成功的功劳属于集体

为什么强调功劳属于集体呢？个人英雄只是英雄，集体荣誉才是真的荣耀。就像我们观看世界杯比赛，看到了阿根廷国家男子足球队夺得世界杯冠军，不管球王马拉多纳个人能力多强，他也必须靠球队成员的协作来一起赢得比赛。

所以说，团队成功的奖章属于团队，而不是一把手个人。这是因为任何一个团队的成功虽然有一把手的努力，但更重要的是团队整体的力量。

我们要打造"五有"团队，成就华润雪花啤酒最好的团队。"五有"即有目标、有策略、有能力、有精神、有业绩。

1）有目标。我们有目标吗？我相信每位一把手都有目标。华润雪花啤酒的"3+3+3"战略已经为我们描绘了9年的阶段性目标和整体目标，所以华润雪花啤酒的团队是有目标的。

2）有策略。我们有策略吗？当然有。《营销发展新理念》、"五点一线"方法论、"高端策论25"，还有各区域公司、各营销中心、各销售大区、各生产工厂无数业务实践的案例总结和经验萃取……这些都是我们的智慧沉淀，也是我们团队制胜的策略。

3）有能力。我们有能力吗？华润雪花啤酒这几年不断锻造高端销售能力，我们做"国际品牌+国内品牌"双品牌组合群，搞渠道营销，推进产能优化、开展"铸剑"行动，这些重大举措都是在锻造我们的高端销售能力。

特别是近年来我们先后启动了"三级一把手""两个风火轮""混天绫"等"决战高端"系列人才培养项目，以及战略中心城市业务发展工作坊。这些培训项目和工作坊就是在锻造和增强我们决战高端的能力，培养决战高端的人才，积聚决战高端的动能。

4）有精神。相信每位雪花人都有"每一个人都不简单，每一瓶酒才放光彩"的雪花精神，这是我们企业文化重塑项目的重大成果，这种精神能帮助我们把华润雪花啤酒铸造成一个有凝聚力的团队、一家有企业文化的公司。

5）有业绩。我们用3年的时间使华润雪花啤酒市值翻番、利润翻番，业绩显著、成绩斐然。

综上所述，从华润雪花啤酒整个公司的团队层面来说，我们已经具备了"五有"团队的雏形，正在进一步建设"五有"团队。

那么接下来，每位营销中心总经理、每位销售大区总经理、每位生产工厂总经理，你们需要想一想，你们带领的团队是不是"五有"团队？你们是不是有目标、有策略、有能力、有精神、有业绩？

对照"五有"标准来打造我们所带领的每个团队，打造一个又一个能打仗、能打胜仗的团队，把华润雪花啤酒"3+3+3"战略执行到位、圆满落地，那么华润雪花啤酒的团队就会成为行业里最好的团队。

（本章源自2021年1月4日的"新年第一课"讲话）

| 第 26 章 |

成就最好的雪花

今天是我第六次讲授"新年第一课"了，今年也是我讲得最轻松的一年。2018 年授课时，我们正在做组织再造。2019 年授课时，我们正在做岗位优化，关厂，以及与喜力业务的整合，当时我们的压力非常大。2020~2022 年这三年是一段非常艰难的日子。回想"新年第一课"这个系列，从关注业务到关注人，课题越来越大，去年讲了"成就最好的事业"，今年呢？就讲讲雪花。

说到雪花，每个人都是雪花人，每个人都对雪花充满了感情，雪花的经历是一部波澜壮阔的创业和再创业发展史。今年是党的二十大召开之后的发展之年，也是华润雪花啤酒新时代"3+3+3"战略中第三个三年的开局之年。我们站在 2023 年新年的起点上思索：我们该如何面对未来的雪花？我们将来会为这朵雪花贡献什么样的力量？作为雪花人，我们需要用一堂课好好地思考这两个问题。

华润雪花啤酒自成立至今，很快就要满30年了，30年的时间不长也不短。有些企业可以在30年内成就特别大的辉煌；有些企业在30年内销声匿迹；还有些企业成立了二三十年后还在泥潭里挣扎。在疫情防控期间，我们这朵雪花经过3年刀尖向内的改革，反而获得了新生的力量。这3年我们获得了超常规的发展，2022年的业绩又一次创造了历史，这在市场化企业中是不多见的。我们的销量、收入、利润都在增长，我们的净利润创造了历史纪录，我们的高档产品也在行业中基本实现了领先优势，我们的发展势头越来越好。很多人都很好奇：华润雪花啤酒为什么会取得这样的成功？这家公司有一群怎样的人？他们干了什么样的事情？华润雪花啤酒，从公司整体到员工个人，每年的收入都在增加，为什么会出现这样的奇迹？华润雪花啤酒现在走到了一个什么样的位置？要走向哪里？我觉得这真的需要大家一起回顾一下。这堂课一共讲五部分内容，叫"五朵雪花"：第一部分，雪花；第二部分，雪花人；第三部分，雪花的精神；第四部分，雪花的未来；第五部分，如何成就最好的雪花。

26.1　雪花

26.1.1　雪花的历史

说到雪花，大家会想到什么？雪花对我们来说不仅是一个logo，不仅是一个企业的名称，而且是我们的大家庭，是我们事业发展的平台，是我们的一段光辉经历。我们伴随雪花走过了二三十年，我们很多人的一生与这家公司息息相关。我曾经讲过：如果没有这朵雪花，就没有我们的今天。当然如果没有我们这些人，也不可能有雪花的今天，这是人和企业之间相互促进、相互成长、相互成就、共同发展的经历。

雪花的发展历史可以称为一部创业史，它浓缩了一个行业的发展历程，与国家的经济发展轨迹息息相关。雪花诞生在改革开放之后，当时的华润集团正在实施二次转型，从香港到内地发展产业，选中了啤酒这条赛道，选择了雪花。雪花是华润集团转型过程中最突出、最杰出的代表，华润集团也因为雪花转型成功而有了更多的经验和信心去做更多的产业。雪花三十年的发展为什么会有这么多的象征意义呢？我记得华润集团的一位领导者曾经说过：在很长一段时间内，都是华润雪花啤酒"带"着华润集团跑。这是真的。华润集团从1993年开始进入东北，启动"蘑菇"战略，形成了东北的模式、东北的经验、东北的团队，以及一部分企业文化。在东北获得了一定的成功之后，我们开始沿江沿海发展，开始在重点地区布局我们的产业。在这一过程中，我们形成了属于华润雪花啤酒的整合经验、整合模式、整合能力，我们能够把26只"猫"变成一只"大老虎"，把30多个品牌变成"一个雪花"，形成一个强大的啤酒集团。从20世纪90年代到今天，整个啤酒行业经历了两个发展阶段：规模发展阶段和质量发展阶段。雪花在规模发展阶段迅猛成长，用20年的时间成长为中国第一。2017年以来，我们又通过高质量发展推动雪花走到今天，通过过去6年的努力，我们现在的利润是6年前的4倍，我们的产业范围从啤酒拓展到了非啤酒领域。雪花又一次紧紧抓住高质量发展时代的主要趋势，推动了"决战高端、质量发展"，走向更美好的未来。这就是我们的发展史，也是一部创业史。

华润雪花啤酒在这30年间从无到有、从小到大、从大到强，从强到美、从美到更美，一个台阶一个台阶地向上走，一个阶段一个阶段地提升，一座大山一座大山地翻越，终于取得今天的成绩。我们在过往30年的发展历程中，经历了规模发展阶段和质量发展阶段。今天的雪花再一次转型，开始成为一个综合类酒业公司，我们不仅要做啤酒新世界的领导者，还要做白酒新世界的探索者，更要做中国酒类产业的先行者。所以说，雪花这30年的历史就是一部创业史，也是一群人的奋斗史。我们在学习中成长，在实践中发展，一代代的雪花人不断推动着公司前进，让公司走到了令外界惊叹的地步，甚至在雪花工作很长时间的雪花人，以前都不太相信公司能发展成今天这个样子。我们从规模发展阶段走到了质量发展阶段，我们的高档酒、国际品牌都得到了非常大的发展，我们的组织效率、产品质量、生产管理、信息化、人才结构与6年前截然不同。

我们依旧是那朵雪花，但是今天的雪花比过去的雪花更好，所以我用了一个词——"蝶变"。雪花的发展史是一段不断蝶变的企业发展史。这种蝶变很重要，一个企业如果按部就班地发展，很难取得辉煌的成就，因为所有的产业都在奔跑和竞争，你不可能在一条赛道上永远领先，很容易被人超越。如果一个组织、一个团队、一个公司、一个产业有勇气改革，有勇气改变自己，就能实现蝶变。蝶变是自我迭代，这种迭代是任何对手和友商都难以超越的。所以我觉得企业一定要有蝶变的能力，要有蝶变的历程。雪花刚开始收购了很多企业，向全国市场发展，之后开始做全国品牌，做大规模，做区域市场，接着开始追求高质量发展，做高档酒、国际品牌，现在又开始做其他酒类产业。这种蝶变使雪花不断蓬勃向上，不断注入新鲜的活力，即使它已经30岁了，经历了几代领导者，走过了无数个战略阶段，但与6年前、10年前的雪花比，今天的雪花反而更年轻、更有希望、更创新、更有未来。

这样一个拥有蝶变能力、拥有30年发展史的雪花，到底是一家什么样的公司？

26.1.2 雪花是一家什么样的公司

我们是一家始终被外界误读、始终让外界惊诧的公司。过去外界认为我们是一个异类，为什么？因为华润雪花啤酒身上有太多的标签，容易让外界误解。我们的管理团队在公司发展过程中始终要牢记自己身上的 3 个标签：社会标签、员工标签和公众标签。每个标签都是一份责任。

1. 社会标签

谈起社会标签，华润雪花啤酒首先是隶属于中央企业的下属单位。一开始我们觉得"中央企业"这个标签非常好，后来发现，不能过多地强调这个标签，因为外界会质疑：中央企业能做市场化业务吗？雪花的发展实践证明，中央企业不仅能够做市场化业务，还能在最具竞争力的业务中做到优秀。雪花目前也是中央企业做市场化业务的典型代表、成功代表。

华润雪花啤酒是一家啤酒公司，是一家从业务中来，到业务中去，始终强调一线业务的啤酒公司。这不仅是外界赋予我们的标签，更是我们要时刻牢记的标签。

华润雪花啤酒还是中国啤酒行业规模第一的公司，这个标签也很重要。我们要始终牢记：规模是雪花的立身之本，雪花不能不要规模，不能不讲规模，不能不追求规模。包括我们未来的白酒业务，也要有计划和目标地发展，规模是我们入门的一个标志，是我们参与比赛的入场券，是我们决胜的奖章之一。

华润啤酒更是一家上市公司。上市公司要对股东负责，对公众股东负责，对市值负责，对全球的资本负责。我们要有强烈的股东意识、社会股东意识、公众股东意识，要承担的责任越来越大。

2. 员工标签

对员工来说，雪花是一个让他们奋斗的平台，是一个让他们施展才华的舞台，是一个让他们获取较好收入的平台，是一家让他们产生职业价值的公司，是一家为他们提供公平待遇、发展机会、学习机会的公司。在这家公司里，员工可以获得安全感，包括职业安全、健康安全、收入安全、生活安全。在这家公司里，员工可以学到更多知识，使自己的价值不断增长。员工会说"我在雪花工作，我很骄傲"，而不是不好意思告诉他人自己在雪花工作。员工会说，"我在雪花工作，我的收入肯定不低""我在雪花担任的这个职位一般人很难得到""我在雪花工作，将来会有更好的公司来找我""我在雪花工作的福利待遇非常好""我在雪花工作，我能够感受到文化的感染、氛围的影响、企业的关怀""我在雪花工作，这里有舒适的办公环境"等。这两三年，我们人力资源系统的很多人都能感受到，我们很多专业系统的人也能感受到，雪花现在招人的要求越来越高，标准越来越严，想来的人越来越多，甚至华润其他业务单元的人也想到雪花来，这是雪花过去没有的现象。过去都是雪花人往外跑，现在他们都往回跑，说明我们在员工标签上有了一定的进步，这就是我们希望的。

3. 公众标签

上市公司是公众企业，母公司华润啤酒的市值也是雪花的公众标签，所以我们既要规模也要质量，要始终追求股东的利益和企业的价值。我们过去经常说要实现股东和员工利益最大化，但外界质疑我们，说我们一年就挣10亿元，收入在行业里处于中下水平，这也算股东和员工利益最大化？我们作为中央企业，作为上市公司，作为行业的头部企业，既要规模也要质量是我们的责任。我们回顾雪花的历史，看看它的标签，看看它具备的东西，就知道自己需要做什么了。

26.1.3 雪花为什么会成功

雪花为什么会成功？成功的道路有千万条，成功的经验有很多，成功的模式也有很多。雪花为什么能走到今天？我认为有以下 5 个因素是我们过去取得成功的核心因素。

1. 国家大势

过去我们很少讲国家大势，但这几年我和管理团队一直在强调国家大势对雪花很重要。雪花在过往的发展中忽略了两点：国家大势和股东力量。在规模发展阶段，雪花是不太考虑这些的，但是在高质量发展阶段，我们再回过头来看，就会发现国家大势是我们成功的第一因素。一个企业，如果没有顺应国家发展的大势，是不会获得成功的。我们遇到了两个国家发展大势。

一是中国各产业规模增长、整合发展的大势。过去 20 多年，各行各业的规模从小而散到迅速集中，这是一个国家大势。中国改革开放之初的产业发展可谓百花齐放，之后各企业一路并购整合，每个行业的头部企业都迅速崛起，这是由国家的产业政策、国家的发展趋势和国家整体的经济布局促成的。华润雪花啤酒在规模发展阶段就借了这个大势，如果国家没有实行改革开放，经济没有持续高速增长，国家不支持并购、兼并，或者没有政策、监管、渠道的支持，企业就不可能形成大规模。

二是高质量发展的大势。在这个阶段，我们紧紧把握国家发展大势，学习"经济发展新常态"理论，学习中央经济工作会议精神，学习党的二十大精神，其实都是为了找到对我们公司特别有帮助的东西。所以我们提出大变局，提出新时代，提出"3+3+3"战略，提出高质量发展，提出"4+4"品牌矩阵，提出十大战略举措。华润雪花一直紧跟中国共产党第十九次全国代表大会以来推动我国经济高质量发展的大势。从规模发展向高质量发展转变是中国近 10 年来的发展主题，如果我们把这个大势利用好了，就能发展得更快、更好，更能抓住机会，机会和机遇都在"国家大势"这四个字里。

2. 产业发展阶段

通过国家大势就能看到产业发展阶段，根据传统产业在发达国家的发展历程，可以预测中国传统产业在中国发展大势中的基本定位和发展方向。

美国、日本、欧洲市场都经历了产业的迅猛整合、兼并和发展，规模从一开始的增长变成负增长，随后进入产业质量进一步提升的阶段。我们其实在走别人走过的路，但我们比西方国家走得更快、迭代得更快、学得更广泛。如果我们对产业的发展阶段没有研究清楚，就会犯错误。雪花过去的产能布局有一定的问题，就是因为我们对产业发展趋势的研究不够。

从 2012 年开始，很多产业研究报告都清楚地说明了中国啤酒产业已经开始进入另一个发展阶段，就是听装酒和高档酒的质量发展阶段。但在当时，我们对产业发展阶段没有把握清楚，所以还在盲目地持续发展瓶装酒，没有全力发展高档酒。等我们理解了产业发展阶段，已经晚了，我们变成了赶晚集的人。虽然雪花赶了晚集，但是雪花行动迅速、做事坚决、团队优秀、作风端正、执行一流，所以只用了很短的时间就把赶早集的人超越了，这就是我们团队的能力。

产业发展阶段是从规模发展到质量发展，那质量发展之后呢？中国的传统产业特别是食品产业，一定会开始向健康、低糖、低脂、低热量的方向发展。以前的人只关注能不能喝上、够不够喝、能不能喝好，未来更关注喝得健康不健康。产业一定是往健康的方向发展的。此前去欧洲交流，做市场调研时，我们发现欧洲市场有一个重要的特点，那就是很多超市里陈列的酒水几乎一半是 0.0 度啤酒。很难想象在欧洲发展最迅速的酒竟然是低醇酒，甚至是 0.0 度的无醇啤酒，更难想象现在国内的大润发、家乐福、永辉超市，啤酒区里会有一半是啤酒，一半是无醇啤酒。欧洲任何一个啤酒品牌都标配 0.0 度啤酒，这很可能是啤酒产业未来的发展趋势。

我认为把握产业发展阶段、发展特点、发展趋势是我们成功的重要因素。20 年前我们看到的产业发展趋势是并购，大家拼的就是资金和整合能力，有资金才能并购，并购后进行整合，两者缺一不可。雪花正好具备这两点，因此，雪花看准了群雄逐鹿的并购整合机会，从而迅速增长。很多友商对此不一定服气，因为他们在发展期资金不足，而雪花在这方面有优势。再说整合能力，之前大家拼的是有没有全国性品牌、工艺标准是否统一，现在的产业发展阶段拼的是高档酒规模、管理质量、生产效率，比如高档酒是不是很强？综合业务的盈利能力是不是很强？品牌溢价能力能否得到支撑？拼的更是企业的文化和执行力。顺着产业发展阶段，瞄准产业发展阶段的特点，我们就会成功。

3. 股东

好股东就像好父母，有好股东的支持才能干好很多事，许多优秀的人由于得不到股东的支持而一事无成。而且，水平高的股东是很难得的。在有些公司，股东看不到未来，看不到企业的发展，导致团队、企业无法成功。很多企业因为股东的结构比较复杂而失败，这种故事在中国企业史上太多了。

华润集团作为中央企业，华润啤酒又是香港上市公司，股东结构和股东成分可以说非常好，这样的股东架构是雪花腾飞的重要保障。在未来白酒的发展中，股东结构极为重要。

4. 一群人

雪花需要一群人，雪花的成功正是因为有这一群人。这一群人是经过很长时间才形成的一群人，而且这群人有进有出，有早有晚，有老有少。

雪花的这群人能上能下，能出能进，是流动的、专业的、有梦想的、对事业有激情的一群人。雪花特别注重这群人的结构，新的组织架构形成以后，雪花依旧重视培养和发展这群人，让他们不断茁壮成长，成为这家公司成功的核心因素。雪花执委会的成员中有2/3甚至更多的人，在6年前都不是执委会成员。这个组织为什么要这样做呢？是为了让有不同经历的人、不同专业的人、优秀的人聚集在一起，因为企业能否成功就取决于它汇聚了什么人，汇聚了多少这样的人。

5. 创业文化

雪花过去的成功离不开雪花的创业文化，雪花如今也始终坚持创业文化。如果一个管理者是守业者，不突破、不颠覆、不创新、不改变，那么他就不能担当带领雪花前进的重要任务，很快就会失败，这是由啤酒行业的特点、竞争态势和雪花的基因决定的。雪花要不断创新，不断产生新的东西。雪花就是做了一件又一件事，做完啤酒做白酒，做完规模做质量，做完主流做中档，做完中档做高档，做完高档做国际品牌，未来白酒做得差不多了，可能还要再创业。雪花的业绩会越来越好、越来越大。

26.2 雪花人

26.2.1 早期雪花人

对于早期的雪花人，有很多描述。

早期的雪花人"来自五湖四海"，这是对早期雪花人非常重要的描述。

早期的雪花人是"八仙过海，各显神通"。早期雪花的组织和团队不太成熟，没有太多管理经验，个人能力可以无限施展。"八仙过海"造就了雪花啤酒的管理思想和管理方法，最后形成了雪花啤酒的组织智慧。

早期的雪花人是"不管白猫黑猫，抓住老鼠就是好猫"。谁能成功、谁能干好，就听谁的，这是早期雪花人最典型的特点。

早期的雪花人"摸不着石头也过河"。以前的雪花没有考核，没有标准，但摸不着石头也要过河，必须把这家公司做下去，人来了是为了工作，不是为了当官，是为了谋求发展，不是为了躺着睡大觉。早期的雪花人包括我。我曾经在社会上找不到发展的舞台，直到来到雪花，我才真正找到了一个发展的平台，使自己的才华得以绽放，使公司得以发展，所以早期平台很重要，人也很重要。

26.2.2 "六个有"

早期的雪花人有"六个有"。一是有目标，知道应该干什么。二是有规矩，只做规矩内的事。三是有底线，不能做的事不去做。四是有团结，团结是早期雪花人的最大特征。五是有干劲，早期雪花人有源源不断的干劲。六是有希望，我能感受到公司在不断发展，个人在不断进步。

从早期雪花人到后来的雪花人，有了些许变化。雪花人从关注个人转变为关注团队，更关注专业化团队和专业化组织，后来又开始关注企业文化了，从个人到团队、团队到组织、组织到企业文化，一点一点地发生了变化。

最初，不仅外界，就连我们自己都觉得我们不够专业，但是后来我们发现，别人也不见得专业。以生产系统为例，很多同行认为雪花的生产落后、技术落后，我们也一度认为同行都很厉害。然而，随着雪花的工厂逐渐增多，我们发现其实同行也没什么了不起。特别是我们的南方工厂给了雪花管理者很大的支持。慢慢地，雪花开始正视自己，开始觉得自己还可以。随着一步步的发展，雪花又发现其实自己还挺厉害的，实现了专业化。雪花过去不会做品牌，不会做餐饮，不会做夜场，后来会做品牌、会做餐饮、会做夜场，形成了雪花啤酒的专业化业务体系。现在雪花提出"人才四化"，持续赋能雪花人一代一代地成长。

26.2.3 雪花人的特征

现在的雪花人没有丢失早期的特征，没有忘记早期的传统，还在不断进步。雪花人有什么特征？很多雪花人只要一讲话，外界就能识别出这是雪花人，为什么？雪花人身上有这样几个特征。

第一，相对团结，而不是绝对团结，绝对团结就变成占山头了。相对团结是什么呢？大家心往一处使，要干活，大家就一起干活。相对团结是雪花与其他啤酒企业之间的一个很大的差别。团结是一种力量，一个企业的员工、团队和组织的团结，是一个企业非常有价值的力量。

第二，知识文化的优势。雪花比较开放，人才比较多元化。拥有不同教育背景、不同经历、不同工作经验的人多一些，异业的经验交流会多一些。

第三，相对有发展潜力。最重要的是雪花人都要发展，都想发展，都想改变，都想进步，谁都不愿意比别人差。雪花人愿意抓住机遇，愿意去做事情，愿意让自己尽快成长，愿意让自己进步。

第四，市场斗争的精神。不服输、想赢的精神在市场竞争中展现为非常强的战斗力和执行力。这是雪花人的一种血性。这种精神在过去抗击疫情的过程中体现得淋漓尽致。

第五，市场化思维。雪花的市场化思维在行业中超越了民营企业、国营企业，也超越了外资企业，这是雪花最宝贵的财富，也是雪花打败任何对手的基本条件。没有雪花的市场化思维，就没有雪花的奋斗和竞争，如果雪花把市场化思维丢了，就会面临失败。

第六，学习、创新和颠覆。这是雪花人的基本特征。雪花人喜欢学习，雪花人不是一群裹足不前、不思进取的人。雪花人愿意做不一样的东西，愿意改变，愿意创新。雪花为什么进入白酒领域？就是因为雪花有学习、创新和颠覆的特征。雪花做白酒是大有希望的，可以做得很好。但是雪花人不能满足，雪花人反对不学习、不创新、不颠覆。

26.3　雪花的精神

雪花的精神实际上来自雪花的创业史、发展史，来自雪花这群人的特征。雪花的精神是雪花啤酒走到今天和走向更美好未来的最大驱动力。

26.3.1 雪花精神

第一，勤奋务实。这是雪花精神的第一条。雪花人是真勤奋，疫情防控结束后迅速走向市场一线的员工、顶着酷暑在工厂生产的工人，都是勤奋的雪花人的写照。此外，雪花人干实事、不惜力、不玩虚的，雪花人一旦开始玩虚的就完了，一定要脚踏实地。脚踏实地和仰望星空都要有，两者要兼备。

第二，包容和开放。包容和开放是特别重要的雪花精神。雪花人的包容体现在用人上，体现在学习别人的经验和能力上，体现在雪花人看这个产业、看自身发展的视角上。包容和开放不是每个企业都具备的精神。越是成功，越要开放，越是成就大，越要包容。做人如此，做企业更是如此。没有包容和开放就没有优秀的人才，没有优秀的思想，没有优秀的观念，没有优秀的批评意见，这样的企业就是一潭死水，就是一个僵化的怪物。

第三，学习和创造。我们在学习中成长，在发展和创造中历练。雪花之所以能获得今天的成功，正是因为它学习了很多东西，创造了很多别人想象不到的东西。这种学习和创造的能力是稀缺的、珍贵的、非常好的。

第四，业绩第一、追求进步。业绩第一是雪花30年以来的成功法宝，并且在相当长的一段时间内，业绩是雪花评价个人和组织进步的第一标准。雪花啤酒讲业绩，讲业绩才是真雪花人，业绩不好，什么也没有。业绩是企业发展的第一要素。

第五，"抗上"。"抗上"意味着实事求是。实事求是是我们非常重要的管理作风。从创业到现在，雪花人之所以喜欢向上级提出不同的意见，之所以能向专家、权威提出不同的意见，就是因为雪花人讲实际、实事求是。

26.3.2 雪花精神的"敌人"

雪花精神有很多"敌人"，它们与雪花精神背道而驰，这些不好的东西如果长期存在于团队、企业，会对雪花的事业造成非常大的伤害。

第一个"敌人"就是讲江湖义气。雪花是做啤酒的，啤酒这个产业自带江湖属性，经过几十年的发展，目前这个行业已经非常规范了，实现了高质量发展，但相比其他产业仍然比较"江湖气"。如果雪花人讲江湖、讲团伙、讲社会，在过去对事业有伤害，在今天更是对个人有严重伤害。

第二个"敌人"是讲故事。啤酒产业是一个连门外汉都能讲得头头是道的产业。然而，只有进入这个产业之后才知道，没有"金刚钻"，绝对揽不了啤酒这个"瓷器活"。因此，雪花反对讲故事，反对把业务问题说成故事，讲得绘声绘色，最后反而把真正的事忘了。

第三个"敌人"是不阳光、不坦诚、不公正。这是任何一个组织都不应该有的，雪花更不应该有。因为雪花的发展历史上有一段曲折的经历，雪花在阳光、坦诚和公正上走过弯路，有过教训。雪花在较长一段时间内之所以发展得不够快，没有冲破规模的天花板，跟这一点有很大的关系。所以雪花人一定要注意，有话当面说、有事当面讲，把话写在脸上、讲在会上，对任何东西都要保持坦诚、公正、公开，不阳光、不坦诚、不公正是敌人，是组织的敌人，也是事业的敌人。

第四个"敌人"是不学习、不进步、不开放。这是雪花30年来一直反对的。从创业到今天，雪花一直都反对这个"敌人"，学习、进步和开放是雪花一直以来拥有的品质。

第五个"敌人"是自大自满和井底之蛙。雪花成功了，做了老大，就容易陷入"老大思维""老大陷阱"。我们就怕自认为天下无敌，而看不到世界更远的地方，看不到人世间更广阔的维度。自大自满是一个非常大的毛病，会让人裹足不前、犯大错误。做井底之蛙，自我感觉良好，骄傲于我们的市值、产量和净利润，这些骄傲就是自满自大，会导致我们看不到更广阔的世界，看不到更大的希望和目标，会导致组织失去活力，丧失发展动力。

还有两个"敌人"：追求短期利益，追求小我利益。长期利益、集体利益才是我们要追求的，不要看小东西、抓小辫子，不要算小账、算小我利益。什么叫大格局？大格局就是看长期利益。

26.4　雪花的未来

26.4.1　雪花的危机

经过这几年的发展，雪花已经走到了一个关键口，当我们看雪花未来5年和10年时，需要警醒的是，危机依然存在。我认为雪花未来几年将面临以下五个危机。

第一个危机是雪花的市场化机制消失、钝化、不起作用了。这样一来，雪花的市场化企业属性就变了，市场化业务能力就衰减了，市场化竞争能力就消退了。这是我们面临的第一个危机。

第二个危机是雪花的企业文化变质了。雪花30年的企业文化发展到今天，如果管理不当，用一两年的时间就能将其彻底摧毁，这是非常简单的，也是非常可怕的。所以企业文化能不能坚持和发展，是我们的一个危机。

第三个危机是雪花一线的作风丢了。雪花人是讲一线的，是执行到一线的，其实我们现在好多人在一线的能力已经很弱了，如果一线的作风衰减了、没有了，后果将不堪设想。

最后两个危机是雪花的战略组织敏捷性下降和危机意识减弱，战略组织敏捷性和危机意识也是雪花表现得比较差的两个方面。如果我们反应慢，不愿意改变，就危险了。敏捷是什么？豹子、老虎要敏捷，因为它们要生存，凡是活得好的都敏捷，活不下去的都不敏捷。雪花要有危机意识，经过这几年的发展，雪花解决了很多问题，但是在未来的发展中可能会出现新的问题、新的挑战，所以要有危机意识。

26.4.2　雪花的机遇

谈到雪花的未来，一定要谈雪花的机遇。

第一个机遇就是国家发展的机遇。中国共产党第二十次全国代表大会之后，以中国式现代化全面推进中华民族伟大复兴的宏伟蓝图徐徐展开，从中央到地方，整个国家孕育着一股特别强大的力量：发展。这种发展实际上是历史趋势中的一种竞争，是我们与世界发达国家之间的竞争。未来10～15年，有可能出现一段波澜壮阔的、再一次创业和发展的奋斗史，在这个大势下，啤酒产业一定有重大机遇：消费的机遇、迭代的机遇、现代化的机遇、信息化的机遇，甚至是全球化的机遇、中国文化的机遇、国潮的机遇。

第二个机遇是华润集团的"四个重塑"(价值重塑、业务重塑、组织重塑、精神重塑)。再加上华润集团国有企业、国有资本投资公司的双重身份,华润啤酒拥有了股东更多的支持,好的机制越来越多,自主权越来越大。这些难道不是雪花的机遇吗?

华润啤酒有天然的体制优势,体制优势是什么?中央企业就是我们的体制优势,不仅要竞争,还要守正;不仅要业绩好,还要政治好;不仅要建功立业,还要不犯错误;不仅要把公司做好,还要把央企的责任承担好。党建和纪检工作的进一步深入,会给予队伍干净担当、干事创业更大的支撑。我们拥有中央企业的规范性,未来,雪花爆发出的能量将远远高于对手,这就是新时代中央企业的新优势。

雪花的机遇当然离不开"啤+白"战略,在两个世界里驰骋,这是产业少有的格局,也是我们亲手创建的格局。这种格局使雪花未来有巨大的发展空间,很可能会形成华润啤酒的第三发展支柱。未来雪花的发展将更广阔、更长远。

好的机遇还要有好的 SOC(战略、组织、文化)、好的"3+3+3"战略、新的组织和力量,以及雪花精神和文化的加持。通过战略、组织、文化的推动,雪花的发展将更好。华润雪花啤酒未来在规模上要做到 500 亿元、600 亿元,甚至更多;在产业上向白酒、红酒及其他酒扩张;在生态上可能要培育第三发展曲线,使华润啤酒的业务触角延伸到更多的产业链条,形成雪花的"航空母舰"。这不是指引,这是梦想。华润啤酒曾经只是一家市值三四百亿元的公司,如今的华润啤酒很可能会成为华润集团旗下最有价值的上市公司之一。我们的综合竞争力会超越对手,我们的员工会获得较高的职业价值、非常好的职业发展机会、更高的薪酬待遇和更多的企业温暖,所以雪花的未来是美好的。

26.5 如何成就最好的雪花

想要成就最好的雪花，我们就要做新时代的雪花人，因为我们肩负了最后 3 年的开局之战，我们背负了啤酒和白酒双赛道的发展使命，我们向 100 亿元利润、3000 亿元市值这样宏伟的目标迈进，我们还有更光明的未来。

26.5.1 新时代的雪花人

我们这群人伴随着雪花 30 年的发展历史，一步步走到今天，我们是拥有雪花精神、雪花特征的一群人，从今天开始，我们这群人就叫"新时代的雪花人"。我认为，新时代的雪花人要符合以下六个标准。

一是明大势。雪花人是在国家崛起的奋进历程当中，承担责任、承担使命，为"两个一百年"奋斗目标贡献力量的一群人。这既是由中央企业的性质决定的，也是我们作为快消品头部企业、在啤酒白酒双赛道发展的企业应该有的家国情怀。我们每个员工都应该做新时代国家发展的贡献者。

二是担责任。新时代的雪花人愿意承担责任、接受使命，敢于胜利，也勇于尝试。只有这样，雪花人才能真正地做事情、做成事情、做好事情。

三是敢斗争。我们提倡斗争，要啃硬骨头，要破难题，要改变大局，要成就大事，我们选人、用人，都要按照这个标准去选。中国共产党一直强调伟大斗争，我们的斗争就是和市场斗争，和我们的难题斗争，和我们不会的东西斗争，和我们的缺点斗争。

四是练本事。每个新时代的雪花人都要秉承"从业务中来，到业务中去"的理念，从学习中来，到实践中去，永不满足、永不止步，本事练在身上，成就留在组织，做出更多的贡献，获得更高的价值。

五是争业绩。业绩要永争第一。在一个新岗位上，要比前任员工干得好、干得大，要不断超越，超越领导，超越同事，超越下级。去了新的工作岗位，过去没有解决的难题被我解决了，过去没搞定的事被我搞定了，过去的业绩是挣1元钱，而我挣2元钱……这才是新时代的雪花人。

六是讲文化。要带头讲文化，文化需要大家一起讲，全体雪花人一起讲，这才是雪花的文化、雪花的精神。最好的雪花实际上是靠每个雪花人奋斗出来的。

26.5.2 奋斗的雪花人

雪花的过去和现在，正确地回答了历史四问，未来会向我们提出更多的问题。如果未来10年、20年总有历史之问，雪花就太伟大了，因为雪花一直在挑战自己，一直在超越自己。

成就最好的雪花，要靠每位雪花人的奋斗，每个人都用自己的力量解答历史的问题，用历史的问题来照亮我们前进的方向，照亮我们前进的道路。

优秀员工、基层骨干、管理干部要勇立潮头。一线的基层干部能不能担责任？敢不敢走在前面？能不能"跟我上"而不是"给我上"？"关键少数"要起带头作用。

要成就最好的雪花，雪花人要有能力、勇气和情怀，能够拿得下、搞得定，不斤斤计较。

个人、团队、组织一个都不能少。我们讲个人英雄，也讲团队英雄，更讲组织英雄，雪花是一个非常愿意讲英雄主义的企业。有些管理者或企业不希望大家讲个人英雄，雪花认为，任何否定个人英雄的人，自己一定不是英雄；英雄的团队更是不可或缺的，如果只有个人英雄，没有团队英雄，雪花只能干成一件事、几件事，不能干成一件大事，不能完成使命。雪花每年的表彰会都大力推崇优秀的雪花人，表彰了很多优秀员工、杰出贡献人物和"CEO致敬者"。这些人都是雪花的模范，大家要好好向他们学习。

功成不必在我。有人总觉得自己在某个区域做得很好，不想离开，想享受胜利的果实，这种想法是很渺小、很自我的。功成不必在我，你做一件事不是为了享受，这是组织给你的责任，是你的职业使命，是你奉献的情怀，是你的职业操守，你就应该这么做。从一把手开始，部门经理、销售大区总经理、工厂厂长、总监，一定要有"功成不必在我"的信念，不守功，不因功而自满。我们只有心怀"功成不必在我"，才会持续做一件事。

成就最好的雪花是我们这群人的长征，是我们新时代的雪花人的使命乃至革命，是我们新时代的雪花人的价值以及职业辉煌所在，也是我们这群人对雪花的贡献。当我们对雪花啤酒、雪花人、雪花精神了解得非常清楚时，就能亲手描绘雪花的未来，就能把握发展的新时代，做新时代的雪花人，推动华润雪花成为啤酒新世界的领导者，推动华润酒业成为白酒新世界的探索者，助力华润啤酒成为中国酒类产业的引领者。

（本章源自2023年1月4日的"新年第一课"讲话）

05 厂商命运共同体

雪花的生态圈建设

| 第 27 章 |

将渠道二次改造进行到底

27.1 渠道二次改造的重要性

渠道二次改造是 2017 年雪花啤酒提出的三大管理主题、七大战略举措中非常重要的销售领域的核心战略举措。

渠道二次改造会对高质量增长、转型升级起到举足轻重的作用,也是我们实现新时代战略目标的重要基础工作。如果此项工作做不好,我们战略目标的实现就是无的放矢,根本没有任何保障。

从今天开始,渠道改造就是我们未来最核心的重要工作,也是我们最关注的工作。

27.2 为什么叫"二次改造"

我们曾经有过一次渠道改造，也就是从 2002 年开始的雪花啤酒的第一次渠道改造，这次改造以东北为试点，逐步向全国发展。

这个过程持续了十几年，取得了较好的成绩，总结了一些经验，也为雪花啤酒第一次创业发展、走向全国领先、建立全国品牌立下了汗马功劳。

虽然雪花啤酒的第一次渠道改造在行业中是率先开始的，也取得了成绩，推动了业务发展，但其中仍有很多不足和教训需要我们反思。这些不足和教训是我们第一次渠道改造中存在失误的地方，也是我们第二次渠道改造需要注意的地方。

那么，第一次渠道改造的问题在哪里呢？问题如下。

27.2.1 领导无力，组织无方，推动不力

第一次渠道改造，宣传的雷声大，落地的雨点小；方案制定得多，实际执行得差，效果大打折扣。我们看到，现在很多区域的市场渠道还在使用十几年前的模式，并没有太多改变。

说了那么多年的渠道改造，总部并没有系统地去抓落地、抓推动、抓执行、抓评估。总部过去只是抓试点，用试点的方式启动改造是可以的，但是在推动过程中没有计划，没有考核，没有评估，很多市场做得不够彻底。这跟当年我去四川时的感受到的是一样的——不仅渠道改造没有取得很好的效果，而且对渠道改造的认识和理解都是完全错误的。

所谓推动不力，就是做不做都无所谓，完全靠销售大区总经理自觉，

靠营销中心总经理自觉，靠区域总经理自觉。一个组织光靠自觉，肯定是不行的，这个教训是我们一定要吸取的。

27.2.2 认识不足、理解千差万别，流于形式

第一次渠道改造在宣传、沟通、方法、理念、案例上做得远远不够，造成整个队伍对渠道改造的认识不足、理解千差万别，部分地方的市场渠道在改造过程中走了很多弯路。

有些地方把我们大的经销商砍掉了，有些地方"为了消灭二批而消灭二批"，有些市场做"一一对应"都是假的。这些错误的做法使我们一些市场的优质客户流失了，另一些市场的二批更加活跃，改造策略更加不落地。

过去，我们对渠道改造的认识、理解存在很大差异，在方式和区域经验交流上做得都不够好，因为我们当时的组织不是一个特别紧密的、黏性很强的、互相分享的、互相促进的组织，大家各干各的。后来我们的渠道改造走进了形式化、理论化和表格化的"死胡同"。最后，渠道改造变成了"六大目标"业务计划的两张纸。

这次改造是一次从模式到内容的大面积改变。这个改变不是一天就能完成的，整体改造是一个系统工程，可能需要3年时间，而不是今天增加一个客户，明天砍掉一个客户，后天合并一个客户，最后划一个片区就叫渠道改造。

错误的认识导致我们用渠道改造的一部分举措甚至一小部分举措代替了渠道改造的全部，把渠道改造的一小部分举措造成的恶果变成了渠道改造的整体恶果，使我们后续的渠道改造更加小心、更加难、更加不敢干。

这都是我们过去犯过的错。

为什么会这样呢？就是因为我们沟通不够、交流不足，大家看得太少、听得太少，真正懂渠道改造、知道怎么改造渠道的人很少。渠道改造成为我们的一个口头语，大家天天说，却都对它不是很了解。

结果就是，雪花啤酒的第一次渠道改造到最后在总部没有部门管了，我们的业务计划也很少被提起。

就这样，我们硬生生把一个重要计划搞没了，这是第一次渠道改造带给我们的特别大的教训。

27.2.3　干和不干一个样，干得也不彻底

在第一次渠道改造中，我们很多市场改造得不彻底、不系统、不完整、不持久，没有使一些市场的渠道发生脱胎换骨般的改变。

有的事我们成功地迈出了第一步，第二步却没能跟进；有的事做了一年，第二年没有继续做下去，造成很多功夫都白费了。我们依然有很多地方客户，大的客户依然是坐商；依然有很多二批，很多二批依然不"专干"。

我们强调的简单的分区划片、一一对应，很多地方都没做到。这是华润雪花啤酒十几年前就说的，但现在还有很多片区没划片，没有一一对应；就算分区划片、一一对应了，也还有很多事情没有做到位。这不是我们要的渠道改造结果。

总结教训：一是领导无力，组织无方，推动不力；二是认识不足、理解千差万别，流于形式；三是干和不干一个样，干得也不彻底。这是我们

第一次渠道改造存在的很明显的问题。

当然，第一次渠道改造后我们也总结了很多经验。例如，形成了雪花啤酒渠道改造的重要管理思想：分区划片必须有，一一对应必须做好，要实现扁平化、优质化、专业化的"三化"。回头看，我们的战略是正确的，可惜没有成功落地。

现在，我们要重新审视第一次渠道改造的经验和教训，这也是我们第二次渠道改造要吸取的经验和教训。

27.3 新时代下渠道二次改造的目标和方法

27.3.1 为什么提出渠道二次改造

之所以提出渠道二次改造，是因为目前的渠道已经不能支持雪花啤酒未来的发展了。我们未来怎么发展？我们未来要有质量地增长，发展中高档酒，建立健康的、良性的、持续发展的、有质量的营销方式和模式。

我们要与主要国际品牌的竞争对手展开激烈的竞争，要在竞争对手实力很强的广东、上海等市场夺取市场份额。现在雪花啤酒的渠道无法支撑新时代的发展目标和路径，渠道能力不足，方法不到位，操作不标准，管控也不规范。

基于此，雪花啤酒提出第二次渠道改造，想通过打造雪花啤酒的渠道，形成快消品领域能力最强的渠道队伍；形成能力最强、竞争力最强的分销渠道模式；构建效率最高、竞争力最强，最具控制力、规范性的从厂家到终端的分销服务控制管理系统；形成现代化的渠道模式。我们希望与信息化、与移动互联网做更深的结合。

由此可见，这一次渠道改造的目标比第一次还要远大。

27.3.2 新时代下渠道二次改造的几件事

（一）看3年

我们提出3年目标，希望能够在3年内使雪花啤酒的渠道通过二次改造，成为快消品领域最好、最优、最强的渠道之一。

为什么要3年，5年行不行？5年不行，因为太慢了。我们第一次就是因为太慢、太随便才造成那样的结果，所以吸取教训，就用3年时间来做。

（二）全覆盖

要覆盖雪花啤酒所有的市场和客户，所有市场都得做。再好的市场也有可以改造的地方，也有要创新发展的地方；以前不行的市场更应该改造。第一次渠道改造没完成的，这一次"一步走"完成；第一次改造得不错的地方，第二次改造能轻松些。不管改没改造过，这次全部都要覆盖。

不要以为渠道二次改造和以前一样，找几个试点，干两三天就完事了，不是这样的。这次一定要全覆盖，我们要设立全覆盖的目标，这样才能够真正把雪花啤酒的渠道建设好。

（三）全体动员

这次改造和以前不一样，以前是商量，现在没什么好商量的，大家要一鼓作气，全体动员，上下齐努力。要由区域总经理挂帅，营销总经理带头，销售大区总经理执掌大区的改造。

每个队伍都要安排专业的渠道改造人员、讲师，要给案例、方法，设定审批制度，进行计划管理，全体动员，整个系统都去做。全体动员、全员管理、上下一致，这样才行。我们会有定期的渠道改造计划，跟踪各个市场的推进情况，就像管理上市的勇闯天涯superX那样去管理。

（四）列入考核

要将渠道改造的具体事项列入经理人的提拔和选拔考核事项中，凡属于重大战略举措的内容都要列入经理人的考核事项中。将渠道改造的任务细化，分给各个区域公司，再将各个区域公司的任务细化，分给各个营销中心，各个营销中心将任务分给各个销售大区。这样有利于进行员工考核。

渠道改造可以使我们的销售队伍实现优胜劣汰，希望我们的客户队伍也实现优胜劣汰。我们希望通过3年的努力，让我们的客户变成最强的客户，让我们的队伍变成最强的队伍。所有的销售一把手都应该是渠道改造的急先锋，都应该是渠道改造的专家，都应该是渠道改造的参与者和领导者。

我们过去总说"我不会""我不懂这个"；很多销售大区总经理的办事风格不同，有些下不去手，有些下得去手但没有方法。这次，大家都要学习，都要把自己的能力提升上来，通过渠道二次改造，使我们的队伍大变样，使我们的队伍能力更强、客户实力更强，这是我们的目标。

因此，这次渠道二次改造，公司上下组织了强大的力量。总部组建负责推进战略举措的管理小组，各区域公司形成自己的领导小组和执行小组，营销中心销售管理部也配备了人员。各区域都有与总部对接的人员，也有负责讲课的人员、总结案例的人员、做计划的人员，我们希望把这场战役打好。

（五）有决心、不折不扣地把渠道改造执行好

渠道二次改造与其他战略举措一样，既然已经提出来了，就要有决心

完成它。既然有决心完成它，我们就要不折不扣地把它做好。到目前为止，雪花啤酒的十大战略举措进展得非常理想，我们的组织再造、品牌重塑、产能优化、精益销售，包括正在开展的营运变革，都在大阔步地前进。

希望大家在渠道二次改造的重要战略中勇做标兵，希望各区域总经理、各营销中心总经理、各销售大区总经理都高度重视起来。我们将来会越来越多地跟大家一起分享业务，一起推动业务，一起交流业务，我们是一个正在战斗的整体。

27.4　关于销售的"4P"

在渠道二次改造中，销售的"4P"依然管用，现在我要再次强调"4P"中的几项内容，再强调多少次都不为过。

27.4.1　渠道

雪花啤酒十几年的发展经验证明，我们做得好的地方，是因为渠道做得好；我们做得不好的地方，是因为渠道没做好。

像辽宁、四川、贵州的市场为什么相对做得比较好？就是因为对这些地区的整个渠道进行了大面积改造。进行渠道改造和分析渠道的优劣势还不是一回事。在另一些市场，特别是华东几个省，我们的渠道是很初级的，渠道改造任务是非常重的。

我们是以华东为试点开始的，我们希望从最弱、最能出效果的地方着手，以便总结经验，如果华东都能做成，那别的地方更能做成了。

我们有些市场之所以出问题，都是因为渠道有问题。好的市场总结案例总是把渠道放在首要位置。首先是因为渠道做好了，所以业务才增长，然后才是因为我们努力上了什么产品、做了什么推广。没有渠道能力，其他方面做什么都没用。

因此，大家要深刻地认识到渠道是首要的，是战胜竞争对手的第一要务，也是需要销售人员放在第一位的工作。

27.4.2 产品

我们之所以吃亏，很多时候是因为产品组合不到位，被竞争对手打了一个措手不及，这是很不应该的，我们这么多工厂，产品组合是最不应该有问题的。大家一定要把产品组合搞好。

27.4.3 价格

价格方面有以下几个问题。

定价有问题，而且问题还不少。定价不准，方式不对，有些市场的定价逻辑和方法有问题，这是不应该出现的。凡是出现价格混乱问题的市场，就很难做好，而且要花费九牛二虎之力来恢复，至少要花费1年的时间（好的1年，差的3年都翻不了身）。定价的高低、定价是否准确、定价的方式都很重要。

底价操作、打包制、统一制，这三项举措每项看起来都能解决一个问题，但三个加起来却能把我们"弄死"。

价促不分。促销力度太大，促销价变成原价，长期搭赠、长期有奖，使我们身陷泥潭拔不出来。这是一种和对手同归于尽的方式。

27.4.4 场所

以前的"一点四面",现在提出的电商和B2B,正在厘清场所的新定义和新规定。新零售说了两年了,很多地方做得还很一般。在场所方面,还有很多问题需要大家注意。

总之,只有通过渠道二次改造,我们才能置之死地而后生。我们要举全公司之力、全销售之力来改造我们的客户,改造我们的分销渠道,改造我们的渠道模式和经销商经营模式。

这种改变是对客户有利的,是能让客户提升能力、出好成绩的。这3年,雪花啤酒的销售队伍在渠道改造中能不能战胜自己、突破自己、改变客户、改变模式,就看我们今天开会的这些人了。

在快消品领域全面、系统、大面积地做渠道改造,雪花啤酒好像是第一家。快消品渠道发展进入新时代,面临的问题很大、很多:一方面,面临消费升级的变化,渠道的量和利润都受影响;另一方面,电商快速发展,这是对客户的极大冲击。

现在是快消品渠道最不稳定且最危险的时候,很多做快消品的企业都看到了这一点,都想找出一些解决方法。雪花啤酒希望在行业中再次率先对渠道进行改造,谁先改造谁就获利,谁后改造谁就遭殃。

(本章源自2018年6月19日在华润雪花全国渠道二次改造启动会上的讲话)

| 第 28 章 |

打造啤酒新世界产业伙伴生态圈

华润雪花啤酒和宝钢包装从 2014 年开始合作，9 年来供应量快速增长，宝钢包装已经成为我们的五星级供应商。但从过往的合作来看，双方都没有认真研究，合作模式过于简单，还停留在比较简单的商业交易阶段；我们前期相对更注重物美价廉，满足于"杀价"的啤酒旧时代合作模式和思路，忽略了未来发展、供应商战略升级、产品质量提升等一系列问题，供应商的管理思路和观念仍停留在旧世界，这方面需要尽快调整和改变。

2023 年是新的一年，也是我们重塑华润雪花啤酒采购管理中心的新开端，在"3+3+3"战略的最后 3 年，我们要从全新的视角去建立新世界的战略合作伙伴关系。

一、建立战略合作新理念

首先我们双方要达成共创、共赢的理念和共识，而不是各自为战，不能只追求自己强，而要共同创造价值，实现共创、共赢，这是非常重要的。

二、打造啤酒新世界产业伙伴生态圈

过去"生态圈"是互联网领域的一个概念，现在我们传统产业也非常需要构建一个包括整个上下游企业的产业伙伴生态圈。一家头部企业之所以能实现自己作为头部企业的价值并不仅因为其自身强大，还因为它拥有很多很强的合作伙伴，这样才能保障企业物资供应的安全性，才能提升效率、效益和影响力。这是我们对产业伙伴生态圈的观点，也是我们打造新世界产业伙伴生态圈的主要目的。

未来对于麦芽、易拉罐、玻瓶、纸箱、糖浆、酒花等一些主要物资，我们更倾向于选取一些头部或重要的合作伙伴，将它们纳入我们的产业生态圈，以便更好地提升物资供应的安全性，保障供货，降低采购成本，同时不断提升服务质量和效率，而不是局限于一个简单的商业交易逻辑。

对产业链下游的连锁超市、连锁餐饮店、连锁夜场和大的客户经销商，我们也不应该只从简单的交易和做生意的角度去看待它们，我们需要打开格局，从产业链发展的命运共同体的角度去看待它们：在艰难时期（如疫情防控期间）抱团取暖，一起活下去；在繁荣时期（如疫情之后）共赢共荣，一起强大。

产业链发展的重中之重不是看你一个人有多强壮，而是看你的整个产业链条有多强壮。此外，未来的商业补位逻辑已经改变了，它不再是简单的卖啤酒，也不再是简单的"我比你便宜"，而是我们和一群人共同做这个产业，这群人是我们这个产业链中重要的一部分，为我们赋能，同时我们的产业也可以为他们赋能。大家一起打造双向赋能的产业链，共创共赢，共同成长，一起成为新时代的引领者，做到真正意义上的比对手强。

三、升级供应链战略合作

一是建立战略级协商工作机制和沟通工作机制。我觉得这个工作机制非常重要，我希望我们的战略合作能够进行定期研究和回顾，寻找共同发展的路径。我们可以让华润雪花啤酒采购管理中心作为牵头单位，技术研究院、营销中心产品部、生产中心技术质量部等更多的专业单位共同参与，与宝钢包装共同建立标准化的工作机制和沟通机制。这一点需要大家好好考虑。

二是制定战略合作升级方向。可以共同探讨一起建厂、一起建线，让供应链合作关系更加紧密，形成诸如门对门合作模式、链对链合作模式等供应链合作模式；如果不具备门对门的条件，我们也可以建立一种相比之下更加密切的合作模式，无论在数量上，还是在质量上，都是可以提升的。合作可以多样化、创新化，如一起研发材料。双方都投入研发费用，可以共同研究、探讨，推动战略合作。

同时，考虑未来是否可以实现更好的产业链协同。例如，一些物资可以不经过二次运转，直接输送到工厂；在同一个厂区进行统一规划，统一谈项目，实现双方产业链的有效布局；建立双方战略合作的定价体系，随着合作份额的提升或者战略合作的日益深入，实现产业链生态圈的价值，打破旧时代的合作模式。

三是建立战略投资产业链。产业链共同体、产业链生态圈一定要有战略投资。民营企业可以投资，我们中央企业也可以打破常规合作模式，对一些确定性强的供应商，通过开展战略投资进行深入绑定，双方共同获利，共同成长。这一点也需要我们探讨和研究。

（本章源自 2023 年 2 月 13 日在宝钢战略合作交流会议上的讲话）

| 第29章 |

构建啤酒新世界供应链生态圈

在年底的供应商大会上，我认真听了会议内容，有很多触动。

第一，这次供应商大会与两年前相比发生了很大的改变。今天参会的人数也比以前增加了很多。这表明过去两年华润啤酒的事业发展蒸蒸日上，我们合作伙伴的事业发展欣欣向荣，产业链共同繁荣。这些成果在今天的供应商大会上一目了然。

第二，会议室外面有很多优秀供应商的展览，展示了诸多创新的科技和产品，也展现了未来的发展趋势，对我们启发非常大。昨天华润集团的领导抽出时间来看了一小时，他跟我说这个展览特别棒，还说能不能把董事长请过来看看，但我们后面确实没有时间了，早知道这么好，应该请董事长推迟一下董事会，先看一下这个展览。这个展览充分体现了华润啤酒跟供应商的共创，一起创造，一起改变，一起谋划未来，这个亮点非常突出。

第三，这是第二届供应商大会，第一届供应商大会规划的一些重大战略项目已经落地，并取得了初步成果，包括国产麦芽的振兴、国产酒花的发展。我们与优秀的供应商紧密合作，宝钢包装的配套建厂等设想都已经落地生花。两年前我们只有这样的设想，但是现在来看，两年的变化还是非常大的，取得了很大的成绩。

第四，今天演讲的内容比第一届质量更高、更丰富、更成体系，更好地展现了啤酒新世界的新思路、新做法。我们从小冬总和钟俊辉总的演讲内容中看到了这两年华润啤酒在供应商管理、协同创新方面发生了很大的迭代，这种进步也是华润啤酒"3+3+3"的新世界战略的成果，让我们感觉非常振奋。

今天我主要谈一下关于构建啤酒新世界供应链生态圈的一些思考。

29.1　行业发展

目前啤酒行业的发展正处在各种"化"的过程中，如图 29-1 所示。

图 29-1　啤酒行业发展图

高端化是行业的第一个发展趋势。高端化是一个源源不断、成长不息的大赛道，这个趋势在中国未来的 10 年、20 年里还会持续。

品质化是第二个发展趋势。高端化和品质化代表了不同的发展姿态，但没有品质，就没有一切，这一点对我们、对供应商都非常重要。

品类化，指的是我们各种新增的品类、新增的产品层出不穷，包括苏打酒、果味酒，调制酒等，我们的各种包装、各种原料带来了新的发展可能，这也会给大家带来更多选择。

集约化越来越强，从产业的发展来讲，TOP5 的公司产业集中度越来越高。大工厂、大生产是这几年出现的，这是很明显、很大的改变之一。从华润啤酒这 6 年的发展来说，生产集约化同过去相比发生了翻天覆地的变化。大家都知道，我们已经关闭了约 40 家工厂，建立了更大的、各种档次和品类结合的综合型智能化工厂。通过集约化生产，在实现效率提升的同时，也给我们的供应商带来了更多的机会——供应商可以与我们更紧密地合作，可以更好地贴近我们的生产来进行布局，可以更好地管理交付品质，可以进行更高效的交付，这些对双方都是非常有利的。

数字化，我们把数智化的上半场叫作"数字化"。智能设备的应用是开启数字化的标志，华润啤酒生产系统智能化设备的使用，是"小荷才露尖尖角"并有了雏形，这对大家进一步提升设备能力、提升供应水平、实现高质量的供应、做高质量的供应商奠定了基础。我曾经设想过，将来雪花啤酒采购的数字化、生产的数字化要与我们供应商的数字化打通，双方能同时在线，实现从串联到并联，直到完全互联的状态。

多元化，啤酒行业的发展日益多元化。我们开始做白酒，有人开始做饮料，有人开始做威士忌，有人开始做小酒馆。不管做什么，产业的多元化对我们供应商的组成和未来的发展都有很大的影响。你可以跟着啤酒产业的变化来布局你的品类组合，这也是很有意思的，同时可以整合一些资源。例如，从玻璃瓶的角度来讲，啤酒的玻璃瓶和白酒的玻璃瓶差异很大，但有没有合作的机会？有没有发展的机会？我认为未来可以做一些探索。

在图29-1中，左边的部分A讲的是现在，右边的部分B讲的是未来的发展，我把几项非常重要的内容放在B中。

第一，品牌化。品牌化已经讲了很多年，中国一直是讲品牌的，正常来说应该把这个"化"放在A中，我把它放在B中的意思是，未来品牌化的价值、形象、要求与现在迥然不同，未来的品牌要有更高的水平。

我们的供应商在社会责任、企业发展、产品与品牌建设等维度上，实际上还是一个小圈子，还是生产型的，而不是社会型的。未来品牌强强联手，会给供应商带来很好的机会，如雪花与分众、宝钢等的战略合作，因此品牌的强强联合很重要。

第二，数智化。数字化的下半场是数智化，是高水平的数字化时代。人工智能时代扑面而来，我们和供应商的数智化要发展到什么程度？产业的数智化要发展到什么程度？如何通过数字化和智能化把我们紧密地联结在一起，是需要我们认真思考的。

第三，国际化。现在谈国际化，似乎有点逆时而动，我认为在未来5~10年，可能还会有机会。例如，我们的供应商能不能通过啤酒的国际化实现更多的国际化？去年友商向全球运送了很多易拉罐和瓶子，据说量还不小。为什么？从现在欧洲的情况来看，生产一个瓶子都很难，由于能源紧缺，其生产成本非常高。上次我去法国的葡萄酒酒庄，他们说现在葡萄酒已经没有瓶子了，有葡萄，但没有瓶子。为什么没有瓶子？他们说现在电都没有了，怎么还会有瓶子。这种产业的国际化，我想在未来也是一个很重要的切入点。

第四，价值化。每家公司都要实现价值，这也是我们在市场中存在的根本原因。雪花的价值在哪里？产品价值、市场价值在哪里？我们供应商的价值在哪里？这些都是需要我们认真思考的。

以上我讲的行业未来发展的4个"化"，与大家都有密切的关系，希望能给大家带来一些启发。

29.2　公司战略

两年前我讲"3+3+3"战略，大家也都知道华润雪花啤酒的9年战略，我们这个战略如果不出重大的意外，将在明年或后年圆满完成，而且很可能高水平、超预期完成，甚至有可能提前完成。

我们用了9年的时间，从一家国内规模最大的公司成为一家产品品质优异的公司，从一家高端酒年销量50万吨的公司成为一家高端酒年销量300万～350万吨的公司，从一家一年只有十几亿元利润的公司成为一家一年有80亿元以上利润的公司。华润雪花啤酒的"3+3+3"战略是一个非常重要的转折，这个转折是华润雪花啤酒在产业转型期间实现的一种跨越式改变。"大象也能够跳舞"，通过我们的努力，华润雪花啤酒从规模企业快速转变为高质量发展的企业。在当前新的形势下，在啤酒新世界，我们正在勾画一幅蓝图，也终将把它圆满地完成。我们希望每个供应商都能够看到这些变化，我们也真诚地希望我们的合作伙伴能有各自的"3+3+3"战略，在日新月异的今天，与华润雪花啤酒一起成长，一起壮大。

啤白双赋能、啤白共成长，今年是第二年，今年也是白酒产业整合管理的第一年。我们已经建立了完整的组织系统,"三瓶白酒"战略初步落地,已经初露锋芒,小有收获。在白酒行业的调整周期中,我们希望华润雪花啤酒能够借助这个周期,铸造自己的能力,建设华润雪花啤酒发展的第二个业务赛道和第二增长曲线,让华润雪花啤酒的未来有更大的想象空间。

华润雪花啤酒未来的方向和梦想是什么? 10年之后、20年之后,华润雪花啤酒能够成为一家什么样的公司?今天我不能给大家一个准确的答案,但是我相信,一家公司的使命、愿景、团队身上凝聚的市场竞争力,以及对未来真正的渴望,会让这家公司未来的发展像我们眼前的黄浦江一样,滔滔向前,不可阻挡。

29.3　高质量供应链生态圈

我们和供应商将来会是什么样的状态?我希望我们能够建设一个拥有高质量供应链的生态圈,我对这个生态圈有以下几个方面的设想。

第一,要满足我们的供应需要。这是一个门槛,也是一个比较低的要求,就是要能供得上,如果供不上,保证不了正常的生产和销售,那就有问题了。

第二,要保证质量。我们想要高质量的交付,高质量才是真正的低成本。高质量的交付和交付的高质量是啤酒新世界对供应的基本要求。采购管理中心成立的时候,我对供应物资提出的要求不是低价,而是高质量。在啤酒新世界消费升级的浪潮中,在新的啤酒产业周期中,质量就是一切,没有质量就没有一切,低价带来不了任何收益。

第三,关注成本。我们要关注的是整体的成本,而不是一个标签、一个纸箱、一个瓶子的成本。我们希望通过与供应商建立更紧密的合作关系，用更好的交易方式、更好的交易规则和更好的合作模式，实现整体成本的最优，而不是单纯的价格最低。我们不是非要在招标采购时实现价格最低，而是要整体更有效率、更有价值。

第四，规则为先。我们希望在规则、规范之下，完成我们希望做的这些工作。中央企业做事要有规则，而且要公开、透明，这一点非常重要。有时候大家可能会说与华润雪花啤酒合作特别麻烦、特别慢。我们也想快，当然我们也正在变得更快、更高效，但我们更想给大家一个公开、公平、公正的交易环境。在今天这个新时代，我认为这一点是最重要的。我相信真正有实力的头部企业也希望我们这样做。

第五，我们希望建立一个新世界的体系。这个体系支持打造互利共赢的伙伴关系。"伙伴关系"这个概念大家过去都在讲，但真正落地的很少。我们希望与我们的供应商成为共赢的伙伴，我们不希望单赢，也不希望做"一锤子买卖"，而是希望双方一起长期发展。

我们希望建立有效的合作机制，按市场的规则来做，而不是按照某一方的规则来做。我们尊重市场规律，尊重市场价格波动和市场变化，尊重双方的利益和关注点，而不是被条条框框限制死。

这个体系一定是价值导向的，价值导向的意思是追求相互之间价值的叠加、价值的共创。大家通过合作，各自发挥所长，建立产业链衔接，创造更大的价值。一切为了实现价值创造、为了实现价值增长的合作模式，我们都是欢迎的。

第六，要安全可控。这3年来大家对供应链安全的需求越来越急迫。如何化解供应风险，如何实现产业链协同、资源重新配置，做到安全可控，也是我们思考的重要课题。以前我们可以不思考这两个问题，但今天作为啤酒行业的领军企业，我们必须思考。因此，前期我们开展了很多工作，如国产麦芽、国产啤酒花等项目。这些工作虽然开展得很难、很慢，短期内也不可能见效，甚至还需要比较大的投入，但是这个方向是正确的。只有走出第一步，才有第一百步，才能从眼前走到珠穆朗玛峰，才能实现整个供应链的可控。

第七，N个方向。在供应来源上要坚持"四面八方，广开来路"，坚持从全球获取优质资源的策略。过去啤酒产业向全世界看得比较少，向全国看得也比较少。我们要有非常广泛的采购资源，也要有非常严格的机制和规则，严格进出，用规则约束一切，把过去的经验教训吸收到我们的规则中。过去有的供应商先以低价中标，最后做不下来就弃标，对这种供应商，要坚决将其踢出供应商名单。有些人想利用规则来破坏产业生态，破坏一家企业，这样的人就是"坏人"，我们不跟"坏人"打交道。我们一定要建立这样的规则意识。

第八，建立伙伴关系。我们要找到真伙伴，而不是假伙伴。真伙伴就是相互支持、相互帮助的伙伴。伙伴之间要相互协作，有风险的时候，相互提醒、互通有无、共渡难关。当然，伙伴关系的基础是合同的执行，连履约精神都没有的、只着眼于眼前得失的，肯定不是真伙伴。

第九，协同创新、共创价值、生态赋能、安全可控。希望每家企业都可以构建自己的生态圈，从啤酒产业来讲，供应商生态圈、经销商生态圈、终端客户生态圈，是3个重要的生态圈。供应商生态圈的构建能够较好地实现，因为供应商数量没有那么多。经销商数量就很多了，终端客户更不用说了，都几百万家了。

通过数智化，通过进一步互联互通，我们将来会构建 3 个系统的生态圈。我们提出生态圈这个概念，是希望我们共建的合作关系有很好的土壤、很好的空气，让大家在里面感觉很舒服，有营养可以吸收，大家成长起来也很快乐。

第十，也最后一点，风清气正。华润雪花啤酒在这么多年的发展中，供应方面基本没有出现过贪腐案件，这是值得我们骄傲的。小冬总刚才讲的许多规则很好，大家可以申诉，可以写信，可以举报，也可以抗议。这样的规则使一切都在阳光之下，一定会让我们双方之间的合作更加坦诚，更加紧密。

以上是我的一些体会和思考，谢谢大家！

（本章源自 2023 年 11 月 3 日在华润雪花 2023 年供应商大会上的讲话）

| 第 30 章 |

从"旗帜鲜明做大做强经销商"到"构建厂商命运共同体"

这次是新春启动会的第三次大会,每年我都能看到三华会客户的销量在雪花总销量中的占比越来越大,高端产品的占比越来越大,看到华鼎会会员数量每年猛增,看到华鼎会成员不断做强做优。这些都说明了华润啤酒高端事业的蒸蒸日上。

郎酒召开年度销售大会的情况之前在内部群里发过,今年春节时,我到昆明走访市场,也看到了郎酒的销售情况,今天又想起了这件事情,所以想跟大家分享一下。郎酒这几年发展得非常快,开的销售大会有 2 万人参与,很少有快消品企业能做到这种程度。我们华润啤酒开一次渠道伙伴大会,最多就 800 人参加,可见我们和客户之间的关系还没有发展到一定的阶段。

今天我分享的主题是"从'旗帜鲜明做大做强经销商'到'构建厂商命运共同体'",我想利用本次讲话阐述我们华润啤酒对客户关系的理解、对客户的重视程度,以及对未来厂商关系的进一步思考。

30.1 转变对客户关系的认知

郎酒召开的年度销售大会参加者有2万人。郎酒所有的销售和客户及客户队伍都聚集在一起,宣贯公司发展策略,部署业务发展目标,这种会议气氛热烈、群情激昂、凝聚人心,所谓"上下同欲者胜"也!

华润啤酒这几年也开始建立客户发展组织,但与郎酒"厂商一体"的理念和做法相比还有很大的差距,并且长期存在"策略对内,宣传对外"的问题。在客户关系和公司策略发动上,我们要向郎酒学习!

接下来,华润啤酒对客户的管理思维、赋能思维以及华润啤酒整体的客户思维应该升级了,应该进一步发展,应该在过去3年的基础上进一步深化,进一步升华,从"旗帜鲜明做大做强经销商"转化到"构建厂商命运共同体"。

华润啤酒进入新世界之后,要针对第二支队伍(我们的客户队伍)、第三支队伍(我们的供应商队伍)构建新的理论:一是打造产业链生态圈,二是构建厂商命运共同体。

30.2 我们面临的新周期和新问题

现在我们进入了一个高度复杂的新阶段,多重周期交织叠加,导致所有的关联方均承受了巨大压力,形成了前所未有的内卷态势。

（1）经济新周期带来了挑战。前30多年中国经济高速发展，商业无比繁荣，但现在经济开始进入另一个大周期，大家一定要做好准备。商业消费接下来会面临不小的压力，特别是对厂家和商家来讲，在这个周期中生存下来，持续进步，做大做强，是不容易的。

（2）消费者新周期的到来。消费者周期发生变化，过去的消费人群和消费方式进入了一个大迭代时期。我们会面临来自新产品、新服务的极大挑战，行业竞争会进一步加剧。

（3）产业发展进入了新周期。啤酒产业和白酒产业都面临新的挑战。从市场容量来看，过去5年内啤酒市场容量减少了1/5甚至1/4，目前的总容量已经倒退至5年前的水平。啤酒进入追求产品品质和档次的高质量发展时期，白酒更是进入了一个高价值、高品质、重体验的新周期。白酒和啤酒产业面临的深度改变现在才刚开始，未来还会面临很大的重构问题，这也是这个产业发展新周期的一部分。

（4）公司发展进入了新周期。华润雪花啤酒从2017年开始实施"3+3+3"战略，进行了大变革，我们决战高端的战略取得了重大胜利，整个公司的发展进入了一个更加繁荣的时期。公司下一阶段在产业上要向数字化、健康化迈进，打造数字化企业是我们的下一个目标。

30.3　构建新周期下的新型厂商关系

华润雪花啤酒在完成"3+3+3"战略之后，会进入一个发展新周期，厂商之间的关系也需要改变，因为我们面临的形势会更严峻，我们面临的困难会更多。我们必须团结在一起，必须一起去经历这个周期的改变，一起成长，一起经历中国经济的大周期，一起经历消费进一步收缩和分化的时代。只有在一起，我们的力量才能更加强大，如果我们采取分散主义，就都不会成功。我认为构建厂商命运共同体是时代的需要，是应对发展新周期的必然要求，是公司"3+3+3"战略后面加"N"的必然结果，也是客户与华润啤酒一起成长、一起强大的必然结果。构建厂商命运共同体的理念势必会融入华润啤酒新阶段发展的重大战略。伴随着高端化战略进入下半场，华润啤酒的新战略逐步显现出来，包括数智化、健康化、人文化、国际化等，以及过去提出的打造供应链生态圈。现在很多白酒企业是厂家赢、客户输，也有些是厂家输、客户赢。因此，我判断构建厂商命运共同体是下一个阶段的发展趋势，是一家企业在下一个周期中真正的核心竞争力所在。如果想把构建厂商命运共同体这件事做好，我们就需要转变思维，与客户进一步达成共识，积极行动，拥抱客户。只有让客户变得更强大，我们的发展才能更持久。此外，要进一步建设客户发展组织。目前，我们的啤酒业务主要由客户发展部来负责，白酒业务也建立了客户发展组织，我们整体的客户相关组织要进行重塑和迭代，因为目前我们的客户组织还没有形成横向或纵向的同频共振。

30.4 构建、升级华润啤酒客户运营和赋能平台

我们总部和各事业部的客户发展工作并没有紧密地联结在一起，还没有形成完整的客户发展体系，目前只是开了个头。三华会是一个优秀的代表，但我们啤酒和白酒之间的交流组织需要完善，需要进一步升级客户发展和运营平台。我们还需要更多的平台、更多的衔接。那这个平台怎么搭建？如何使厂商互相赋能，通过这个平台交流？这需要我们思考。

我们要构建啤白赋能新机制。目前，客户和厂家的赋能效果不显著，很粗放，没有做细，没有方法，也没有很好的模式，更没有很好的案例。

用做啤酒业务的方法做白酒业务必然会失败，用做白酒业务的方式做啤酒业务也必然会失败，因为啤酒业务和白酒业务对能力模式的要求不同，业务发展逻辑不同。但啤酒业务和白酒业务的渠道销售模式正在趋近，正在发生动态变化。我之前提过白酒业务的"荷花定律"：一个池塘，今天开了 2 朵荷花，明天开了 5 朵，到后天开了 15 朵，到了大后天，满塘的荷花盛开了。荷花的盛开数量是成倍增大的。我们有的白酒客户的生意刚开始投入了很多，自己做了很多礼品，天天送朋友、送同学、送亲戚。但他并不担心和计较，因为等哪年一挣钱，他一年就能赚 1000 万元，就像等到了满塘荷花盛开的那天。我们如何在白酒业务和啤酒业务之间传递两者不同的能力？如何形成平台机制？例如，做白酒业务的客户想做啤酒，我们有没有帮扶小队和帮扶方法？有没有选择标准？做啤酒业务的客户想做白酒业务，我们有没有人去培训他们？有没有专业的机构去帮扶、支持他们？我们不能简单地把白酒业务或啤酒业务随意交给一位客户。

30.5 紧密厂商关系，共促市场发展

一定要建设厂商之间良好的互动机制，制定相关措施，让客户的发展和公司的发展联结在一起。公司发生了什么事情，客户马上能知道；客户有什么事情，公司马上能知道，客户遇到了困难，我们可以马上提供帮助，尤其是在困难时期。

例如，在云南疫情防控时期，我们把客户积压的货及时地处理了，云南的客户对此都有很深的印象，觉得很感动。华润啤酒的企业文化是"每一个人都不简单，每一瓶酒才放光彩"，和我们的企业文化一脉相承的对待客户的理念应该是"每一个客户都不简单，每一片市场才放光彩"，客

户发展，市场才能发展，厂家才能跟着发展。

现在很多客户想给华润雪花啤酒的领导提建议，但总觉得华润雪花啤酒的领导对自己没有感情，因而充满顾虑。因此，我一直在批评很多华润雪花啤酒领导的厂家思维很重，对我们的客户来说，啤酒业务是关乎人心的生意。关于费用的整体操作，我在执委会群里写了几千字，总结了华润雪花啤酒长久以来与客户风雨同舟的几个阶段，用事实证明了之前强管控的费用模式效率低、效果差、问题多、浪费大、收益小。我们每个业务人员必须改变，之前总有人问：到底是华润雪花啤酒的业务员能干，还是客户的业务员能干？现在要用新的观念和思路来看这个问题，要去想：每个人都能干，都要行动起来。

从新春客户会开始，转变厂商关系，让我们更加紧密，更加亲近，更加简单坦诚，更加勇敢，一起壮大，一起成功。

（本章源自 2024 年 2 月 26 日在华鼎会新春启动会上的讲话）

| 第 31 章 |

构建厂商命运共同体

"构建厂商命运共同体"这 9 个字是今年 1 月底我首次提出来的,距今不到半年时间,提出这个理念是基于以下背景。

31.1　消费市场大变局

去年下半年,国内和国际形势变化很快,中国经济波动非常明显,由此带来的消费趋势的变化对我们造成了较大的压力。我们预测 2024 年将是不平凡的一年,事实也果然如此,而且超出想象。因此,今年 1 月我们就在公司内部号召所有管理人员、一线业务人员走市场。我们在正式发布的通知中要求所有销售队伍的一把手都走市场、走终端,走到一线去观察客户、研究客户。

为什么要这样?因为我们感觉到了变化,看到了一些消费趋势,这需要我们的团队去贴近市场、贴近一线、贴近客户，去观察、思考现在的市场策略对不对、好不好、有没有问题等。我自己也走访了很多市场，春节期间去了西双版纳、昆明、济南、淄博、合肥、阜阳及寿县等地。走访了一圈以后，我们看到了希望，也看到了问题。在走访昆明市场的过程中，我们意识到需要对厂商关系做一些调整，因为春节期间的经济消费动力不像过去那么充沛，当地餐厅、便利店、烟酒店的生意与过去相比明显回落，很多终端之间的竞争和内卷开始加剧，合作伙伴和客户面临的压力也在增加。

面对当前的经济环境，我们开始思考：合作伙伴遇到了什么困难？我们提供了什么帮助？我们如何与客户形成一种新型合作关系？当时我就写了一封名为"构建厂商命运共同体"的信发到工作群，然后在今年大连举办的雪花啤酒客户联谊会上，第一次公开发布了"构建厂商命运共同体"的主题演讲。今天是我第三次对这个主题进行阐述，希望至少在未来的5年内，这9个字能成为华润啤酒构建厂商关系的一个宗旨。

目前我们正处于一个新的经济周期，啤酒和酒业新世界的一个新阶段，新周期和新阶段的主要特点是消费出现收缩、分化，消费升级与降级并存，消费的频次、单价和场景都在快速演变。这与过去40年的市场环境截然不同，我们称之为"啤酒新世界的新周期和新阶段"，这可能会给企业的增长方向、增长方式，甚至公司的业务结构、业务模式带来很大的影响，需要我们去思考和做出改变。

31.2 探索和演变

我们亲自探索并见证了过去20多年的厂商关系和渠道发展历程，并将其大致划分为以下几个阶段。

2001年之前：传统经销关系

经销商到华润啤酒开票取货，再通过出售啤酒赚取利润。这种经销模式简单直接，是一种主要基于买卖关系的商业合作模式。

2001~2010年：深度分销，构建双队伍体系

2001年之后，中国啤酒产业从无到有、从有到多开始大发展，并迅速进入竞争激烈的大并购和整合时代。随着市场竞争愈演愈烈，厂家和经销商的角色与关系发生改变。华润啤酒开始探索深度分销模式，首次对传统渠道进行改造，把渠道建设作为公司重要的发展战略，以支撑公司全国品牌的建立和全国化扩张。

在深度分销模式下，华润啤酒分区划片建立自己的专业销售队伍，直接连接终端，销售队伍负责拜访客户、签订单，经销商则承担合同履约、配送、仓储等责任。从传统经销模式发展起来的经销商大多不具备主动建立销售队伍连接终端的动力和能力，华润啤酒通过自建销售队伍，形成了与经销商分工协作的一体化模式，这一模式强化了厂商之间的合作，可以更好地应对市场竞争。

2010~2014年：专业深度分销，深化双队伍专业化分工

从2010年开始，中国啤酒企业规模化发展的势能逐渐减弱，市场需要企业具备根据渠道、场所建立更精准、更专业的分销体系的能力和终端拓展能力。

在此基础上，华润啤酒一改过去全覆盖、全流通、全管理的模式，引导客户分场所（如餐饮场所、夜场等）建立专业队伍和分销队伍两支队伍。

同时，华润啤酒设立专业的大区，对客户进行分渠道、分场所的专业化配置，实现餐饮场所对餐饮场所、夜场对夜场等各个场景的精准对接和高效服务。

之所以要做专业队伍和分销队伍两支队伍，是因为随着市场竞争的加剧，全国品牌和地方品牌开始"火拼"，市场竞争的激烈程度和市场竞争能力都与以前不一样了。过去深度分销的全覆盖、全流通、全管理模式已经没有足够的竞争力，必须进行专业深度分销，即餐饮场所对餐饮场所、夜场对夜场。例如，你要做餐饮场所，就把餐饮场所做通、做精；你要做夜场，就不要做其他的。只有足够专业、精细，才能做好。因此，我们在过去深度分销的基础上，明确要求客户进行专业化操作，虽然客户的角色没有发生根本性改变，但是厂商关系发生了结构性改变，厂商关系开始逐步转变为合作式甚至伙伴式关系。这种专业化的深度分销模式不仅提升了企业的服务质量和市场竞争力，而且进一步加深了厂商之间的合作伙伴关系。

2016～2017年：CDDS模式与分工协作

2016年，随着啤酒行业进入存量竞争时代，啤酒企业的高端化转型迫在眉睫。新挑战随之而来：产品档次越来越高，渠道运营成本越来越高，市场竞争越来越激烈，"油水"却越来越少。因此，必须降低渠道运营成本，提高渠道运营效率。

华润啤酒的专业深度分销体系逐步暴露出厂商权责不明、业务重叠、价格体系混乱等问题。例如，我们的销售队伍很多，客户也很多，但渠道运营效率较低，部分销售队伍和客户的销售能力不强。随着华润啤酒高端化战略的落地，渠道改造再次拉开序幕，CDDS模式与分工协作应运而生。

CDDS模式和分工协作通过划分片区、管理价格、明确责任边界，以及提出对经销商和业务员的具体工作要求，不断推进渠道建设和团队管理，持续提升渠道效率，进一步明确厂商各自的角色与职责，避免因业务重叠导致效率低下。

结合各区域市场具体的竞争情况、市场份额、客户本身的能力及区域发展的策略等，CDDS模式和分工协作提出：将华润啤酒的业务团队转变为教练员和检查员的角色，专注于大店和重要客户的拓展与维护工作，而将常规性业务交由客户队伍去执行。我们给客户一定的支持，让他们建立自己的队伍，这样运营效率更高、成本更低。我们针对每位客户，每个岗位的职责、角色，每种销售模式等都制定了详细的"作战图"。此时的厂商关系变成了新型伙伴关系，在新型伙伴关系下，客户也形成了业务自主能力和管理自主能力，厂商经营效率得以提升。

2017~2019年：做大做强经销商，发展大客户

自2017年开始，随着啤酒行业由规模发展转向高质量发展的趋势日益明显，华润啤酒认识到需要重新调整客户结构和厂商关系。在过去20多年的发展历程中，我们的大多数客户普遍存在规模较小、经营能力较弱、资源不足、抗风险能力较差等问题，当时我们的态度不是"非要鼓励客户做大"，因为我们总觉得客户大了会"店大欺客"。

随着市场环境的演变，我们清楚地认识到，社会的发展和人力成本的上升已经改变了产业分工的旧格局，这种变化打破了企业在财务成本和组织效率之间的平衡。为了适应这一趋势，厂家必须将部分能力转移给客户，以确保双方都能获得持续发展的空间。面对未来啤酒行业的快速变化，如果客户群体的能力不强，将难以支持华润啤酒迅速适应新的市场趋

势。因此，拥有规模大、实力强的客户，将更有利于企业的发展。

因此，我们的客户理念从过去担心客户做大了会"店大欺客"的旧观念转变为"旗帜鲜明地做大做强经销商"，以实现厂商共赢的先进理念。调整的基本方法是寻找和培养大客户，让它们做更大的业务，管理更多的市场。

2020年至今：大客户模式与三华会

2020年，华润啤酒一方面努力应对疫情等不确定因素的影响，另一方面在"去包袱、强基础、蓄能量"之后稳步推进"3+3+3"战略中的第二个3年战略计划，决战高端酒业务。我以文件的形式第一次提出了大客户模式，提出不仅要做大做强经销商，还要做大客户销售模式，重新构建厂商关系，把客户做成大客户，把更多市场、资源交给它们，让它们承担更多的工作。我们助力大客户发展更大的市场，为客户嫁接更多的操作资源，助力它们发展更强的操作能力，并专注于解决大客户不愿意做、不想做或做不好的难点、容易遗漏的点，把握行业未来趋势。

高档酒对应的场所是高档餐厅、高档夜场和高档连锁店，只有采取大客户模式才能与客户稳定关系，才能对抗激烈的竞争。我们致力于发展规模大、有社会资源、有社会地位、有能力的客户，以更好地适应新时代的发展。为了实现这一目标，我们提出大客户模式，并通过建立三华会等组织加强厂商之间的沟通协作。大客户模式和三华会等组织的建立有效地提升了华润啤酒的品牌影响力与市场占有率，也实现了厂商之间的信息、资源共享，推动了厂商的共同成长与发展。

未来：大客户模式，厂商命运共同体

从以上的发展脉络来看，我提出的"厂商命运共同体"既是过去渠道

管理理念和方式的延续，也是新形势下对厂商关系的重新定义。面对新形势，我认为构建"厂商命运共同体"尤其重要，也非常紧迫，这一理念并非一种简单的合作模式，而是对厂商之间关系的一次全面升级，将其从传统的商业交易关系转变为共同开发市场、维护市场的伙伴式关系，直至两者形成命运相连、风险共担的紧密共同体。

31.3 消费新世界

从中国消费品市场的发展来看，我们当前正处于一个充满不确定性、挑战与机遇交织、厂商面临重重压力的消费新世界。早在 2020 年，我就曾用"大变局"来概括消费市场的演变，而 4 年之后的今天，这种变化的深远影响已经变得愈发明显。

在消费新世界，整体运营成本大幅提升，盈利变得更加艰难，制造要素和流通要素的价格居高不下。消费趋势也从规模转向质量，从销量转向结构，从单品转向多品。整个商业形态的生成、发展、淘汰和迭代速度非常快，线上商业模式加速替代线下商业模式。因此，企业的规模、影响力、集中力、品牌力，以及厂商关系的紧密程度和控制力仍然很重要。今年的行业竞争更加激烈，内卷更加严重，我们预测这种趋势在明年仍将持续。

我经常讲，消费者在做出购买行为前"一瞬间"的选择取决于他们对品牌的印象。对于消费品、快销品，没有人会提前几天就想好"我要买瓶雪花啤酒"。对企业来说，无论是起点、目标还是终点，都要围绕消费者那"一瞬间"的选择，而生产、供应、营销等所有环节，都是为了影响和赢得消费者的那"一瞬间"。当前产业内卷很严重，竞争的焦点已经从厂家之间的对抗转变为商家之间的竞争，即从产业的上游延伸到了下游。

终端消费者是我们和合作伙伴共同面对的堡垒。随着竞争的加剧，战场开始彻底转向内卷，所以需要建立新型管理机制，与合作伙伴携手，共同应对消费新世界的挑战。

31.4　构建厂商命运共同体

我们做出构建厂商命运共同体的决策，主要基于三方面的考虑：一是华润啤酒始终用"酒业新世界"的思维与逻辑审视业务，敢于突破旧模式；二是华润啤酒在行业内看到了优秀的学习榜样；三是华润啤酒希望通过学习，探索更符合企业现阶段发展情况的大客户管理新模式。

在新的市场环境下，华润啤酒肩负着应对啤酒高端决战和发展白酒业务的使命。大客户也面临着巨大压力，包括线上线下共同发展的压力、降低成本的压力、提升效率的压力，以及在存量和增量中获得竞争优势的压力等。当前，厂商双方都面临新形势、新挑战、新目标，双方只有联合起来，构建新型厂商关系，建立基于大客户模式的厂商命运共同体，才能同舟共济。

31.5　厂商命运共同体的九大理念

在探讨构建厂商命运共同体的核心要素时，我们始终认为，信任是最关键的一个要素。信任比黄金还珍贵，信任比钻石还久远，但信任又比玉石还脆弱。这种信任源于双方的诚信，厂家与商家均秉持诚信原则，最终逐渐建立起深厚的互信关系，进而形成长久的合作关系。基于此，我提出了厂商命运共同体的九大理念。

理念 1：目标一致

一是思想理念一致。双方对产业的理解，对未来趋势的看法，对品类、市场、客户怎么做，对业务怎么发展等，拥有一致的理念。双方拥有一致的价值观和文化基础，坚持规范化、法治化的经营方式，追求长期稳定的业务增长与盈利。二是发展方向一致。我们转型做高端，商家也要高端化。我们要管理终端、推消费者意见领袖、做品鉴等，商家也要跟上步伐。希望双方互相信任，共同坚定地走在一条大路上。三是市场目标一致。公司在转型发展中会遇到很多困难，厂商双方也会产生一些矛盾，双方应明确共同的目标市场，协同作战。四是竞争策略一致。在打什么、怎么打、用什么方式打等方面，要达成共识。厂家和商家可以一起做商业计划书，这也是双方目标一致的表现。五是业务操作一致。在执行层面，需要思考厂家和商家具体做什么，双方要同向而行。我们面对的是同一战场，而不是各自处在不同的战场上。六是队伍执行一致。专业队伍和分销队伍协同作战，有分工、有协同，确保各项策略与行动能够形成合力，共同撬动市场。

理念 2：遵守规则

遵守规则是双方持续健康地构建厂商命运共同体的重要基础，规则是双方的约定，如果不遵守规则，将很难持久地合作。遵守规则主要包含以下几个方面：遵守法律法规、商业规则、合作规则、市场规则、诚信公平规则、社会规则、厂家要求；不乱价、不窜货，经营各方都需要遵守公平公正的市场规则。只有这样，才能保证良性、健康和长远的发展。

理念 3：职能互补

厂商双方应建立清晰的职责划分机制，确保在合作过程中各司其职、各展所长。同时，双方应保持高度的互补性与协同性，在遇到困难与挑战时能够相互支持、共同应对，确保合作关系的稳固与持久。通过职能互补与协同作战，双方将形成强大的合力，共同推动业务的发展与进步。

理念4：业务协作

首先管理要统一。通过制订统一的业务计划、定期召开会议及协同管理，确保双方在业务运营中的步调一致。然后通过分工执行、检查改进、日常管理一条线、为一线减负、解决市场争执、设立互相投诉机制等举措，让业务人员紧密地联系在一起，互相提供动力。

理念5：相互赋能

企业利用自身的品牌、人员等资源为客户提供支持，帮助客户提升竞争力。同时，客户通过其独特的资源与能力，如市场网络、财务管理系统等，为企业赋能，促进企业持续发展。双方通过优势互补，实现共同成长与价值创造，形成紧密的命运共同体。

理念6：资源共享

厂商双方应充分认识到资源共享的重要性，将各自的优势资源进行有效的整合与利用，包括人力资源、市场投入、网络资源、社会资源、物流配送资源等多个方面。通过资源共享，双方能够降低运营成本，提升运营效率，共同发现新的市场机会，实现互利共赢。

理念7：价值创造

通过对客户销售网络、渠道、终端等资源的深度挖掘与整合，实现销售网络价值的最大化。这不仅要求企业关注客户的销售网络规模与结构，还要进行定期评估与优化，确保销售网络价值持续增长。同时，应确保合作中的每一方都能获得合理的经济回报，实现共赢。在白酒产业中，品质是门槛和基础，价值创造是核心竞争力，双方应通过价格管理、市场拓展等手段，共同提升品牌价值与市场地位。

理念 8：风险共担

在当前社会监管严格、食品安全等公共事件频发的市场环境下，厂商双方应保持高度警惕，共同建立风险防控机制，携手应对资金、合规、库存、税务、法务、社会监管等方面的各项风险，确保双方可持续地稳健发展。

理念 9：风清气正

近年来国家以严明的纪律推动国资央企全面从严治党、反贪肃纪。厂商在合作时要保持对法律的敬畏之心，遵纪守法，将合作置于阳光之下，确保每项政策与行为都经得起检验。同时，从小事做起，防微杜渐。

31.6　构建厂商命运共同体的 10 条路径

构建厂商命运共同体是一个发展方向，对厂商关系进行了升级迭代，也明确了厂商之间的职责。但当前仍然存在"管"与"做"职责不分的问题，很多时候我们的人自己跑去做业务，而忽视了管理职能。未来我们的重心要放在客户管理、市场监督方面，把市场费用归还给客户，由客户管理好终端市场，双方一起维护好市场秩序。关于构建厂商命运共同体，我们初步提出了 10 条基本路径。

（1）厂家负责"选配育"大客户，负责划分市场区域、分配责任、维护市场秩序，大客户负责业务开展和市场日常管理。

（2）在业务职责上，市场拓展交给大客户，厂家负责管理督促。

（3）在费用管理上，费用投入归大客户，管理评估归厂家。

（4）在网络拓展上，拓展维护归大客户，检查评估归厂家。

（5）在市场秩序上，维护和执行归大客户，制度制定、检查和裁决归厂家。

（6）双方共商，厂家主导市场发展目标、策略、业务计划、预算计划，确定厂家人员架构、数量及分工，制定管理制度。大客户主导市场目标制订、选品及费用投入，以及客户队伍配备、物流配备等。

（7）建立命运共同体圆桌会议机制，全国厂商命运共同体所涉及的组织至少每半年召开一次座谈会，形式不限，内容不限。目前已经策划的会议包括全国厂商命运共同体群英会、各项目公司厂商命运共同体群英会、大区厂商命运共同体群英会等。

（8）实施大客户命运共同体重点推进项目，列入客户发展重要工作，专项推进，促进客户能力提升、资源共享、风险共担等。

（9）建立"意见箱"小程序，持续收集意见和建议。

（10）将"渠道伙伴大会"正式更名为"渠道伙伴命运共同体大会"。

厂商命运共同体的构想自提出至今仅半年时间，仍处于初期阶段，需要我们不断地深化思考和进行实践探索。从现在开始，我们需要着手进行一些实质性的改进，让大家都能真切地感受到厂商命运共同体的深刻内涵：厂家需要制定明确的规则，着力改变自己队伍的管理理念和做事风格；商家则要"挺起腰杆"，说实话、做实事。希望构建厂商命运共同体能够成为未来快消品行业的发展方向。

（本章源自2024年7月12日在2024年华润酒业渠道伙伴大会上的讲话）

附　录

| 附录一 |
专有名词注释

雪花啤酒在经营活动中创造了许多非常精练的特殊词汇。每个词语、每个概念都浓缩了丰富的内涵和独特的意义，为企业在经营中统一业务认知、减少信息衰减、提高沟通效率等起到了重要作用。为便于读者顺畅地阅读和准确地理解，特将相关专有名词注释如下。

关于公司全称及简称

1992 年，华润集团收购永达利企业有限公司，并将其易名为"华润创业有限公司"，成为最早一批在香港上市的中资企业。成立之初，华润创业主要投资于地产物业。1993 年 12 月，华润创业与沈阳啤酒厂合资成立沈阳华润雪花啤酒有限公司，华润雪花啤酒诞生。2004 年，公司正式更名为华润雪花啤酒（中国）有限公司。

母公司华润创业拥有多种业务，其主要子公司包括华创饮品贸易有限公司、华润雪花啤酒（中国）有限公司以及华润雪花啤酒（四川）有限责任公司等。2015年，母公司"华润创业有限公司"将旗下非啤酒业务全部分拆剥离，并更名为"华润啤酒（控股）有限公司"，股票代码是华润啤酒（0291.HK），聚焦专业化发展。

本书中出现的简称"华润啤酒"指控股股东"华润啤酒（控股）有限公司"，"雪花啤酒""华润雪花啤酒"等简称指华润雪花啤酒（中国）有限公司。

战略及组织方面

"3+3+3"战略：2017年，雪花啤酒基于变革顶层设计提出的2017～2025年发展战略，分为3个战略阶段，每个阶段为期3年，基本涵盖了"十三五"及"十四五"发展规划期。其中，前3年（2017～2019年）的管理主题是"有质量增长、转型升级、创新发展"；中间3年（2020～2022年）的管理主题是"决战高端、质量发展"；后3年（2023～2025年）的管理主题是"高端制胜、卓越发展"。

雪花新时代发展的十大战略举措：组织再造、品牌重塑、文化重塑、产能优化、营运变革、信息化升级、精益销售、玻瓶管理、喜力联姻、渠道二次改造。

"三三二二"队伍：三级一把手、三个驱动轮、两个助推器、两支队伍的统称。

- 三级一把手：是指负责结合中国自然地理分区划分的区域公司总经理、负责省级市场营销中心的总经理、负责地级市场销售大区的总经理。这3个层级的"一把手"是雪花啤酒"3+3+3"战略有效落地的关键力量。

- 三个驱动轮（又称三轮驱动）：是指雪花啤酒各个营销中心的销售管理、销售财务和营运管理三大专业职能板块。三个驱动轮是雪花啤酒整体业务发展的驱动器。
- 两个助推器：是指各省级营销中心的市场部和人力资源部。两个助推器的作用是为销售业务发展锦上添花，让火箭发射得更快、更高。
- 两支队伍：是指负责雪花啤酒营销工作的业务队伍和经销商队伍。

人力资源方面

华润学习与创新中心：华润集团旗下主要学习与创新平台，有河北雄安和广东惠州小径湾两个校区，承载了雪花啤酒绝大多数人才学习与培训项目的落地和实施。

风火轮、混天绫：雪花啤酒决战高端能力提升的主要人才培养项目，创意来自国漫电影《哪吒之魔童降世》，体现了雪花人在决战高端征途中"我命由我不由天"的奋斗精神。

- 风火轮：是指针对负责高端餐饮和夜场终端的中层业务经理的培训项目。其目的是培养高端人才，总结高端销售经验，提升高端销售能力。
- 混天绫：是指雪花啤酒渠道营销培训项目，让雪花啤酒的渠道营销活动在终端店内能像混天绫一样灵活多变，且有一种赏心悦目的美，增强消费者体验，提升品牌美誉度，促进产品动销。

产品方面

1+1：雪花啤酒体系两大战略核心品种——雪花纯生和勇闯天涯。这是雪花啤酒的核心大单品，是其决战高端的基础。

4+4：雪花啤酒在决战高端中采取的"中国品牌 + 国际品牌"产品组合，具体指中国品牌的"四大金刚"，以及国际品牌的"四大天王"。

- 四大金刚：指雪花品牌下主要的四款高端产品品牌，即雪花脸谱、匠心营造、马尔斯绿、勇闯天涯 superX。
- 四大天王：指喜力品牌下主要的四款产品品牌，即喜力、苏尔、红爵、悠世。

轻骑兵：在"4+4"之外，雪花啤酒其他个性化、风格独特的高端产品。目前主要有"醴""雪花经典"（"老雪"）"黑狮白啤""黑狮果啤""拉维邦黑啤""原浆壹号""CPA 精酿"等。

品牌营销方面

五点一线：指导雪花啤酒决战高端的核心方法论，其以高端销售为核心，不仅将"人、产品、客户、制高点、渠道营销"五点做透，还要将这五点贯穿于一线。

高端策论 25：在"决战高端、质量发展"的战略下，雪花啤酒基于高端市场操作形成的一系列观点和方法。

铸剑行动：在决战高端中对适合经营高端啤酒客户的发现、发掘、引进行动。

CDDS：指四个模式的统称，四个模式分别为，渠道模式（channel model）、分销管理模式（distribution management model）、经销商经营模式（dealer's management model）、业务员工作模式（salesman's working model），它们有机协调，共同组成了雪花啤酒基于从终端出发的销售管理模型。

生态圈建设方面

"三华会"与"三润会"：为做好大客户分层管理，从而搭建的啤酒/白酒大客户运营平台，分为"鼎、樽、爵"三个等级。啤酒事业部（华润雪花）称"三华会"，分别为华鼎会、华樽会、华爵会；白酒事业部（华润酒业）称"三润会"，分别为润鼎会、润樽会、润爵会。

| 附录二 |

CEO 是怎么炼成的？
——我的职业奋斗历程

人生经历

1968～1976 年：山村孩子

我出生在山东沂蒙山区的一个小山村。这个小山村在历史上是一个古战场，是齐国和鲁国的交战区，近代华东野战军的孟良崮战役发生在附近，南麻临朐战役也发生在这里。我出生时正面临中国人口的生育高峰期。我小时候家庭非常贫困，连饭都吃不饱。这一带是山区，也是老区，山区没有幼儿园，也没有学习班，所以我在自由放养中长大。

我印象很深的是 8 岁之前给生产队干农活，在那儿，没有人管我，只有晚上吃饭的时候，父母会在村头喊一声："回来吃饭了。"因为大家都穷，所以也都不把穷当作一回事。看小人书、打扑克牌、上山爬树抓鸟，是我和小伙伴的日常娱乐活动。我爬树技能特别好，能爬得特别高，最上面枝杈的鸟窝都够得着……我的童年是自由快乐、没有约束的。小伙伴们在一起，到河里捉鱼，到水沟里摸青蛙，确实很快乐。

我从小就有两个特点。一是很叛逆。叛逆是什么意思？就是"不听大人的话"，谁说都不听，什么事都由着自己的性子来。二是在同伴当中算个"人物"，唯一的原因是打架比较多、比较厉害。因为打架，我被父母打过很多次。村里每个儿童"团伙"都有自己的"势力范围"，出去玩的时候大家碰见就会打一架。

虽然小时候没有上过幼儿园，但我很早就开始接触《人民日报》《大众日报》，它们对我的影响很大。当时每个村的大队革命委员会都有一个图书室——实际上就是村部的一个土坯屋子，里面放有《毛泽东选集》《人民日报》《红旗》等读物。我特别喜欢在大队革命委员会的院子里玩儿，那时候还小，看不懂《人民日报》上的文字，但能看懂图片，看得懂毛主席、周总理会见外宾的照片。记得图书室里有一部小说叫《大刀队》，描写了华东人民的抗日故事。它是大队民兵连最喜欢的读物，上面有图画，我也拿来看，所以我从小就很崇拜英雄。

那时最常见的娱乐活动是看小人书和打扑克牌。村里人都穷，买不起小人书，谁有一本，都不愿意借给别人看。为了争看小人书，大家经常打架。我们公社书记的儿子有一本《渡江侦察记》，我跟他抢，抢着抢着就打起来了。

打扑克牌也是。村里没有几副扑克牌，一副扑克牌会被用很久，直到用得稀烂。过年时，父母会给小孩子压岁钱，我有时会用压岁钱买一副扑克牌，崭新崭新的，打起来啪啦啪啦地响，我不舍得打。

在穷苦环境中成长的我，机缘巧合下，也开始向往城市，向往美好的生活。当时村里来了一群从山东青岛下乡的知识青年，他们响应毛主席"广阔天地，大有作为"的号召，来到了沂蒙山区，给我们小孩子带来了铅笔、本子，还有糖果。那时候，一个小本子、一支铅笔都很珍贵。城市的知识青年让我们第一次见到尾部有一个橡皮擦的铅笔，这在当时算非常"牛"的，我们都舍不得用。

这些知识青年让我们知道了什么呢？第一是城市人的知识文化水平确实跟我们不一样，第二是他们拥有的和我们不同。他们觉得山村很苦，觉得农村生活太艰难了，没有出路。在我们农村小孩子的眼中，他们就是"人上人"。自此，我就对城市有了一种向往。

回想我8岁的时候，性格倔强，不服气，啥事都自己想、自己做、自己说了算。父母管得少，他们每天下地干活，也没时间管。这些对我的性格影响都是比较大的。我熟悉和习惯山村的生活，至今依然喜欢山和河，喜欢到农村去，喜欢草木，喜欢庄稼，看见玉米、高粱、谷子、黄豆就觉得很亲切。

随着年龄的增长，我有了自己向往的生活。我知道农村是贫穷的，是落后的，知道有人活得比我好。我见识了城市青年的穿着和谈吐，他们拥有的东西都是我没有的，是我的父母没有的。我知道需要努力改变自己，当然那时候我并没有清晰的发展方向。

1976~1984年：背粮上学

接着我就开始上学了。上学前后的差别还是蛮大的，上学前没人管，上学后有老师管；上学前没有规矩，上学后有规矩；上学前谁能打得赢谁就是孩子王，上学后才发现被老师表扬才是最牛的。人生规则和评价标准发生了变化。规则在变，评价标准在变，人们追求的东西也在变。

1976～1984年的8年是我小学和初中时期，这也是一个小孩子逐渐长大成人的一个阶段。在这一阶段，我遇到的最大问题就是学习成绩非常差，这是我在孩童时期从来没有遇到的一个挫折。我一上课就被老师批评，老师让我站起来回答问题，我基本上都答不出，作业也做不对，上课还经常迟到，因此常常被罚站。我基本上是班里被罚站次数最多的学生。

我的小学老师有两个特别的习惯。第一，他喜欢拿教鞭打人，专打学生的脑袋。教鞭很长，柳条做的，敲桌子、指黑板都用它。他拿教鞭打学生的脑袋，啪啪啪，每次都打得头上肿起包来。第二，他性子急，一急就会用脚踹人，我经常被踹。讲台不是很大，他一脚就把我踹到墙边去了。奇怪的是，不管踹出去多远，哪怕踹得我连滚带爬，我竟然都没受伤。

我从来没有得过一个带"奖"的本子。不是奖状，就是一个带蓝杠的作业本子，封皮戳个"奖"字，学习好的学生能得到若干个带"奖"的本子。一般暑假之前，学校会根据成绩给学生发几个本子，供学生做作业和下学期学习用。拿到带"奖"的本子，那真是一个荣誉，但我从没有领到过这样的本子。而我的哥哥姐姐每人都有五六个这种本子，对比下来差别很大。

我们小学在哪里上课呢？村里有一个用来打麦子、谷子和高粱的场院，场院里有一间装农机具的大土房子，农机具放在房间的后面，用砖垒一堵墙作为隔断，房间的前面用来上课，教学条件还是蛮艰苦的。

准备考初中重点班时，由于我学习成绩很差，班主任晚饭后还跑到我家，把他的教学记录本给我帮助我复习。最终我考试时超常发挥，竟然考上了。后来有人问我是不是学习成绩好，显然不是。

初一，我在离村子5里远的学校上学，每天一大早就出门，晚自习结束后才回来。上学路上经过很多菜地，我早上一般都是揣着煎饼，在菜地里摸一个萝卜、顺一把葱，早饭就解决了。

初二、初三，我在乡镇初中上学。30名同学睡在一个地铺上——在一间大土坯房的空地上垒一排砖头，砖头一侧是大通铺，另一侧是通道，一排30名同学的床铺靠着墙边摆放，每人睡觉的地方一尺多一点儿，只够翻个身。虽然窄，但行动还是很方便的，不管是起来上厕所还是上床，都特别方便。床铺铺什么呢？学校找附近的农民买了两个大麦秸垛，把一大捆麦秸铺在地上，拿一块塑料布一盖，上面放个毯子或褥子就完事了。那个时候冬天很冷，土屋房顶上铺的都是麦秸，冰溜子有两尺长。屋里也没有火炉子，我的脚每年都被冻伤，走路一瘸一拐的，伤口处钻心地疼。

我们学校的水不够喝。学校里没有大锅炉，只有厨房里的三口大锅，用锅烧水。我记得烧锅的那位师傅与我同姓。他每天到井边打水，打上来倒进锅里，然后生火，呼哧呼哧地拉风箱，烧一锅热水。但他一个人是烧不了三锅热水的，那怎么办呢？他先烧开一锅水，再把这一锅水分成三半锅水，然后他挑着扁担、吊着两个水桶到井边去打凉水，用凉水把三半锅开水兑满，就完事了。同学们来打水，喝的不是热水，也不是凉水，而是热水和凉水混合的温水，好在大家小时候都是喝井里的凉水长大的，热水和凉水掺着喝不是问题。问题是水不够喝，初中有好几个班，人多水少，每人只能打到半缸子水。到了饭点，班里两名值日生抬来两桶水，大家都抢，生抢一气，十几个搪瓷缸子在桶里面乱撞乱碰，每个缸子只能舀到很少的水。我们班女同学很可怜，不好意思抢，只有等男同学抢完了，喝剩下的一点点水。想想当年的我们，真的是很可怜，一顿饭两桶水，三顿饭六桶水，平时都没有水喝。

吃什么呢？54张用地瓜干粉掺着玉米面摊的煎饼。一周上6天学，一天吃9张煎饼，星期日再从家里背上54张煎饼去学校。一个网兜里放两大疙瘩苤蓝咸菜，还有 54 张煎饼，用包袱装好，拿根棍子背在肩上，就是一周的口粮。每周如此，月月如是。大家可能问我有没有见过油？没有。有没有菜？没有。吃饭时，拿出 3 张煎饼，用小刀割一块咸菜，接半缸子水，就这么吃，吃了两年。

不知谁发明了小油灯，在墨水瓶子里灌上煤油，在瓶盖上戳个眼儿，安上灯芯，有了它就可以在晚自习后继续学习了。有一次我把煎饼放课桌抽屉里，课桌上放着油灯，不知道谁把我的油灯弄翻了，煤油全部渗到了煎饼上，我只得连吃了 5 天渗了煤油的煎饼。如果煎饼长了毛，沾点儿水一擦就能吃了，但这回是被煤油浸了，擦不掉了。我每次吃完都反胃恶心、打嗝，感觉拿根火柴就可以给胃"点火"了。

在初中阶段，让我印象非常深的还有两件事。第一件事是我特别喜欢摔跤，简直玩疯了，有几个小伙伴天天跟我在外面摔跤，大家每天都摔得全身是土。一直跟我摔跤的一个小伙伴的出身比我好很多，是乡镇上一个局长的儿子，他为了跟我摔跤，晚上都不回去吃饭。第二件事与一个女孩有关，她是我们人民公社粮所所长的女儿，绝对是男同学们的"梦中女神"。记得当时语文老师第一次给我们上课时问："谁知道苏东坡啊？"那个女孩站起来就说："水光潋滟晴方好，山色空蒙雨亦奇。"我当时从来没听过苏东坡，觉得她太厉害了，那是真的崇拜。

这一阶段的我非常喜欢看小说，从初一就开始看了，先是《水浒传》，然后是《瓦岗寨》《三侠五义》，但我学习很差。那时候学习委员每天会把收上来的作业本按学科分好交给老师，老师晚上批改，第二天再带着批改完的作业本来上课。老师会把它们分成两摞，一摞是写得好的，另一摞是写得不好的。写得不好，老师会撕页，让当天拿回去重新做。每次我的作业本都会被撕页，这让人感觉太痛苦了。

考高中的时候，数学老师是教过我姐和我哥的老师，他跟我说："没想到你哥你姐学习这么好，你学习这么差，你是你们家学习最差的。"我的学习成绩不好，结果就是1983年考高中没考上。那年夏天我到地里去收谷子，脚被高粱茬刺伤了，血流了一地，到医院治疗后养了一个月，又去复读。

复读那一年我有点儿开窍了。到了考高中时，要提前报考学校，当时我们那边有好几所高中——第一中学、第二中学、第三中学、第七中学，其中第一中学是我们县最好的高中，也是潍坊最好的高中之一。当时我说要报考第一中学，班主任觉得我不知天高地厚，还找我家长劝我，说没几个人能考上第一中学。他要不去找我家长说也就罢了，他这么一说，我就非考不可。

初中的经历让我懂得了两件事。第一，学习对我来讲是第一要务。学习不好就什么都没有了，既没有老师和同学的认可，也没有发展，没法出人头地。那些年我每次从学校回家，母亲都坐在烧火房里，在鏊子上给我摊煎饼，她左手往灶下顺麦秸，右手舀糊糊，浇在火烫的鏊面上，然后用耙子摊，还要用手去翻煎饼，时间长了，手腕都受伤了。我每次都喜欢坐在母亲摊煎饼的鏊子边上，她总是重复地说："农村这么苦，你要是考不上学就得下地干活了。"母亲的话影响了我的一生，我就觉得一定要学习，不学习不行。第二，学习要有方法。我想学习，但学得很差。我也很苦恼，因为找不到学习的方法。人家会背诗，作业也做得好，我怎么都做不好，也不是不努力，就是不会做，所以我意识到了学习方法的重要性。

1984~1987年：走进县城

我16岁时考上了县第一中学，这也是我第一次走进县城。考上第一中学最大的好处就是学习和生活条件有了很大的改善。

在县重点中学，我们是有床的，是那种上下铺的木床，比原先睡在地上好多了。我还能在食堂吃到馒头和菜——要知道，在 14 岁之前，我只有在过年时才能吃到白面馒头，只有生病时家人才会给我烙一张饼。不过那会儿没有那么多粮票，馒头不能天天吃，只能和煎饼交替着吃。我一个月回家一次，还是每次从家带煎饼，这顿饭吃馒头，下顿饭吃煎饼。

在这里，我遇到了一位特别好的老师——吕老师。吕老师是曲阜师范大学毕业的，当时她刚大学毕业，我们班是她毕业后带的第一个班。她拥有超前的教学思维、年轻的思想，掌握着新式教学方法。她会和学生做朋友。每天课后，她会带我们读小说，她领读，同学们轮流读。我们读《卓娅和舒拉的故事》，也读《铁流》。那是一段愉快的时光。吕老师让我懂得了对人要善良，要鼓励别人，不要给别人那么大的压力，要跟大家团结在一起，而不是向别人施加重压，这些对我都非常有帮助。人这一生遇到什么样的人很重要，一个好老师、一个好老板都能改变你。

班里有很多优秀的同学。县教育局一个干部的儿子长得极帅，老师问任何问题，他都张口就能答，该背诵的课文全能背下来，数学难题很快就能解出来。他是我见过的真正的"神童""学霸"。你会感觉他是个"神"，学习好得不像人类。我这才发现，在村里强，到镇里不一定强；在镇里强，到县里不一定强。正所谓"山外有山，人外有人"。我的成绩依然很差，当时我对物理和化学一点儿都不开窍，理工科特别差，考不过 60 分。但是我喜欢读书的习惯一直保留着。县城有一家很大的图书馆，我在图书馆里办了一张图书卡，看了很多小说。

高二的时候，也不知道为什么，忽然有一天我的学习就有了很大的进步，将一些标准化试题拿来做，竟然能得高分。期末考试后，我发现自己数学也不错，那么难的题好像也都会了。这在以前都是不可能发生的。春节之前那次考试，我考得特别好，进了班级前 10 名，被评选为"三好学生"，获得了奖状，这让我非常兴奋、紧张、激动。那时我们家的墙上贴的都是哥哥姐姐的"三好学生"奖状，我这是第一次得奖状，我爸说要把奖状给我贴在墙上最高的地方，让大家都能看到。这也是我一生中唯一一张"三好学生"奖状。

那年山东省开始从高二学生中选拔佼佼者参加高考，就是选拔一批人，这批人不需要读高三，可以直接参加高考，也叫跳考。对我们农村孩子来讲，能早一点考上大学非常有吸引力。我有幸被选中参加跳考，跟高三的同学一起参加高考，最终考了 472 分。当时我们整个学校参加跳考的 10 名学生中总共有 8 名考上了大学，我的分数可以读大专，但我没有选择去读，而是继续读了高三，参加高考。

那个年代，农村人考上大学是极少见的，一旦考上大学，就能改变命运。我们村里没有人认为我能考上大学，毕竟能上高中的人都很少。我的小伙伴们基本没有参加高考的，很早就下地干活了，家里也没有钱让他们继续上学。

我高考之前有一次回家，正好碰到家里一个婶子，她问我干什么去，我说我回家取东西，下周就要参加高考了。她说："你还高考？你那么调皮捣蛋，还能考上大学？赶紧回来帮你妈干活，回家锄地。"这句话简直是伤害性不大，侮辱性极强。我说："我真的能考上，我要是考不上，我们学校就没几个能考上的了。"她说："你太能吹了，我见过能吹牛皮的，没见过你这么能吹、会吹的，你从小就爱吹牛。"

高考填志愿是在高考之前的一个月填，就看你胆子有多大，考不考得上是后面的事。你要想考北大，先得敢报北大，至于你考多少分，那是一个月之后的事。选学校真的很考验人的勇气和自信。我报了中国人民大学（以下简称"人大"）。为什么报人大？一是我们学校好长时间以来都没有考上人大的，我想打破这个纪录；二是觉得人大毕业比较容易从政，农村出来的孩子对从政特别向往。当时填志愿还可以填二类大学、三类大学，以及大专、中专等。我只填了人大，教导主任就问我："你不报其他二类大学、三类大学托底，万一考砸了怎么办？"我说："考砸了就种地去呗。"现在想来这确实是在冒险，完全没必要，当时就是年少轻狂，图个置之死地而后生的大义凛然之感。

考完回家后我哥问我考得怎么样，我说人大不一定考得上，但是绝对能上名牌大学。

分数出来后，学校张贴了榜单，我当时正在家里修房子当小工，没时间去，正好有一个伙伴要骑车去看，我就把我的准考证号给他，让他帮我去看。从县城回来后，他跟我说我这次发挥不好，没考上，榜单上没看到我的准考证号。我爸当时脸就变白了。我说："475 分就是重点大学，我怎么可能连 475 分都考不到呢，我自己算的 500 分以上，不至于这么差啊！"可是他坚持说我没有考上。我就问他县里考得高的有多少分，他说他把前几名的成绩全抄下来了。我拿起他抄的纸一看，第三个不就是我吗？他不好意思地说看榜的人太多了，他是从本科分数线开始往上看的，一直没看到我的准考证号，以为我没上线呢！

1987~1991 年：我的大学

我们是第一批参加军训的大学生，由中共中央军事委员会（以下简称"中央军委"）和国务院护送到 63 军进行军训。出发前，在人大 800 教室，我们全副武装，参加了中央军委和国家教育委员会（教育部的前身）主持的授旗仪式，现场情况中央电视台新闻联播当天晚上就播出了。之后我们去永定门坐军列前往临汾军训。

军训时，我的射击成绩还是不错的。那会儿我们还拆了六九式冲锋枪，拆枪很不容易，就算天天练速度也很慢。令我印象最深的，就是卧姿装子弹，不能弯腰，得直接趴下。班里有个江西省的文科状元，现在是香港著名的经济学家，他是计划系的，个子比较矮，被分到了我们一班。每次卧姿装子弹，他的身体都趴不下去，所以教官罚我们全班陪练。我们当时都说他："你考试考得这么好，怎么连装个子弹都装不上？"

我在人大上学时享受到了政府的大学生救济补助，当时我在申请书上写明了家里极度贫困的情况，就获得了这项补助。没有补助的话，我们家根本付不起大学学费。

当时很多人觉得上大学如果不谈一场恋爱，就白在大学里混了，我就是白混的那一个。我们宿舍在人大九楼，当时那栋楼是很有名的，因为门前有面很有名的墙。我们宿舍有个阳台，正对着那面墙。我们每天在窗口放一台大录音机，放齐秦、王杰、刘德华、张学友、张国荣的歌，所有路过人大西门的人都能听到我们宿舍放的歌。

我一个从农村出来的孩子，穿着带有补丁的裤子和别人捐助的衣服上了大学，一开始啥也不懂，关键是当时没人听得懂我说话。我说了，你听了，就是理解不了，后来才发现大家相互都听不懂对方说的话。浙江的、福建的、广东的，各种方言，想理解真的好难。我在大学第一年很低调，因为什么也不知道。我人生的第一块手表是我考上大学的奖赏，品牌是烟台北极星，是姐姐拿自己的工资给我买的。我人生的第一双皮鞋是大二时买的，买之前还要给家里写信申请，因为家里没有什么钱。冬天的时候，城市家庭的同学有羽绒服、大衣或面包服，我啥也没有，不仅买不起羽绒服，连面包服都买不起，只能穿夹克或在绿军装里面穿一件毛衣。

我觉得，人到了新的地方，第一年要少说话，不要出头；第二年找准时机，找到定位；第三年一定要崭露头角。要知道自己有短处，知道自己有不足，可以羡慕别人，但不要嫉妒别人。再一个，要学习，一定要学习别人的长处，知道别人比自己好、比自己棒，然后向他们学习。

上大学期间，有很多难忘的郊游，有一年一度的班级新年晚会，有美妙的大学舞会，有生动的霹雳舞、滑冰比赛，更有远走西北的实习，真是一段难忘的时光。

大学毕业后我留在了北京，付出了很多努力，获得了北京户口。之后国家推行双向选择政策，我被分配去了首钢。

1991~1995 年：钢铁熔炉

当时留京需要满足双指标，除了学校有指标，单位也要有指标。最终我进了首钢下属的一个三级公司——首钢总公司第二建设总公司第一安装公司。去了之后我住在学生宿舍。当时首钢污染问题很严重，整个厂区一阵阵地下"黑雨"，下"黑雪"。当年有上千名大学生进入首钢，大家都住在一起。我是做电工的，做电工要穿工作服、防触电的鞋，再就是腰带上要戴好"三大件"。在首钢的一线，我真正地接触到了工人，知道了什么叫车间，什么叫工会，什么叫领导，什么叫师傅。

首钢让我印象最深的场景是红旗招展、锣鼓喧天、大会战、献礼工程。这种组织的力量、公司的决心、员工的士气，使大时代下个人的渺小展露无遗。大会战时，几万人全部都在户外工地现场，搭预制板房子，吃住都在这里。这是一个强大的组织，你只能跟在后面。领导定期有重要讲话时，公司全国各地所有的车间班组都会用大喇叭播放领导的讲话。每年春节放假之前，首钢上下所有的员工会聚在一起吃一次年饭——四五十万人晚上一起吃饭，那场面多震撼！

但是，在这个地方，我没有出路，也找不到自己的位置。当时领导说上岗半年以后可以去科室，我就去了科室。科室里有个姓顾的老太太戴着眼镜天天做报表，内容都是建筑行业的指标，我听都没听过。科室里的大部分人都来自原冶金工业部下属的建筑企业，是来支援首钢建设的，学的都是建筑、工程、机械等专业，都懂设计图，而我对蓝色的工程设计图一窍不通。我觉得我必须走，不能继续留在首钢了，这里没有我发挥的平台。

半年后我就请假去打工了，去了深圳福永镇的一个制衣厂做衬衫、裤子、夹克，厂子里的衣服打版、缝纫后出口到国外。我每天在制衣厂里奋战，干了3个多月。那种生活和陈小艺演的电视剧《外来妹》一样。福永镇全是"三来一补"（来料加工、来件装配、来样加工、补偿贸易）工厂，满大街都是二十一二岁的年轻人，农村来的男女青年多的是。电子厂的、拉链厂的、皮鞋厂的，福建的、浙江的、四川的，一到晚上，街上全是年轻人，年轻人口中讲述着无数个思乡、流浪的故事。我周末去深圳，看着正在修建的广深高速，这真是一个和北京完全不同的世界。大学生离职到深圳去打工，在当时很少有人这么做，大家都很担心我，再加上制衣厂的老板和老板娘互相有意见，我见形势不妙，就回到首钢了。

从深圳回到首钢以后，我就被处分了，本来只请假一星期，结果3个月后我才回来。这属于旷工，按理说是要被开除的，但因为我是名牌大学毕业的，总经理人很好，比较惜才，又觉得我是农村的孩子，怕我被开除后找不到工作，就给了我一个警告处分，做了不涨工资的处罚。

被处分后，科室去不了了，我就到公司施工现场待了半年，负责做调度和统计。我天天陪着领导下工地，看着施工科长守着3个电话辛苦地吼来吼去。这段时间我的业余生活就是看书、写日记、聊天，基本上把世界名著全看了一遍，每天读书读到凌晨3点。半年之后我就被领导调到了总经理办公室当秘书，负责整理会议记录、纪要等。

秘书的上级是办公室主任，我的上级主任是一个能力很强、智商和情商很高的人，给了我很多恩泽，是我工作上的第一位导师。白天，我在工地、办公室忙活，晚上，我在古城闲逛、做饭、读书。当时我工资低，又受了处分，就很节约，一顿饭分成两顿吃，每月还要保证去古城书店买一本书读，还要留点钱给父母，100元钱要掰碎了花。只有发工资的时候我才去街头买块猪蹄、鸡翅什么的解解馋。

我的秘书工作做得不错，还参加了积极分子培训班，准备入党，将来做个办公室主任啥的。可调令来了。原来，首钢总公司要成立数据管理部（那个年代重视数据，现在想想首钢的理念是真超前、真牛啊），把我抽调到了数据管理部统计处。数据管理部当年是新部门，我在首钢月季园上班，这里有上百名学信息和计算机的大学生，气氛很活跃。两年后，数据管理部改组，我们被划到了计划部统计处。统计处的女处长是学统计专业的，很能干，对人很宽容。几名同事新老搭配，很是和谐。

首钢有几十万人，我专业不对口，发展无基础，未来能走到哪里去呢？也许统计处处长就是我艰苦奋斗十几年后最好的归宿。但转念一想，不行，我还是要走，首钢不能待了，我要下海。于是我到处发简历、找工作，首钢办公厅门口有个邮筒，我每隔几天就投一份简历，面试了好几家企业。那时候我就想去外企，觉得外企太牛了，工资是一般企业的3倍，在外企工作的人还很有魅力：第一，腰上别着BP机，而且是数字BP机，在首钢只有三级公司的一把手才有 BP 机，而外企的人都有 BP 机；第二，在外企工作的人穿西装，我从来没穿过西装，也没有西装，我当时在首钢穿的衣服是自己买布料找裁缝做的；第三，在外企工作的人出差可以坐飞机，在首钢时出差都是坐火车。所以我决定一定要去外企。命运掌握在自己手里，职业靠自己创造。终于，盖洛普向我抛出了橄榄枝，我实现了自己的梦想。

首钢锻炼了我的性格，让我学会了坚忍、坚持。回忆在首钢的那段经历，那是我人生中最艰难的一段时光，也是我人生中最有意义的一段时光。

1995~1996 年：外企熏陶

我有一个朋友在外企工作多年，他对我说，去外企上班必须买套西装。一套西装我是买不起的，但是买件上衣还是可以的。报到前，朋友陪我去逛了北京市的好多商场。我在首钢工作 4 年，攒了 8000 元，离开首钢时交了 4000 元培训费，手里只有 4000 元了。买完西装，朋友让我一定要买一部 BP 机。我一个月工资才几百元，一部 BP 机 1899 元，相当于我 3 个月的工资。犹豫过后，我最后还是去了古城一家卖 BP 机的铺子，买了一部数字 BP 机。

两天后，我到盖洛普报到，手续办完后刚回到公位，公司会计就让我过去一趟。她问我："你有 BP 机吗？"我说："当然有，我刚买的。"她接着问："你要不要领一部 BP 机？"我都震惊了，问："咱们这里还能领 BP 机？"她说："可以领，都是 3600 多元钱汉显的。"我领完刚一出门，她又来了一句话："你确定就领一部是吧？"我当时都蒙了，问她："这还能领好几部吗？"她说："你是项目经理，如果项目需要的话，领 10 部以内都可以。"我想到自己刚花了 1899 元买了数字 BP 机，后悔死了，心疼死了。

第一个月发工资时，我正在北京饭店办公。我签完字就领到了现金，一个信封里装了 3000 元钱，摸着很厚实。我第一次拿着装有 3000 元钱的信封，从北京饭店穿过北京贵宾楼饭店，到天安门广场坐公交车回到人大，立马请同学们去吃饭喝酒，感觉自己很有钱。3 个月之后，会计又找到我，问我有没有的士（粤语中对出租车的叫法）票要报销，我说："的士票能报销吗？"她说："当然可以报啊。"我问她能报多少，结果她说报多少我说了算，因为我是项目经理。当时我就激动了，我以前一直坐地铁上班，那天下班后我再也不坐地铁了，直接打的士。

第一次坐飞机是去太原，当时我很紧张，好在有一个姐姐是分析师，跟我同行。在飞机上，我跟她一直在聊天。快到太原的时候，我告诉她我是第一次坐飞机，她还很惊讶。

我在盖洛普工作了一年半，期间发生了两件重要的事。第一件事，我决定跳槽，再谋新职。我当时的客户（如摩托罗拉、诺基亚）是甲方，它们公司的人出差都住五星级酒店，我们只能住三星级酒店，我们是服务机构、咨询机构，他们是甲方，是品牌公司，而且挣的钱多，所以我决定辞职去当甲方。"挣的钱多"这一点让我确定自己以后都要做甲方。

第二件事，1996 年 8 月 2 日，我在成都做项目的时候，遇见了一位参加宝丽来相机焦点座谈会的女孩，我和她一见钟情。

这个女孩当时来得最早，我帮她登记，然后她就进会议室了，半个多小时后，她又出去找她表妹了。我并不知道她出去了，后来别人陆续来了，宝丽来的客户也都到了，门一关，座谈会开始了。这时候这个女孩回来了，她试图打开门，我说："你不能进去。"她问："为啥？"我说："刚才你出去了，现在人满了，你就不能再进去了。"她说："那不行。"四川女孩比较厉害，她抬脚就往门上踹。这要是让监控室看到，我们这个项目就完蛋了。

我一把拉住她，把她劝到另一个会议室给她做工作。我跟她聊天，问她成都有什么好吃的火锅，她向我介绍了好多火锅。她可能以为我想请她吃火锅，没想到我问了之后自己去吃了。她跟我们的督导认识，督导后来跟我说："你得罪人家了，小女孩挺生气的，说你自己去吃火锅了。"于是第二天我为了弥补她，请她和她的几个朋友一块吃饭，吃完饭我俩就确定了恋爱关系，确实是一见钟情。

第二次见面是我去昆明，中途专门去成都见她，问她啥时候结婚。她说："太快了也不行，要不这样吧，10月1日吧。"因为我们刚认识，她让我抓紧时间准备准备，去见见她父母。

第三次见面就是结婚那天。我直接把我的书和杂物打包寄给了我哥，把北京宿舍里的其他东西全扔掉了，拉着一个行李箱就去了成都。北京的工作、户口都不要了。第一次见面就确认恋爱关系，第二次见面就确认结婚日期，第三次见面就结婚，我们是典型的"闪婚"。

我觉得外资企业对我最大的影响就是，人生而平等，没有等级问题，没有各种变相的隔阂，人和人都一样。一定要感恩和感谢下级，永远感谢那些在你手下工作的人，因为他们成就了你。我对自己的定位永远是支持手下的人干活。

1996～2001年：百事成长

我到成都后，一开始找不到工作，后来到了百事可乐。百事可乐最开始让我在市场部做调研。我做了3个月的调研，走访了不少市场，写了一份市场报告。这份报告叫《四川百事市场分析报告》，阐明了公司业务怎么做、营销怎么做、公司将来怎么发展，是当时很有影响力的一份市场调研报告。我在成都的王建墓旁边写完了这份报告。当时没有笔记本电脑，我写完报告回到公司，将报告一个字一个字地录入电脑，打印出来交给了领导。这份报告改变了我在百事可乐的事业轨迹。董事长看完说，从来没有人从完整的视角告诉他公司的战略目标在哪里、品牌应该怎么做、销售应该怎么做、客户应该怎么开发、组织应该怎么建立。然后他就告诉我不用做市场工作了，让我去成都营业所当销售经理。

之所以能够写出这篇报告，首先是因为我做了3个月的业务员，一天一天地跑，收获了很多东西。我跑了那么多小门店、小超市，跟那么多小老板聊天，和那么多业务员一块跑街，在这个过程中，我看到了百事可乐的品牌、产品在市场上的状态。直到现在，我依然保持着每年跑市场、跑终端的习惯。

光有这些市场观察还不够，还需要理论，需要理论和实践的结合。我在百事可乐第一次完整地践行了理论和实践的结合。比如说科特勒的《营销管理》这本书，我之前没干过销售，就买了这本书作为参考。后来我正式走上销售岗位，开始带队伍，渐渐学会了怎么分配人、怎么开会、怎么定目标、怎么分解目标、怎么解决重要的问题，这些都是我从实践中学到的。

一年后，我在销售上取得了些成绩，董事长让我管理整个四川市场，市场、销售一起管，于是我有了管理组织、管理销售、管理品牌的机会。当时，百事可乐在中国市场上只有四川是市场和销售一起管理的，其他省是分开管理的。

我在百事可乐工作期间，赶上了公司产品"换装"和公司赞助音乐及足球比赛。百事可乐每年夏季都会开展"百事可乐巨星赏"活动，这个活动每年都会有一个新的名字。我当时就觉得每年这么折腾太浪费，于是提出能否为每年的夏季活动设计一个统一的名字，不要每年都换名字，而是用三五年把夏季活动的名字建设成一个品牌，还可以推出专门的"百事可乐巨星赏"产品。这个建议让百事国际的人觉得不可思议，因为这太不符合品牌的策略了，他们觉得美国那边不可能同意。我想将来如果我说了算，我一定会把品牌的推广活动做成我想要的形式，这个活动的名字就是一个品牌，这个品牌就是一个产品。现在想想，这应该是"勇闯天涯"品牌设计灵感的来源吧。

我当时还提出了一个创意：在城市主干道的电线杆上做百事可乐灯箱，在成都十字路口的干杂店做店招。我当年在成都地图上画了50多个点，圈出了4个主干道，拿下了顺城街、人民南路、蜀都大道十字路口的干杂店。人们只要骑车到路口，就能看到水摊，这就是做店招的目的。

为了开发四川各地市的市场，我选聘了12名销售主任，给泸州、内江、攀枝花、西昌等地每个地方派一个人，每个地方建一个办事处，招聘一两名业务员开发客户。一年之内，全四川的业务飞速增长。这是一个成功的经验，我2009年到了贵州也是这么做的。在百事可乐，我知道了什么是组织——组织就是一帮人，给这帮人一个项目，把他们派到一个地方去，担负一个使命，建立一个团队，攻下一个阵地。要干一项事业，就必须有强大的组织，这个强大的组织必须能对你当前的业务进行超前布局，要能看到3年之后的目标。早布局，早得利。

我在四川干了四五年后，就有了一个想法：为什么我不能管几个省、管全国的市场呢？人就该有野心，我觉得自己可以干更大的事情，所以我辞职了。这次辞职的目的非常明确：我要找一个能管理全国市场的职位。经过职业规划分析，我觉得我要找一个发展迅速的公司，太成熟的公司不去，太小的公司如创业公司也不去，我的理想是去一家蒸蒸日上的、正在"破土"的公司。确定目标之后，我就开始在网上找公司，投了一份简历给华润雪花啤酒。我来华润雪花啤酒没人推荐，是我自己在招聘网站上投简历应聘上的。我当年在外企干的时候，是先辞职，然后到成都结婚，最后找工作，这次也是先辞职。辞职一个月之后，华润雪花啤酒的领导才开始面试我，最终确定录取我。

我的很多营销经验和组织经验都来自百事可乐。要珍惜每段经历给你带来的财富，如果你能吸收每段经历带给你的营养，你就会发展得很快。我在百事可乐的老板是一个精明、性急的人，动不动就拍桌子、踢凳子，不定期地折腾人，批评人时毫不客气，在他手下干是很锻炼人的。我觉得，这样的老板尽管当时让我感觉压力很大，但长期看对自己是一笔很大的财富。

百事可乐给了我空间，我觉得创造力是一个人在组织中最强的东西——你会的别人不会，别人没想到的你想到了，那你就比别人强。我当时去百事可乐的时候，有两名销售总监都是从可口可乐跳槽过来的。我没有做过销售，但后来在销售上进步很大，快速追赶上了他们，甚至超越了他们。其中的原因就是我更有创造力，更有干事的闯劲，我的学习和实践能力比较强，总结业务的能力比较强，所以我能快速地吸收营养，提高能力。当然能说会写这项技能也帮了我，那时候百事可乐的业务计划基本都是我自己写的。

此外，我认为人一定要有一个快乐的家庭，这是我最坚强的后盾。尽管在百事可乐工作时，有时候我会焦虑，但我有一个快乐和幸福的家庭，我觉得一切都很值得。

2001年至今：落雪成花

我到华润雪花啤酒之后的故事，大家上网就可以搜到很多，尤其是前5

年，在华润雪花啤酒做大规模战略的过程中，我担负了营销的责任，故事很多，经历也不少。今天我重点讲一下我到贵州的经历和回四川的经历。

能去贵州，得益于我 2008 年从雪花啤酒辞职，转战金星和百威英博后重回华润雪花啤酒的经历。之所以离开华润雪花啤酒，不是因为我对领导有意见，而是因为我综合考虑了华润雪花啤酒的发展方向、个人的抱负等因素。重回华润雪花啤酒也是因为我看中了雪花啤酒的发展平台，领导那时对我很认可和包容也是最重要的原因之一。无心插柳柳成荫，以前总想去另一个省，领导不放人，重新回来后，机会却来了。

贵州是我在华润雪花啤酒实现个人负责一家公司、实现理想的地方，是真正让我从组织、战略、文化、业务完整落地的角度进行个人思考的地方。我在贵州写了很多文章，提了很多文化理念，做了很多组织变革，做了很多业务布局，出了很多产品，布局了几个工厂，并制定了贵州市场发展的 5 年战略规划。我本来满腔热血，打算在贵州干 5 年，可惜领导没有给我更长的时间来彻底实现这个规划（不过这个规划最终被后面的领导和团队顺利实现了）。

我 2012 年回总部是被迫的，个人很不情愿。我考虑了领导的难处，经过一周的思考才答应了领导。在总部做了 2 年，实在觉得没什么意思，事业没有发展，生活四处飘荡，于是我下决心回四川。经历了很曲折的过程，领导终于让我回四川了。经过四五年的努力，四川市场发展得不错。之后我们总经理退休了，华润集团傅董事长决定开展总经理竞聘，我通过竞聘上岗。

可以说，我的所有职业都是自己找的、自己拼搏得到的。当然，我的发展也离不开很多领导的支持和认可。如果说我以前的收获是自己努力奋斗的结果，那我在华润雪花啤酒十几年获得的发展与当时领导的支持和认可有很大的关系。

除此之外，保持业绩第一也是不可缺少的。要建立自己在群体中的比较优势，就是说，你要在一个组织中、在一大队人马中，找到自己的优势所在。你不能老用自己劣势去跟别人比较，而是要找到自己的优势，把它发挥好。要抓住机会，制定职业规划。这些是我对自己的一些职业经历的感悟。

关键转折

在我的职业经历中有一个个拐点，每个拐点如果拐不好，就没有我的今天；每个拐点如果拐到另一个方向，今天就是另一个样子。在每个发展阶段，你过得怎么样、学了多少、做得好不好，决定了你下一个拐点的质量。只有把握好每个发展阶段，才能让后面的拐点对你更有利。如果你的某个阶段做得不好，拐点拐得不怎么好，后面的拐点就会受到很大影响。因此，要把每个阶段过好，把每个拐点拐好。

人生中最重要的是选择，如果我没考上大学，现在可能在家里干农活呢；如果我不留在北京，可能早就在地方上当了处长；如果我不离开首钢，现在还是首钢的一个工人，或者是首钢的一个科级干部或处级干部；如果我不闪婚，就不会这么快去四川，也不会这么快去甲方，更不会在企业中学到那么多营销经验；如果我不进百事可乐，我的事业就跟品牌无关，跟消费品无关；如果我不来华润雪花啤酒，我就无法做到今天 CEO 的位置；如果不是小时候家庭贫困，我就不能坚强地面对困难，看淡人生的起伏。

我也有我的人生不幸，父母离世、爱人遭难，让我经历了一次次打击，但同时让我不再惧怕，让我越来越能看淡世事。这也是华润雪花啤酒敢于做这么大的变革，有胆量、有责任、有情怀的原因所在，很多世俗的欲望在我面前早就没有吸引力了，所以我不会被各种事物迷惑。

经验教训

我认为人最重要的是品质，品质不好是一个人最大的缺陷。遇到品质不好的领导，无论有多大的发展机会和利益，你都要赶紧离开他。我们在选择一个组织、一家公司、一个团队甚至一个朋友时，一定要看清对方的品质。如果对方品质很差，就是个"雷"。在这个世界上，不是每个人都善良，遇到心胸开阔、阳光正直、积极向上的人是你的造化，要珍惜。当然，你也要保持自己的品质。

我之所以能做 CEO，或许是因为我善于学习、善于总结。我不能说自己的学习能力特别强，但是我每天都在学习，我从小就养成了学习的习惯，因为我没有其他优势，只能靠学习来弥补劣势。我的总结能力也很强，有人说华润雪花啤酒的很多东西都是我总结的，这也没错。总结能力是一个人对自己和团队甚至公司的经验教训的高度提炼。不会总结反思自己，就无法吸取很多教训，就找不到正确的路。善于总结是一个人特别重要的能力，只有反思自己，才能进步得更快。

创新就不用说了，永远走不同的路。保持乐观的精神，千万不要悲观，悲观将导致你一事无成。哪怕你已经陷入泥潭，也必须保持乐观坚强。要知道，在人生的斗争中，懦弱和悲观是没有任何价值的。

遇到好的领导，是重要的财富。我跟华润集团以前的一位领导吃饭，他重复了之前说的一句话："遇到一个好的领导是你的幸运，等你做了领导，要让你手下的人更幸运。"我很喜欢这句话，觉得这是一个好领导的心声。当我走过几十年之后，越来越意识到这句话的伟大之处。反之，遇到一个不好的领导，你将遭遇职业生涯中最大的阻力，你所有的成长、成就、经验都依靠领导的认可、帮助、支持。如果遇到不好的领导，建议你还是"三十六计，走为上策"。如果你的部门经理品质不好、大区总经理品质不好、区域总经理品质不好，你就要赶紧换地方。在一个不好的领导面前，你永远活不出真正的自己，除非你也变成对方喜欢的坏人。变成坏人可以好一时，但不能好一世。

在工作中不要怕困难、不要怕压力，一定要有不服输的精神。如果服输，你就真输了；如果不服输，你有的是机会。要有远见和目标，因为只有相信才能看见，而看见了会更相信。业绩永远是职场中的第一要素。有人说在职场上要搞好人际关系，这一点也不错。在这个世界上，靠搞关系获得成功的人非常多，但是搞关系也需要有能力，要会搞关系、能搞关系、有关系才行。如果你没有关系、不会搞关系、不屑于搞关系，就要听我的忠告：踏踏实实地干，业绩才是第一位的。我是那种没关系、不会搞关系也不屑于搞关系的人，我的经验就是干活、出成绩、凭本事吃饭。

在漫长的职业生涯中，你会遇到很多人，要理解别人。你可以看不起某个人，但是你要理解他；你可以鄙视某个人，但是你要理解他。要学会包容你前进路上的对手，如果你不包容对手，对手就是对手；如果你包容对手，对手可能不再是对手。

我们在职场中经常碰到有人故意设套，背后说人坏话，在领导面前给你使绊子。当你知道之后该怎么办？你是不是很生气？我建议你让自己冷静下来，尝试去理解对方的处境，尝试包容他。当你包容他时，他对你的伤害就会减轻。我以前经常讲：当别人打你一拳时，你要变成一团棉花，他的拳头的力道就被泄掉了；当他打第三拳的时候，你要变成一块钢板，让他打折自己的手腕。一位同事曾跟我倾诉，他当时觉得领导故意整他，内心感到很痛苦。我对他说:"你对你领导的谅解,就是对你自己的谅解。"你不原谅领导,就无法原谅自己,痛苦的是你自己,不是你的领导。

另外,你需要成就,成就上级、成就下级、成就自己。一个人在组织中、在职场上,当然要成就自己,但是如果不成就别人,就不可能成就自己。如果你在商业圈里说自己很牛,别人都是傻子,那你就是大傻子。你一定要成就别人,成就自己的同事,表扬他、支持他、认可他,让他做到最好。他做得好,你就会好。

要积极地成就团队,不要当团队的敌人。职位越低越依靠个人,职位越高越依靠团队;职位越低越依靠专业,职位越高越依靠文化和管理艺术;职位越低越依靠自己,职位越高越依靠人气。

当然,人无完人。我有很多毛病,如说话比较直;我也有很多短处,如我的学历不高,我没有读过 EMBA。我一直后悔这件事情,20 年来无数人告诉我:"读一个 EMBA 吧。"有人跟我说公司出钱让我读,机会曾经一直摆在我的面前,但是我不珍惜,等到了前年,我特别想学东西,决心读清华大学的金融 EMBA。等我把一切都准备好了,对方准备接收我的时候,根据上级有关规定和要求,我发现自己读不了了。但是我决定待我退休之后再读 EMBA。你们工作之后,一定要找机会继续学习,多学东西。文凭不重要,但学习很重要。

职业发展

关于职业发展,我有几句话送给大家。

第一句,职业规划为先。大家一定要做好职业规划。你的职业规划可不能靠人力资源部，只能靠自己。苏世民在《我的经验和教训》一书中写道："人越早了解自己，认识自己，找到自己，越会成功，越能掌握人生。"意思就是人越早地找到自己喜欢的东西、找到干事情的状态和人生想要的目标及发展的轨道，就越幸福，越接近成功。大家现在工作了，你怎么知道这个工作适不适合你？你怎么知道它永远适合你？你怎么知道别的工作是否更适合你？所以一定要做好职业规划。

工作后的前10年，特别是前5年，是一个职业探索的过程，你需要探索自己的职业：是做财务，还是做人力资源？是做会计，还是做医生？是做公益事业的工作者，还是做公务员？这5年如果完不成这件事情，到了35岁还不知道要干啥，那就太糟糕了。曾经有位40多岁的女高管跟我说："领导，你说我是做人力资源好还是做品牌管理好？"我真想跟她说一句话："你最适合什么也不干，回家带孩子，你都40多岁了，还不知道自己适合干什么。"大家一定要探索自己的职业，5~10年内必须搞清楚自己要干什么，否则以后的每次职业变动成本都会很高，成功的可能性也会降低。你越早踏上适合你的职业道路，越能更多地积累经验，职业发展也更快。

第二句，能力经验为基。每一步的经验都要自己去总结，要经常回头看看你学到了什么，学到的越多，成功的概率越大。你的能力是靠实践和总结得来的，你的经验是靠积累得来的。不要忽视你的经验和教训，这些都是你的财富。同时，不要过度依赖理论而忘记了实践的重要性。实践出真知，只要你的能力和经验足够，你就有了发展的基石。

第三句，学习反思为常。打游戏是学，看电影也是学，学习无处不在，无人不可学习。

第四句，业绩地位为根。在一个组织里，不管你的职务高低，只要你业绩好，即使有人烦你，他也要容忍你；只要你业绩好，即使同事不喜欢你，领导也会喜欢你。所以说，业绩永远是一个人的根。

第五句，领导认可为据。一位好的领导、一位好的领导的认可，是推动你发展的重要因素。领导认可你，你就有更多的机会，可以更好地成长。最怕的是同事们都说你特别好，说你特别努力、成绩很好，但领导说你很差，这样你就很难有所发展。例如，你很认可自己，给自己打 10 分，但同事给你打 8 分，领导给你打你 5 分，这就是最惨的一种情况。

珍惜你的第一份工作，要历练、要学习、要实践、要积累，你的第一份工作往往不是你的最后一份工作，但是第一份工作很特别，能让你知道什么适合你，什么不适合你。比如华润雪花啤酒给了你第一份工作，但没说让你永远在这里工作，永远在华润集团工作。

你只需要走好每一步，做好你自己。华润集团和华润雪花啤酒提供给你第一份工作，虽然一两年之后你可能会离开华润雪花啤酒，但只要在华润雪花啤酒的岁月没有虚度，你就成功了。雪花啤酒的成功有你更好，没你也一样，一定要有这种心态和看法，才能找到自己喜欢的方向。唯有如此，华润集团作为央企、华润雪花啤酒作为啤酒行业的领军企业，才对得起你。你可以在这里放手干，也可以等羽翼丰满了，迅速地飞离。

在人生的每一步都要找到你的帮手、支持者、队友、小伙伴。人生之路很孤单，职业之路也很孤单，要找到跟你志同道合的人。不要把自己变成一个另类的、不合群的、不愿意接受朋友的、不愿意接纳伙伴的、不愿意跟别人沟通的、不愿意敞开心扉的人。

对新的业务或没做过的业务，要积极地去摸索、尝试，新业务、新领域会让你在组织里更容易成功，更容易获得"老资格"。你在一生当中一定有很多可以选择的职业，要懂得取舍。在一线干还是在职能部门干？在职能部门干，风吹不着，雨打不着，专业历练多；在一线干就比较苦，但一线实践历练多。每个选择对你未来的影响都是不一样的。时间长了你会发现，这些选择对你未来的升职、找工作都有不一样的影响。所以你要学会选择，懂得选择所带来的结果。

今天用了较长的篇幅给大家讲我的人生经历，总体上我是一个比较叛逆的人、比较理想化的人。通过这堂课我很想让大家知道，人生的每个转折点是多么重要，人生的每个重大选择是多么重要。选择什么、放弃什么，太重要了。你现在20多岁，大家在一起参加雪花啤酒的新员工训练营，相互之间的区别很小。但10年之后、20年之后、30年之后，差距就逐渐拉大了。为什么30年后差距会很大？就是因为未来的10年、20年，大家的选择不同。

通过分享这几十年的人生经历和在雪花啤酒的工作经历，我想告诉大家，CEO只是一份简单的工作，我也只是一个平凡的人。人生是靠自己奋斗的，是靠自己拼搏的，是靠自己选择的。

（本文源自2021年7月21日在华润2021未来之星训练营上的讲话）